U0944696

2019

最具公众影响力公共关系案例集

CHINA'S MOST INFLUENTIAL PUBLIC RELATIONS CASE STUDIES IN 2019

金旗奖编委会　编著

中国财富出版社

图书在版编目（CIP）数据

2019 最具公众影响力公共关系案例集 / 金旗奖编委会编著 . —北京：中国财富出版社，2020.4

ISBN 978-7-5047-7144-5

Ⅰ . ① 2… Ⅱ . ①金… Ⅲ . ①公共关系学—案例 Ⅳ . ① C912.3

中国版本图书馆 CIP 数据核字（2020）第 065281 号

策划编辑 谢晓绚　　责任编辑 张冬梅 李 如

责任印制 尚立业　　责任校对 卓闪闪　　责任发行 白 昕

出版发行 中国财富出版社

社　　址 北京市丰台区南四环西路 188 号 5 区 20 楼　邮政编码 100070

电　　话 010-52227588 转 2098（发行部）　010-52227588 转 321（总编室）

　　　　 010-52227588 转 100（读者服务部）　010-52227588 转 305（质检部）

网　　址 http://www.cfpress.com.cn

经　　销 新华书店

印　　刷 北京京都六环印刷厂

书　　号 ISBN 978-7-5047-7144-5/C · 0226

开　　本 710mm × 1000mm 1/16　版　　次 2020 年 7 月第 1 版

印　　张 33　印　　次 2020 年 7 月第 1 次印刷

字　　数 557 千字　定　　价 86.00 元

本书编委会

主　　编： 银小冬

编审委员会（按姓氏音序排列）：

陈先红　李国威　李　曦　米晓春　商　容
王洪波　杨　苓　杨美虹　左　跃

编　　委（按姓氏音序排列）：

常濯非　陈经超　陈　凯　陈小桃　樊传果
傅　悦　高　源　何　辉　胡远珍　黄志湘
蒋　楠　矫　龙　匡冀南　李明德　李兴国
李雪峰　李志军　彭焕萍　赛来西·阿不都拉
尚恒志　邵松岩　沈　健　苏宏元　孙瑞祥
陶　西　汪　珺　王洪波　王晓晖　魏家东
吴　磊　吴伟农　吴志远　席　庆　闫　浩
杨丽萍　杨　苓　杨智予　叶　钰　殷　俊
于　剑　张晋升　张景云　张桔洲　张明新
张　勇　赵晓光　郑　威　郑亚楠　钟育赣
左　跃

前　言 | PREFACE

展示商业文明　传播中国文化

公共关系学作为一门新兴的管理学科，与博大精深的中国传统文化有着天然的契合。河南贾湖出土距今约 8000 年的文物中，就发现了类似文字符号、酿酒用陶器、鹤骨骨笛以及桑蚕丝残留物，说明早在新石器时代，人类在生产活动中对于沟通与信息传播的需求已经觉醒。

在“百家争鸣”的春秋战国时期，公共关系的思想也得到了极大发展。当时的圣人先哲老子、孔子、孟子、墨子等诸子百家，说服君王，游学四方，纵横捭阖，相映生辉，他们光辉灿烂的思想，奠定了中华文明的基础。这一时期被誉为“文化的轴心时期”，也可以说是中国古代公共关系的鼎盛时期。

从文化的角度来讲，公共关系是一门沟通的艺术。成功的沟通，对国家来讲，可推动国与国之间友好交往、文化认同，促进各国的经济发展；对企业来讲，可为企业营造良好的发展环境，塑造品牌声誉，沟通关系，甚至在危机时刻，力挽狂澜，为企业保驾护航；于个人而言，可以助力个人在职场、家庭、社会中得到更好平衡与发展，成就更美好的人生。

可以说当今世界，每个人、每个组织、每个国家，都离不开公共关系。

现代公共关系的概念最早出现在 20 世纪 30 年代的美国，是企业建立、宣传自身品牌形象的主要手段。20 世纪 80 年代初期，现代公共关系这一概念随着改革开放进入中国。之前，我们都是在学习西方的公共关系理论和体系。但是，改革开放 40 年来，中国的经济高速发展，公共关系也得到了快速发展，特别是随着数字科技的发展，中国的传播业已经“弯道超车”，成为全球传播人争相学习的榜样。

这个变化我是从 2015 年开始感受到的。2015 年金旗奖颁奖典礼在中国香港举办，邀请了来自全球的公关与传播业界及学界专家，在互动中有专家提到，某传播领域知名跨国公司在开全球会议的时候，大家突然发现中国的同行们正在利用互联网和数字技术做出更多精彩的商业传播案例，于是向中国数字传播业学习的趋势开始出现。

2018 年，世界公关论坛在挪威奥斯陆举办，我被特别邀请代表中国公关行业做主题发言，介绍中国的传播传媒行业发展现状，分享来自中国的案例。这次演讲从民间交流的角度把中国与世界交流的大门又推开了一点，很多参会者没有来过中国，通过我们的介绍，他们从商业传播的角度了解到了一个正在蓬勃发展、拥有开放包容心态、希望互学互鉴、希望互利共赢的现代中国。

2019 年，我又特别受东盟（东南亚国家联盟）公关联盟的邀请，在吉隆坡国际公关大会上发表演讲，从数字传播、商业传播的角度介绍中国的发展现状，演讲结束后，一位先生特意走过来跟我说：“China is the Future.”。那一刻，我深刻地感受到国家的强大带给每个国人的自豪与自信，在当今世界舞台上，中国越来越成为不可或缺的重要角色。

通过这些经历，我在想，一个不断崛起的中国，如何讲好自己的故事，获得更多的认同、理解、支持，不仅仅是国家和政府的责任，更是每一个中国人的义务，每个国人都应该成为传播中国文化和代表中国形象的大使，充满自信地向世界分享我们的思想、文化和故事，为国家的强大和国际影响力的不断提升付出自己的努力。

金旗奖案例既是一个个代表中国公共关系行业专业水准的优秀案例，也是一个个体现中国商业文明的故事。如今这些金旗奖案例已经走向欧洲、东南亚、美洲等地区，除了搭建中国与全球公关、传播专业人士心心相通的沟通渠道和平台，也从商业传播的角度展示中国经济发展成就，展示中国文化与商业文明融合发展的自信与魅力。

今年是金旗奖成立 10 周年，金旗奖案例集已经出版了 7 本，感谢在案例集出版过程中金旗奖专家、评委及编委会成员们给予的大力支持、宝贵建议和有益指导。为了不负大家的期待和鼓励，我们郑重承诺，将再接再厉，发掘引领公共关系创新发展、彰显公共关系在社会及商业生活中独特价值的优秀案例，发挥公共关系影响力价值，推动商业繁荣、社会进步。

金旗奖编委会除了秉承专业精神遴选最好的公共关系案例，也一直在思考一个问题：一个行业奖项，除了专业力的承载和表达，还应该承担怎样的社会责任和价值？正如我在 2019 金旗奖颁奖典礼演讲中提到的，公共关系就是管理组织的影响力，我们应该通过影响的力量，让美好的改变一点点发生，最终推动整个社会的进步和商业的繁荣，这也是我们每一位公关人的使命。

随着综合实力的日益增强，中国融入全球化的程度越来越深，对全球政治、外交、金融等方面的影响也越来越大。2019 年，美国公关协会邀请我与 PRGC（公共关系与全球化传播合作联盟）代表成员参与董事会并进行互动交流。我在现场做了开场发言，简短介绍了中国公关行业现状及巨大市场机会；美国公关协会主席彼得森女士表示非常希望能够进一步深度合作，在会议活动、奖项评选、专业交流和商业合作方面取得更大的成就。

如今中国公共关系已经进入全球化的新时代，新时代意味着新起点、新任务、新要求，中国公共关系事业同时面临新的发展机遇和挑战。我们更应该认真总结经验，努力开创工作新局面。

金旗奖案例集已经成为行业人士必备的工具书、高校案例教学的参考书及专业力的品牌背书，对此，我们深感骄傲，同时感谢多年以来公共关系业界及学界的鼎力相助，我们立志将金旗奖案例集系列丛书一直做下去，为中国公共关系行业的发展略尽绵薄之力。

2020 年，让我们一起“一旗影响世界”！

银小冬

金旗奖组委会主席　17PR（公共关系网）创始人

目　录 | CONTENTS

2019 最具公众影响力品牌传播大奖 / 077

2019 最具公众影响力公关活动大奖 / 143

2019 最具公众影响力数字营销大奖 / 197

2019 最具公众影响力内容营销大奖 / 247

2019 最具公众影响力社群营销大奖 / 297

2019 最具公众影响力 70 年城市品牌大奖

电影圈子·西影电影产业集聚区

执行时间：2018 年 10 月—2019 年 8 月

企业名称：西部电影集团有限公司

品牌名称：西影

代理公司：陕西西影文化旅游发展有限公司

获奖类别：金旗奖——2019 最具公众影响力 70 年城市品牌大奖

项目概述

电影圈子·西影电影产业集聚区，是依托西安电影制片厂影视资源积淀和厂区环境，而打造的集影视生产、教育培训、文化旅游、产业配套于一体的影视文化主题产业园区，旨在构建完善的产业链条，推进电影产业可持续健康发展。

项目调研

成立于 1958 年的西影，具有 60 余年的发展历程，是中国西部电影的发源地，造就和培养了吴天明、张艺谋、黄建新等一大批全国知名的优秀电影艺术家，拍摄出电影《老井》《红高粱》等享誉国际影坛的精品佳作，曾造就中国电影的西影时代。西影依托自身文化优势，发展影视文化产业得天独厚。

面对新时代、新机遇、新要求，迎着中国影视产业发展的蓬勃朝阳，在“十三五”开局之年，西影启动了“电影圈子·西影电影产业集聚区”项目，盘活影视资源，重构影视产业生态，将位于大雁塔旁的西影老厂区科学规划利用

起来，以电影生产为核心，以产业集聚为手段，以金融创新为保障，构建一个开放共享、共生共融的电影产业生态圈，打造中国影视产业第三极。

项目策划

1. 目标

打通创意策划、剧本创作评估、影视投资、宣传发行、衍生品开发、院线运营、影视旅游等领域全产业链，探索“影视 + 文化 + 旅游 + 商业”的创新融合路径，打造一个集影视生产、教育培训、文化旅游、产业配套于一体的影视文化主题产业园区。

紧抓“一带一路”倡议带来的建设机遇，将电影产业集聚区打造成对外交流合作的桥梁和平台，着力创作面向世界、讲述中国故事的电影作品，同时为丝路沿线国家和影视企业的交流合作搭建起更为高效、开放、包容的合作平台，打造面向世界的电影创作生产基地，推动中国电影走向世界。

2. 策略

借助品牌节会进行项目推广。借助西洽会、文博会、丝路电影节、西商大会、丝路旅博会等品牌展会及国内外影视类论坛、商务活动等，进行西影电影圈子品牌推广。

建立稳固强大的影视朋友圈。利用西影在电影业界的知名度和品牌影响力，并基于西影电影圈子项目平台，寻求更广泛的专业合作。

聚集影视企业，激活影视产业链。搭建影视产业发展的专业服务平台，吸引影视上下游企业，形成强大的影视产业集群，增强项目整体的品牌影响力。

项目执行

该项目既是基于西影老厂区的改造升级，又是基于影视产业发展要求的一次创新打造。项目实施过程中，坚持“文化再生、商业平衡、产业共享、绿色环保”四大原则，高标准完成保留历史建筑的修缮改造，高质量建设适应影视产业发展要求的全新功能建筑。

1. 实施细节

（1）恢复历史风貌，继承锐意改革精神。

遵循“修旧如旧”理念，对摄影棚、洗印车间、置景车间等历经 60 多年岁月的历史建筑进行修缮，恢复建厂之初的风貌，同时，结合影视产业的特性及发展规律，进行全新的布局打造，新建产业功能建筑。

（2）紧扣影视主题，高标准规划设计。

基于影视这一主题，从项目的整体规划到建筑设计、景观设计、装饰设计等都高标准同步推进，保证各个环节、各个区域的步调一致。

（3）以服务取胜，构建专业化服务平台。

瞄准影视企业发展瓶颈和现实难题，项目将搭建政府综合服务管理平台、影视剧本原创平台、影视金融担保平台、影视技术制作平台、影视宣传发行平台、影视衍生品开发平台、影视人才培训平台七大产业服务平台。

2. 项目进度

自开工建设以来，先后完成了园区规划设计、老建筑修缮、新项目建设、户外影视文化广场建设及园区管网建设、景观绿化等各项工作，并于 2018 年 10 月顺利承接第五届丝绸之路国际电影节开幕式，一家“活”的电影博物馆——西影电影艺术体验中心已于 2019 年 8 月建成开馆。

项目评估

西影是西安的文化标识、文化记忆和宝贵精神财富。

作为新中国六大电影基地之一，西影始终与国家发展进步紧密相连，书写了中国电影走向世界的辉煌篇章。项目的建设落成，不仅擦亮了西影招牌，更让社会各界看到了西影发展的实力与信心。盘活西影 60 多年的艺术积淀和品牌资源，不是简单的资产重组，而是立足产业，搭建可持续生态闭环。

这里凝聚着西影的历史记忆，展现了西安这座城市的文化记忆和文化内涵，也寄托着西影在整个电影产业中的梦想。项目不仅重塑了西部电影生态，让“影视陕军”聚集发展，成为讲述中国故事、陕西故事的重要力量；更重构了中国电影产业发展格局，推动中国从电影大国迈向电影强国。

项目亮点

西影，是中国电影人才起步的地方，是中国电影的西部发源地，是中国电影的闪亮名片。20 世纪 80 年代，誓以电影记录时代的西影大刀阔斧地推进改革，在黄土地上扬起理想之幡，使中国电影的“太阳”在此冉冉升起。西影创造出一个又一个神奇的“第一部”和“第一次”，开创了中国电影的西影时代。

当前，西影正迎着新时代电影文化产业蓬勃的朝阳，抢抓“一带一路”倡议带来的发展机遇，对拥有 60 多年影视文化积淀的西影老厂区进行升级改造，建设西部地区规模大、环境美、服务优的电影产业集聚区。以电影创作生产为核心，围绕“影视 + 文旅 + 商业”的发展定位，深挖“电影 +”产业链价值，构建以电影博物馆为核心的电影产业生态体系，实现经济效益和社会效益的双赢。

案例点评

点评专家：汪珺　海航集团境外公关传播总监

作为文化产业的重要组成部分，近年来影视文化产业在全国范围内呈现出蓬勃发展的强劲态势。如何在这波浪潮中打造出独具特色的影视文化项目，不仅挑战着每一名从业者，也是摆在曾造就中国电影西影时代、有着 60 多年历史的西影面前的一道难题。西影巧妙地利用大雁塔旁的西影老厂区，“老瓶装新酒”，规划了办公、电影博物馆、影视拍摄、电影艺术培训、电影版权运营、电影主题酒店、影视衍生品开发等影视产业及配套商业业态，不仅使一个已经失去活力的厂区焕发出生机，更将其升级为影视产业生态平台。同时，西影善用多媒体平台，借助一系列品牌活动进行项目推广，将时下流行的品牌公关手段组合运用，把老厂区改造及新业态项目建设背后的文化创意理念进一步传播出去，营造出良好的影视文化氛围。

2019 最具公众影响力环境保护大奖

2019 百威充电站

执行时间： 2019 年 6 月 5 日—2019 年 6 月 7 日

企业名称： 百威（中国）销售有限公司

品牌名称： 百威

代理公司： 上海达毅思创公关顾问有限公司

获奖类别： 金旗奖——2019 最具公众影响力环境保护大奖

项目概述

2019 年 6 月 4 日，百威与联合国环境署为庆祝世界环境日（这次的中文口号是“蓝天保卫战，我是行动者”）联合打造的巨型酒瓶形状充电站空降广州珠江边，瞬间成为全城焦点话题。充电站内所用的声光电都来自瓶身光伏板产生的太阳能，

百威充电站快闪装置

实现可再生能源利用。

项目调研

1. 项目背景

环保问题一直是中国甚至全球最大的问题，如何更好地保护地球环境是每个人都应该重视的问题，百威作为全球知名企业，致力于用可再生能源进行啤酒酿造，并计划在 2025 年达到 100% 用可再生清洁能源生产啤酒，同时呼吁更多企业和个人加入环保行列。

2. 可行性研究

从低碳出行到无纸化办公，环保、低碳的生活方式已经得到消费者认可。可再生能源生产应用离我们越来越近，现在的革新会为未来带来无限改变。

百威抛开枯燥生僻的可再生能源理论概念，将可再生能源（电力）转化至消费者熟悉的场景中，向消费者展示可再生能源与其生活的融合。百威希望能借此活动，向消费者展示百威致力于推进“100% 使用可再生能源酿造啤酒”的模式，引导消费者共同关注百威的环保理念并承诺加入环保行动中。

项目策划

1. 目标

（1）打造百威充电站，让可再生能源（电力）贴近消费者，使他们意识到“保卫地球”不仅仅是一句口号，而是与自身的生活息息相关。

（2）借百威啤酒亚太最大的生产基地绿色能源新升级的契机，通过此次活动公开展现百威积极响应联合国号召，全面部署中国工厂并将可再生能源环保理念推向全球的决心。

（3）通过对百威环保理念的体验及推广，塑造品牌“100% 使用可再生能源酿造啤酒”的环保形象。

2. 策略

为推广百威“可再生能源创造美好未来生活”的环保理念，6 月 5 日世界环境日前夕，一个巨型酒瓶形状充电站现身珠江。白天充电站由瓶身所覆盖的太阳能光伏板充电储能，夜晚充满太阳能的充电站正式亮灯，吸引人们前往体验。通过消耗一度电的呼吸灯、显示百威可再生能源计划的石墨互动墙以及领取低碳任务的不售卖商店等互动形式，百威与消费者进行深入沟通，传递“谈论可再生能源（电力）就是谈论未来”的观点，并且引导消费者行动起来，与百威一同实现对未来的绿色承诺。

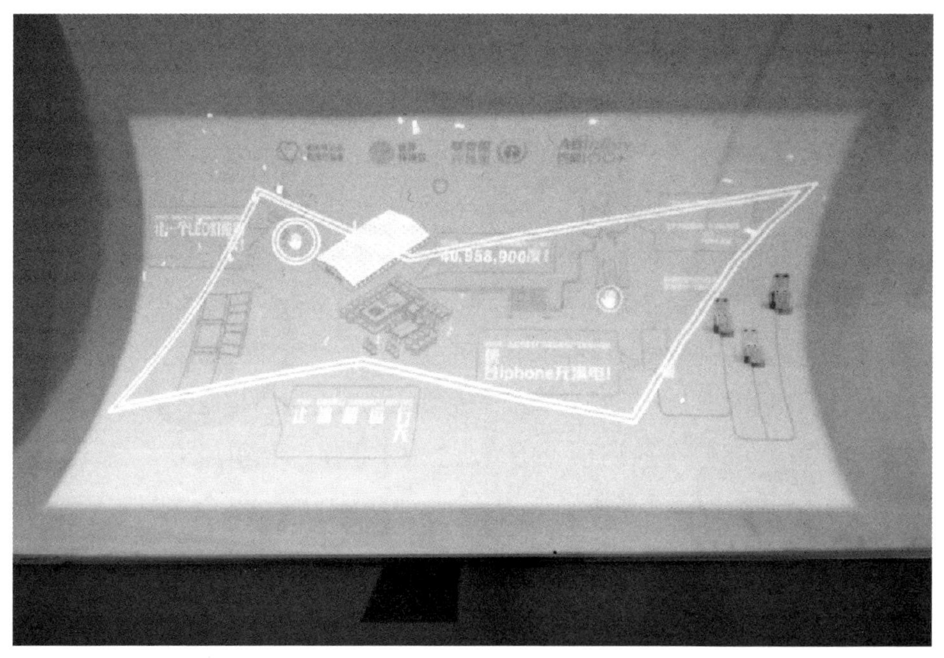

石墨互动墙

3. 媒介策略

6 月 4 日：线上预热，话题传播。# 这一杯，为地球充电 ##100% 可再生能源酿造 #。

6 月 5 日：多家媒体先后参观了百威佛山工厂及百威充电站，并引发了各种媒体平台对此次热点事件的关注。

6 月 5 日—6 月 7 日：百威充电站媒体平台正式开放，“朋友圈 + 自媒体 + 网络媒体”发声引流，迅速推广活动主题，燃爆现场。

项目执行

第一阶段：引发悬念。以 # 这一杯，为地球充电 # #100% 使用可再生能源酿造啤酒 # 等话题线上传播预热，引发消费者好奇。

第二阶段：线下引爆。造型炫目的快闪店正式空降珠江，瞬间晋升网络红人（简称网红）“打卡”地。媒体、自媒体、网媒齐发声，并结合百威佛山工厂活动推广百威环保运营理念，塑造“100% 使用可再生能源酿造啤酒”的品牌形象。

第三阶段：呼吁更多企业和个人加入，为全面推进可再生能源计划增添新的动力，保护地球，保护环境。

项目评估

1. 效果综述

活动统计参与数 850 人次，共计派发世界环境日限量罐 510 罐。30 家媒体应邀参与体验，引发了各种媒体平台对该热点事件的关注，形成了极大的影响力。

百威世界环境日限量罐

2. 现场效果

该活动引导参与者了解可再生能源的重要性，建立百威"100% 使用可再生能源酿造啤酒"的品牌形象，一起许下地球环保绿色承诺。活动通过互动体验及氛围渲染，传递"百威为地球充电，创造美好未来生活"的互动主题。

3. 受众反应

对带领孩子参与的家长及其他众多体验者而言，百威充电站有别于其他网红快闪店，最显著的一点在于它不仅有炫酷的现场效果，更能通过互动体验，让人领会可再生能源对于地球环保的重要性，从而使体验者产生环保意识。

4. 媒体统计

截至 6 月 17 日，来自 30 家媒体的 46 名记者参加了此次活动，收集报道 122 份，媒体价值 2100 万元。

亲历者说 吴梅　上海达毅思创公关顾问有限公司 SAE（高级客户执行）

前期准备：在确认瓶身造型和内部展示内容后，我们设计了瓶口沉浸式长廊、瓶身石墨互动墙、呼吸灯和不售卖商店等区域。

活动搭建：在场地、天气、时间等不利因素下，活动依次克服了物业更换、卸货吊车使用限制、雷暴雨防水措施不到位及运输、制作紧张等困难，完成了预搭建规划的内容。

活动执行：活动持续 3 天，不仅引导各界人士体验参观，还积极宣传光伏节能小知识，让人们在日常生活中意识到自己的举动也能呵护我们共同的地球母亲。

总结：百威充电站以光伏板打造百威瓶身，引人注目，引起节能环保话题，同时带动更多优秀企业加入光伏发电生产的队伍。体验者也感受到光伏发电的节能作用，意识到每个人都可以在节能环保上贡献自己的力量。

案例点评

点评专家：吴志远　华中师范大学新闻传播学院传播系主任、副教授

好奇心是品牌吸引力永恒的来源

如果要给2019百威充电站营销项目一个最恰当名字的话，那就是“好奇心营销”。

好奇心最重要的作用就是让人想去探个究竟，否则就会焦虑不安。能够引起好奇心的事物，往往是反常的，不为人知的。而在美国学者乔纳·萨克斯的眼中，这种能够引起好奇心的事物，多半是“怪物”。

显然，百威的营销团队制造了一个“怪物”——巨型酒瓶形状充电站，足以让每个路过的人驻足观看。不仅如此，“怪物”的形象也非常受媒体记者的欢迎，记者认可它的传播价值。为了提升感官刺激，这个“怪物”还包括瓶口沉浸式长廊，楼梯进入瓶身的石墨互动墙、呼吸灯等稀奇古怪的“玩意”。

当然，仅仅激发受众好奇心不是百威的目的，其目的是激发受众隐藏在好奇心背后的东西。这背后的东西是百威真正想告诉受众的，它就是百威的环保理念以及“100% 使用可再生能源酿造啤酒”的环保形象。

不错，品牌的环保、生态属性极容易提升消费者对品牌的好感度。但是，对很多宣称热爱环保的品牌而言，受众很难接触到其品牌理念。可能在他们有机会了解这些理念之前，注意力就被更新奇、更炫酷的“怪物”吸引跑了。

显然，百威的巨型酒瓶形状充电站就是那个更新奇、更炫酷的“怪物”。

2019 阿迪达斯“跑出蔚蓝”主题活动

执行时间：2019 年 4 月—2019 年 6 月

企业名称：阿迪达斯体育（中国）有限公司

品牌名称：阿迪达斯（adidas）

代理公司：上海奥美商务咨询有限公司北京分公司

获奖类别：金旗奖——2019 最具公众影响力环境保护大奖

项目概述

自 2017 年起，阿迪达斯连续三年在全球范围内开展“跑出蔚蓝”主题活动，旨在传递“通过运动改变生活”的核心理念，通过运动的力量唤醒人们对海洋塑料问题的关注，鼓励更多人积极参与保护海洋的行动。

2019 阿迪达斯“跑出蔚蓝”主题活动上海站——创造者开跑

项目调研

1. 外部原因

全球海洋污染问题日益严峻。研究表明，每年有多达 800 万吨塑料废弃物流入海洋。塑料废弃物正威胁着无数海洋生物的生命安全，同时会对人类健康造成危害。

2. 内部驱动力

阿迪达斯将可持续发展理念融入品牌工作的方方面面。自 2015 年与海洋环保组织 Parley for the Oceans 合作以来，阿迪达斯始终关注海洋环保议题，更不断提供创新性解决方案。

2017 年“跑出蔚蓝”主题活动首次举办，吸引了 6 万名跑者参与，2018 年活动更在全球范围内吸引了 100 万名跑者参与。该活动在全球范围内为 Parley 海洋学校计划捐赠善款。

此外，阿迪达斯计划于 2024 年前在产品与各生产环节中实现全面使用可回收再造的聚酯纤维。

项目策划

1. 目标

通过“跑出蔚蓝”主题活动，阿迪达斯希望传递“我们能够通过运动改变生活”的核心品牌理念，并以运动之力唤醒人们对海洋塑料问题的关注，鼓励大家积极参与到保护环境的行动中去。

2. 受众

包括阿迪达斯“粉丝”、环保生活方式提倡者、跑步爱好者在内的广大消费者群体，尤其是青少年群体。

3. 媒介策略

阿迪达斯利用品牌自媒体，讲述海洋污染现状，并联合大卫 · 贝克汉姆、宁泽涛、谢震业等世界顶尖运动员，运动、生活方式及行业意见领袖，及各类媒体平台持续发声，为活动造势。在北京及上海站活动期间，多家媒体对惠若琪、宁泽涛进行现场采访，他们讲述活动体悟，传递可持续理念及阿迪达斯“通过运动改变生活”的核心品牌理念。

项目执行

中国跑者可通过阿迪达斯微信小程序、悦跑圈 App“跑出蔚蓝”活动专页，报名线下大型跑步活动。与悦跑圈 App 的合作降低了活动门槛，吸引了各城市跑者踊跃加入线上跑团，共同积累跑步里程。

6 月 8 日世界海洋日当天，2019 阿迪达斯“跑出蔚蓝”活动首先在纽约拉开帷幕。

6 月 9 日，惠若琪接过活动旗帜，在北京奥林匹克森林公园，开启了北京站活动。

6 月 15 日，宁泽涛与保罗·博格巴亮相上海站活动现场。其中，上海站的家庭跑项目，让家长携手孩子共同踏上蔚蓝征程，将保护海洋的理念传递给下一代。同日，“跑出蔚蓝”活动首次落地广州，活动现场不提供塑料装备包、签到纸等，给完成跑步的跑者颁发木质奖牌。每一处细节都呼应着阿迪达斯关于

2019 阿迪达斯“跑出蔚蓝”主题活动旗帜

"减少塑料使用"的倡议，和品牌一贯提倡的可持续发展理念。

6 月 19 日，跑者集结成都，活动更吸引了当地的环保公益组织、跑团以及高校组织一同参与，展现了年轻一代的活力风采，参与者们还可通过四川音乐学院学生带来的互动情景剧深入了解海洋污染现状。

活动现场还展示了全新的 adidas X Parley 系列产品，更设有海洋知识教育区、制作工坊、环保市集等互动体验区，让观众切身参与环保实践。跑者们在现场观看海洋保护系列视频，共同讨论了海洋污染现状以及塑料制品对海洋的危害。

此外，阿迪达斯分别在上海兴业太古汇、新天地和浦东嘉里城等 CBD（中央商务区）区域，设立了"跑出蔚蓝"活动主题区。阿迪达斯 AR（ADIDAS RUNNERS）跑团更开展了净滩活动，北京及上海的 1100 多名跑者捡起海滩及城区内的垃圾，助力重塑清洁世界。

跑者们积累的全部里程将转化为善款（最高 150 万美元），由阿迪达斯捐赠给 Parley 海洋学校计划，用以提升年轻一代对海洋塑料问题的认识，鼓励他们积极参与环保活动。

项目评估

1. 活动参与情况

2019 阿迪达斯"跑出蔚蓝"主题活动在全球范围内召集近 220 万名跑者，累计贡献里程 1262 万公里。中国区跑者数量达 69 万人，累计贡献里程 774 万公里。本次活动让参与者对海洋保护有了更深刻的认识。

2. 媒体统计

2019 阿迪达斯"跑出蔚蓝"主题活动受到媒体广泛报道，吸引了社会各界广泛关注。报道数量超 870 条，总体曝光量超 13 亿次，总体互动量超 10 万次，广告价值高达 800 万元。活动期间，惠若琪、宁泽涛积极配合媒体采访，分享环保感悟。北京电视台、上海电视台、网易体育等多家媒体对活动进行了深入报道。另外，中国中央电视台中文国际频道（CCTV-4）对活动进行的视频报道进一步提升了活动影响力。

3. 图片选取

2019 阿迪达斯“跑出蔚蓝”主题活动上海站——UltraBOOST 19 Parley 现场展示

项目亮点

（1）切实践行品牌理念：阿迪达斯相信“我们能够通过运动改变生活”，该活动以运动之力鼓励更多人参与海洋保护。

（2）影响深远：阿迪达斯将跑步里程转化为善款，捐赠给 Parley 海洋学校计划，鼓励年轻一代保护海洋，让地球变得更加美好。

（3）延续性：该活动已连续举办三届，“蔚蓝步伐”在未来还将继续。

（4）全球性：阿迪达斯联合世界顶尖运动员，在全球 15 座核心城市举办大型跑步活动。活动期间，全球 50 个阿迪达斯跑团也定期组织跑步活动，持续扩大影响力。

（5）数字化：阿迪达斯欢迎跑者在线记录跑步里程，有效降低了活动门槛，吸引了更多的跑者参与。

（6）创造性解决方案：阿迪达斯将 Parley 海洋塑料回收再造，打造 Parley 高级面料，adidas X Parley 系列产品将成为品牌可持续发展战略的重要支柱，该系列产品品类不断更新，更在 2019 澳大利亚网球公开赛中亮相。

案例点评

点评专家：钟育赣　中国高等院校市场学研究会顾问，广东外语外贸大学教授

企业社会责任一般分为必尽责任，即能够出色完成自身基本任务；应尽责任，关心组织行为引发的相关问题；愿尽责任，关注一般社会问题并有所贡献。只有兼顾三者，尤其是重视愿尽责任，才能真正建立良好声誉。

阿迪达斯连续三年在全球范围开展“跑出蔚蓝”活动，力图展现的正是努力实现其社会责任三个层次的统一，通过运动的力量唤醒社会对海洋塑料污染问题的关注，鼓励更多人参与保护海洋的行动，同时强化自身“通过运动改变生活”的核心品牌理念，是一个双赢乃至多赢的活动。

好的创意要想有好的效果，项目执行就非常重要。三个关键点抓得很好：一是持久坚持，体现其公益本质而非“作秀”；二是争取全球性影响力，海洋塑料污染问题并非一国一地就可解决；三是传播手段数字化，选择当今社会人们互动的主流方式。

2019 最具公众影响力企业社会责任大奖

BMW（宝马）儿童交通安全训练营[1]

执行时间： 2018 年 9 月—2019 年 6 月

企业名称： 华晨宝马汽车有限公司及宝马（中国）汽车贸易有限公司

品牌名称： BMW

代理公司： 励尚时代（北京）公关顾问有限公司

获奖类别： 金旗奖——2019 最具公众影响力企业社会责任大奖

项目概述

BMW 儿童交通安全训练营是 BMW 针对中国儿童交通安全问题发起的企业社会责任项目（已连续开展 15 年，走过全国 20 个省市的 69 座城市，惠及人群超过 1 亿人），旨在提高儿童及家长的交通安全意识。

项目调研

作为社会责任倡导者与践行者的战略型企业，BMW 遵从“发现社会问题，解决社会问题”的逻辑，结合自身资源和核心优势，从中国社会的实际需求出发。

随着中国城市机动化快速发展，城市交通面临的安全挑战越来越大，营造文明的交通环境，提高交通安全意识，成为迫切的社会需求。与此同时，社会上没有建立完善的儿童道路交通安全教育体系。作为一家积极承担社会责任的

① 本文中所涉及的照片，BMW 均已得到被拍摄者的使用许可。

BMW 儿童交通安全大使进校园

汽车制造商，BMW 于 2005 年在中国启动 BMW 儿童交通安全训练营，并针对不断变化的社会需求，创新儿童交通安全教育。

15 年来，项目已经由最初小范围的简单活动，发展到覆盖全国的大规模路演活动，再演变为广泛带动利益相关方与社会公众共同参与、深入社区传递儿童交通安全知识的公益倡导活动。

项目策划

1. 目标

借助 BMW 对社会议题的深刻洞见和丰富的资源积累，以赋能手段带动利益相关方，搭建公众参与平台，发动全社会的力量，推动儿童交通安全教育常态化，创造共享价值。

2. 策略

此项目既是公益项目，又是公关项目。BMW 儿童交通安全训练营很好地平衡了公益与传播。在公益层面，项目通过敏锐的社会洞察，发现社会问题，以创新的赋能手段，搭建可持续的公众参与平台，助力解决社会问题。

创新的企业社会责任策略包括以下几个方面。一是发现社会问题，并根据社会问题制订创新的解决方案。二是动员利益相关方参与。项目充分动员全国的授权经销商、爱心车主俱乐部、员工和媒体参与儿童交通安全体验课志愿服务活动。三是充分赋能。为推动志愿服务的标准化和规范化，在中华人民共和国公安部交通管理局的指导下，BMW 联合中国少年儿童新闻出版社、公安部道路交通安全研究中心发布《儿童交通安全教育指导手册》，引领行业发展。与此同时，项目联合利益相关方，在全国范围内成立 BMW 儿童交通安全大使培训基地，赋能利益相关方，搭建面向社会公众的公益培训平台。四是长期可持续针对社会问题，提供解决方案。

2019 BMW《儿童交通安全教育指导手册》及《快乐运动指导手册》发布仪式

创新的传播策略。项目研究社会热点，区分目标受众，主动制造社会话题，获得社会关注度，并借助政府背书扩大影响力。

3. 受众

4～9 岁儿童，家长，成年驾驶员及广大交通参与者。

4. 传播内容

BMW 儿童交通安全训练营过去 15 年的发展是 BMW 长期贡献中国社会的最佳例证。项目成功构建了一套社会化的交通安全教育体系，弥补了儿童安全教育领域社会力量的缺失。

5. 媒介策略

基于对社会问题的敏锐洞察，项目借助自身资源，通过政府平台和权威媒体发声，强调项目行业领导力，提升话题的权威性。同时，项目基于对传播动态的敏锐嗅觉，应用社交平台，创新互动形式，激发公众广泛参与，扩大社会影响力。此外，为了撬动 BMW 独有的资源——利益相关方参与，项目有效结合 BMW 自有平台及经销商自有平台，深化与利益相关方的沟通。

项目执行

（1）2019 年 5 月 25 日开始，项目先后在沈阳、苏州、温州、西安、泉州以全新的快闪营形式与公众见面，免费向公众开放。

2019 BMW 儿童交通安全训练营快闪营“安安大讲堂”讲授儿童交通安全知识

（2）在中华人民共和国公安部交通管理局的指导下，BMW 企业社会责任部联合中国少年儿童新闻出版社、公安部道路交通安全研究中心发布 2019 BMW《儿童交通安全教育指导手册》。

（3）2019 年 3 月，BMW 联合利益相关方，在长沙成立首个 BMW 儿童交通安全大使培训基地，并将该模式在全国范围内推广。

（4）项目连续三年发起“BMW 好司机”文明交通倡议，结合“12·2 全国交通安全日”向公众免费发放好司机文明口号车贴，营造文明出行的良好风尚。

项目评估

1. 项目效果

15 年来，项目产生了深远的社会影响力：成功构建了一套社会化的交通安全教育体系，弥补了儿童安全教育领域社会力量的缺失。项目在全国 20 个省市的 69 座城市举行，成立 20 家 BMW 儿童交通安全大使培训基地，影响人群超过 1 亿人。

2. 受众及市场反应

项目获得各界好评，辽宁省公安厅交通安全管理局宣教处副处长季晓军先生曾表示：BMW 儿童交通安全训练营不仅展现了双方在校园交通安全教育方面取得的成果，更是向全社会发出倡议，希望有更多企业和公众关注、支持、参与儿童交通安全教育工作，为儿童营造更好的交通安全环境。

3. 媒体统计

BMW 坚持深挖社会需求，并以此创新，获得大量的媒体报道，2019 年项目启动至发稿前，收获 4773 篇全部正面的新闻报道，其中 607 篇为原创文章，广告价值达 1.11579345 亿元。

亲历者说　杨新斌　华晨宝马汽车有限公司企业社会责任部高级经理

BMW 儿童交通安全训练营项目历经 15 个年头，已成为 BMW 企业社会责任在行业里独特的 IP（知识产权）。BMW 一直在思考，如何在履行企业社会责

任的同时联合与发动利益相关方创造共享价值。

2019 年 3 月，我们充分利用自身的资源优势，联合利益相关方，在长沙成立了首个 BMW 儿童交通安全大使培训基地。在长沙交警的组织下，项目通过全市校园的闭路电视系统，为超过 200 万名师生直播授课。这个模式还在全国推广，有些城市甚至出现经销商争抢成立基地的现象。

为什么这么受经销商欢迎？我们发现，项目不仅能够传达 BMW 负责任、创新的品牌理念，同时有效弥补了部分学校和家庭教育中儿童交通安全教育的空白。项目还可以为经销商积累人气，拉近客户甚至集团客户的关系，并通过权威部门背书，在本地社区建立起良好的声誉。

案例点评

点评专家：沈健　迪思传媒高级副总裁，中国传媒大学客座教授

在项目的选择上，BMW 做到了将中国社会的需求和企业的基因与经验密切结合。一方面中国儿童安全问题十分突出，另一方面 BMW 作为顶级汽车制造商有着丰富的经验。因此在项目选择上，BMW 将中国社会的迫切需求和热点问题与企业基因和丰富经验密切结合，儿童安全的主题选择十分准确。并且此项活动坚持了 15 年，取得了很好的社会效益，引起了巨大的正面效应。

BMW 在项目的实施中不断赋能，各主要利益相关方，包括 BMW 经销商、车主、BMW 员工等不断地参与进来，促进了可持续的公众参与。通过 15 年的不断努力，项目在儿童交通安全方面形成了一系列宝贵的成果。例如，在中华人民共和国公安部交通管理局的指导下，由中华慈善总会宝马爱心基金会资助，联合中国少年儿童新闻出版社合作出版了《儿童交通安全教育指导手册》等。

此项目在活动形式上不断创新，例如“BMW 儿童交通安全大使进校园”“BMW 好司机”活动等。“交通指挥手势课”还创造了吉尼斯世界纪录，引起全社会对交通安全的广泛关注。

总之，作为企业 CSR（企业社会责任）的项目，其定位准确，持之以恒，广泛赋能各利益相关方，内容不断创新，并形成一系列宝贵的成果，堪称汽车行业 CSR 项目的典范。

在儿童广泛参与的 CSR 项目中，如何让更多学校、学生参与进来，这对企业来说是巨大的挑战。建议日后可以考虑和公安系统的相关平台加以合作，如公安系统正在各地广泛组织的少年警校活动等，利用公安系统的资源，广泛进入校园，让更多的学校和学生参与进来，提高项目的普及性，扩大影响力。在成果方面，进一步提高儿童的交通安全意识。不断扩大项目影响力，促进当地政策法规的制定，如儿童安全座椅安装的立法和规定等，更进一步改善中国儿童交通安全方面的状况。

安踏茁壮成长公益计划——“爱不止步　点亮未来”公益行[①]

执行时间： 2018 年 5 月—2019 年 6 月

企业名称： 安踏集团

品牌名称： 安踏

代理公司： 无

获奖类别： 金旗奖——2019 最具公众影响力企业社会责任大奖

项目概述

2017 年，安踏集团携手中国青少年发展基金会、上海真爱梦想公益基金会，启动安踏茁壮成长公益计划，从“扶体”和“扶智”双向推动精准扶贫，持续投入 5 亿元，帮助欠发达地区超过 1000 万名青少年获得身体素质和知识水平的提高。

安踏茁壮成长公益计划——“爱不止步　点亮未来”公益行 1

① 本文中所涉及的照片，安踏集团均通过中国青少年发展基金会、上海真爱梦想公益基金会已得到被拍摄者的使用许可。

项目调研

2017 年 3 月—5 月，安踏集团携手中国青少年发展基金会和上海真爱梦想公益基金会，面向全国 18 个省份 117 个国家级贫困县的 325 所欠发达地区中小学校，开展青少年体育现状调研，共调研学生及学生家长 11968 人，了解了校园体育课程及学生体育运动情况，并于 2017 年 7 月 10 日发布《中国贫困地区青少年体育现状调研报告》。调研发现，在运动装备方面，5.7% 的学生穿运动服上体育课，11.9% 的学生穿运动鞋上体育课，90% 的学生有装备需求；在体育课方面，97.7% 的学生喜欢上体育课，89.9% 的家长认为体育课重要。

然而受调查地区的中小学生普遍认为体育课极为枯燥且没有相应的运动装备配合体育锻炼，学校方面也受体育设施差、运动器材少以及体育教师不足等主要因素制约，不能给予孩子们优质的运动环境。走访调研结果为茁壮成长公益计划明确了捐献运动装备的种类和数量以及青少年体育素养的培养思路。

项目策划

1. 目标

通过传播，提升安踏茁壮成长公益计划在全国范围的公益声量和公众影响力，推动社会各界关注欠发达地区青少年发展并参与公益行动，强化安踏集团作为一家体育用品行业领先企业的社会责任和品牌形象。

2. 策略

（1）设置年度主题："爱不止步　点亮未来"公益行起于江西瑞金，经过湖南、福建、广西、贵州等地，于 2019 年 6 月 20 日在甘肃会宁"会师"，以精准扶贫的初步成果向新中国成立 70 周年献礼。

（2）全媒体渠道传播：社会化内容营销和传统媒体传播兼顾，配合线下项目活动节点，与新浪达成全年战略合作，在跨平台社交媒体上进行内容传播。

（3）对内传播和分销商参与：让公益内化于安踏集团企业文化，并为分销商提供便捷可靠的公益参与平台。

（4）发挥安踏品牌传播优势：邀请为安踏品牌代言的国内运动明星作为公

益大使，走访学校，呼吁社会各界关注并鼓励青少年克服困难，勇于追梦。

（5）邀请运动员参与：为运动员提供多种参与机会，培养运动员成为公益活动的同行者。

3. 受众

安踏员工、政府机构、社会组织、运动员、地方分销商以及更大范围的社会公众。

4. 传播策略

（1）年度主题："爱不止步　点亮未来"——茁壮成长公益计划献礼新中国成立 70 周年。

（2）全媒体传播。

对外传播中，社会化内容营销和传统媒体传播兼顾。以"爱不止步　点亮未来"为公益主题，与新浪和《善行天下》栏目合作，通过微博话题、视频直播等方式，多平台播放年度视频。充分利用对内传播渠道，如内部微信号、公司邮件等，和员工分享公益理念与项目进展，进一步将公益内化于企业文化。

5. 传播内容

安踏茁壮成长公益计划——"爱不止步　点亮未来"公益行。

项目执行

1. 项目实施细节

（1）2018 年 5 月 25 日，江西瑞金，安踏茁壮成长公益计划——"爱不止步　点亮未来"公益行首站。

（2）2018 年 6 月 6 日，甘肃瓜州，安踏运动梦想课首次亮相。

（3）2018 年 6 月 28 日，贵州贵阳，安踏揭幕第一次公益冰雪训练营。

（4）2018 年 9 月 11 日，浙江温州，安踏高管"梦想第一课"开课。

（5）2018 年 10 月 26 日，青海互助，安踏第 27 间梦想中心启动。

（6）2018 年 11 月 22 日，四川泸定，安踏"乐动汇"趣味运动会举办。

（7）2019 年 2 月 14—17 日，吉林北大壶，"第二届安踏茁壮成长公益计划梦想训练营——燃动冰雪"开营。

（8）2019 年 3 月 27 日，河北张家口，首个安踏茁壮成长公益计划——冬奥宣教基地落地。

（9）2019 年 5 月 19 日，甘肃敦煌，首间“安踏戈友会梦想中心”启动。

（10）2019 年 6 月 20 日，甘肃会宁，安踏茁壮成长公益计划——“爱不止步　点亮未来”公益行“会师”。

安踏茁壮成长公益计划——“爱不止步　点亮未来”公益行 2

2. 控制与管理

在规划时，提前设计项目整体安排和落地活动。每一站活动有完整的时间进度表，随时把控项目进度，根据项目进展的情况对比原计划，找出偏差、分析成因、研究纠偏对策，并实施纠偏措施。

项目评估

1. 公益项目成果

截至 2019 年年底，安踏茁壮成长公益计划向全国欠发达地区中小学生捐赠 1.74 亿元，覆盖全国 30 个省市 2286 所学校的 77 万名青少年。“乐动汇”进入 105 所希望小学，捐建 83 间安踏梦想中心，培训一线体育教师 628 人。

安踏苗壮成长公益计划——“爱不止步　点亮未来”公益行 3

2. 公益传播效果

安踏苗壮成长公益计划相关报道达 411 篇；# 爱不止步　点亮未来 # 微博话题阅读量超过 4158 万次；话题讨论量达 1.7 万次，线下活动视频直播观看量超过 197 万人次，安踏梦想营志愿者协会成员参与线下活动达 200 人次。通过这些互动机制，安踏苗壮成长公益计划致力于联结政府机构、运动员、公益组织以及安踏的员工和全渠道伙伴，开拓公益边界，凝聚“人人公益”的力量，打造企业社会责任大平台。

亲历者说　李玲　安踏集团副总裁

作为一家中国体育用品企业，安踏集团的使命是将超越自我的体育精神融入每个人的生活。安踏始终关注青少年，尤其是欠发达地区青少年的教育体系建设。我们启动苗壮成长公益计划，通过“扶体”“扶智”项目的开展，希望可以提升他们的身体素质和精神风貌，这也是安踏集团公益的初心。

多年以来，安踏集团在不断谋求发展、取得高速成长的同时，一直积极履行企业社会责任，投入大量资金、装备和人员用于社会公益事业的开展，致力于成为优秀的社会企业。安踏通过整合各方资源，努力打造一个联结政府机构、运动员、公益组织、分销商以及安踏员工的“企业社会责任大平台”，协力解决一些重要的社会难题，共创更加和谐的未来。

案例点评

点评专家：吴伟农　艾尔建中国区企业事务部总经理

记得有位媒体朋友说，安踏在设计运动鞋时特地考虑到很多孩子是在泥地上打球的现实状况，当时我的反应是安踏很“接地气”。安踏的这个大型公益项目，同样体现了“接地气”的范儿。

如果说数年前的希望小学项目让孩子们有书读，那么该项目提倡的“扶体”“扶智”理念，既延续了社会对偏远贫困地区学生的关爱精神，又在开发和提升少年儿童们的体育运动能力方面做了崭新的尝试，而且铺面之广，令人称赞。

在整个行动中，安踏依托产品代言人和自己员工深入学校，与学生们交流互动，并邀请经销商等商业伙伴参与，扩大了社会影响力。这种行业生态圈一起做公益的做法，值得称赞。

整个公益项目对提升安踏的品牌影响力具有非常积极的意义。通过有效的公关传播，安踏在履行社会责任的同时，实现了一定的企业商业价值。这种双赢的公益项目，是可持续的。

中国首部结直肠癌音乐剧

执行时间： 2018 年 3 月—2019 年 1 月

企业名称： 礼来（上海）管理有限公司

品牌名称： 礼来制药

代理公司： 上海黑晶文化传播有限公司

获奖类别： 金旗奖——2019 最具公众影响力企业社会责任大奖

项目概述

为了提升公众对结直肠癌的认知度，由中国抗癌协会康复会、北京爱谱癌症患者关爱基金会、上海市癌症康复俱乐部、礼来中国携手一流制作团队，打造中国首部聚焦结直肠癌晚期患者生存状态的音乐剧《爱 · 在一起》。

音乐剧《爱 · 在一起》宣传海报

项目调研

1. 项目背景

在中国，结直肠癌在癌症中的发病率及死亡率均居于第四位，近一半患者首诊即为晚期或由于手术后复发转移进入疾病晚期，无治愈机会，以延长生存期及提高生活质量为治疗目标。因此，提升患者对结直肠癌积极诊治的信心是关键。

2. 可行性研究

该公益项目通过新颖走心的音乐剧艺术形式，整合线上线下的传播渠道，集结行业协会、学会、公益组织、权威专家、艺术家、患者群体、媒体等多方资源，在全国范围内开展音乐剧巡演，更好地为结直肠癌患者传递希望、勇气和力量。调查发现，无论是专家、制药企业、公益组织、艺术家，还是患者和家属，都愿意参与这个公益项目，给予项目更多的支持和协助。

项目策划

1. 目标

（1）提升公众及患者对结直肠癌疾病认识；倡导结直肠癌患者积极面对，规范治疗。

（2）打造国内首部聚焦结直肠癌晚期患者生存状态的音乐剧，向结直肠癌患者及公众传递更多的关爱与信心：这一秒不放弃，下一秒就有希望。

（3）持续强化礼来制药在肿瘤领域的领导者地位；进一步巩固礼来制药关爱中国肿瘤患者的良好品牌形象。

2. 策略

（1）会聚一流制作团队，打造聚焦结直肠癌晚期患者生存状态的音乐剧，通过新颖走心的艺术形式，为项目注入情感链接。

（2）联合多方资源，如协会、学会、公益组织、权威专家、患者群体等加强项目的影响力。

（3）打造可持续性的传播生态圈，优化传播效果的同时，更广泛精准地与受众实现传播联动。

3. 受众

结直肠癌患者、家属及公众。

4. 传播内容

（1）《爱 · 在一起》是一部讲述结直肠癌患者生命故事的原创音乐剧，该剧

旨在鼓舞广大的结直肠舞患者面对癌症，积极治疗，永不放弃；向患者传递希望、勇气和力量，用爱点燃生命之光；同时呼吁全社会给予结直肠癌患者及家属更多的理解、支持和关爱。

（2）在中国，结直肠癌在癌症中的发病率及死亡率均居于第四位，患者存在沉重的疾病负担。目前传统的一线、二线标准治疗失败后，缺乏有效的治疗手段。

（3）新型的口服靶向药可为晚期结直肠癌患者提供新的治疗选择。得了结直肠癌不要害怕，也不要轻易放弃，对疾病充分认知，积极接受治疗。

5. 媒介策略

（1）传统媒体奠定项目权威性：利用国家级媒体与健康类媒体，通过行业协会、专家背书，确立项目高度的同时实现广度覆盖。

（2）患者渠道媒体精准覆盖：通过中国抗癌协会康复会旗下的结直肠患者群体等渠道进行垂直精准传播。

（3）社交媒体扩大项目影响力：以微信、网络视频、网络媒体多渠道传播，优化传播效果，扩大项目影响力。

（4）参与“第二十届中国上海国际艺术节”演出、让更多结直肠癌患者和家属以及公众观看，提升项目的美誉度和社会影响力。

项目执行

1. 项目总体进度

项目总体进度图

2. 实施细节

第一阶段：项目筹备阶段（2018 年 3 月—7 月）。

➢ 项目策划与立项准备

✓ 确立协会合作方式：主办方——中国抗癌协会康复会。

✓ 组织患者群体采风。

➢《爱·在一起》音乐剧

✓主创人员患者群体采风并撰写剧本大纲。

✓词曲创作。

✓演员招募、艺术家签约。

✓申报“第二十届中国上海国际艺术节”演出剧目。

✓预定演出剧场和排练厅。

第二阶段：工坊预热阶段（2018 年 8 月—9 月）。

➢《爱·在一起》音乐剧

✓舞美设计、灯光、服装、多媒体设计及演播厅排练。

✓海报演员定妆照拍摄、海报 / 节目册与演出票设计。

✓工坊汇报演出。

➢ 媒体传播

✓音乐剧预热视频传播。

✓活动爱心观众招募传播。

第三阶段：剧院合成阶段（2018 年 10 月中旬）。

➢《爱·在一起》音乐剧

✓全体进入剧场。

✓舞台技术部门与演员整体合成。

✓试演与剧目研讨。

✓确认参与“第二十届中国上海国际艺术节”演出剧目。

第四阶段：演出传播阶段（2018 年 10 月下旬—2019 年 2 月）。

➢《爱·在一起》音乐剧

✓《爱·在一起》音乐剧上海站首场公演。

✓《爱·在一起》音乐剧作为“2018 年第二十届中国上海国际艺术节‘艺术天空’”重磅邀请剧目，在上海音乐厅城市草坪进行公演。

✓《爱·在一起》音乐剧因公演产生强大的社会影响，受主办方邀请在北京公演第三场。

《爱·在一起》作为“2018 年第二十届中国上海国际艺术节‘艺术天空’”的重头公益演出剧目在上海城市草坪广场进行公演

➢ 媒体传播

✓ 项目累计邀请超过 80 家原发媒体，类型覆盖中央媒体［CCTV-2（中国中央电视台财经频道）、《人民日报》］、全国主流大众健康媒体、地方主流电视台（BTV 等）、门户网站、微信、微博等。

项目评估

1. 效果综述

这是中国首部关注结直肠癌患者生存状态的音乐剧，得到了来自行业协会、学会、肿瘤医生、权威媒体等各方面的广泛关注和认可，在业内引起了热烈轰动。

2. 受众反应

三场演出现场累计覆盖了 2500 名观众，其中包括近 600 名结直肠癌患者，现场的观众感动到流泪，表示这是一部鼓舞人心的作品。

有一位患病 8 年的患者表示："我看哭了。抗癌路上，这么多人和我们一路相伴，一起加油，很感动！"

剧中演员说："作为剧中一名特殊的'演员'，音乐剧给我们留下的印象可能是短暂的，但给我们带来了巨大的正能量。这一秒不放弃，下一秒就有希望，我们要运用有效的手段与凶猛的'敌人'癌症作斗争，希望通过我们共同的努力来创造美好的明天！"

3. 媒体传播统计

项目共举办三场发布会，邀请多家媒体参与报道，媒体类型丰富。

项目在不同阶段通过传统媒体、社交媒体，在新闻、健康、大众等不同领域进行广度和深度传播，获得了良好的传播效果。本项目共产生 500 篇以上深度报道，总字数达 120.5 万字，覆盖人数达 9280 万人。

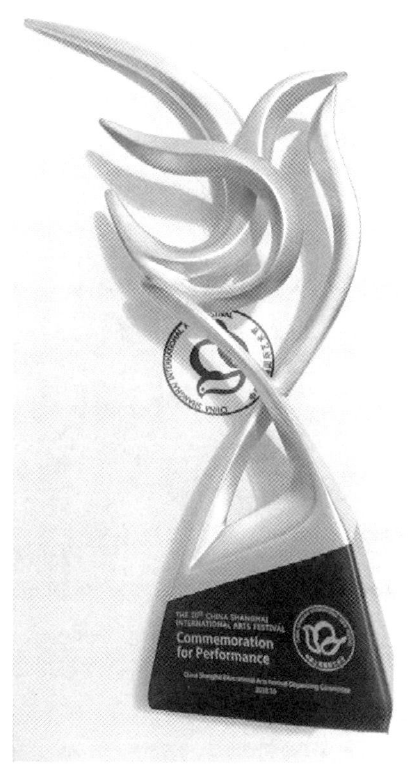

《爱・在一起》获得"2018 年第二十届中国上海国际艺术节"纪念奖杯

媒体包括 CCTV-2、《人民日报》等，此外包括中国新闻社（简称中新社）、美国企业新闻通讯公司，北京电视台、上海教育电视台、新浪、爱奇艺、搜狐、光明网、健康报网、人民网、环球网等。

亲历者说 **李出新（Sunny Lee）　上海黑晶文化传播有限公司总经理，本项目总策划**

首个音乐剧，形式新颖。这是中国首部关注结直肠癌患者的音乐剧，让公众了解了一个结直肠癌患者被判绝症，从"这一秒不放弃"，到"下一秒就有希望"的心路历程，也让患者真切了解到坚定信念、科学治疗的重要性。

源于生活，深入人心。故事来源于真实患者故事的采风再创作。创作完成

后，我们邀请患者及其家属开展座谈反馈意见；邀请患者、结直肠癌专家客串，倾心演绎；邀请广大的肿瘤患者和家属观看。整个项目源于生活，高于生活，剧情生动感人。

多方联动，众人给力。该项目联动了行业协会、学会、权威专家、患者群体，并且得到了媒体、患者、公众等多方的认可和关注，确实在业内产生了轰动，完全做到了项目最初设立的初衷与目标，甚至超过了预期。

传播广泛，覆盖精准。联动肿瘤患者组织、结直肠癌患者群体（媒体渠道、QQ 用户群体）等资源，实现了精准垂直传播。

公益项目获得主办方、行业协会、学会、癌症康复组织、患者群体、专家医生、媒体等各方面的帮助和支持。

案例点评

点评专家：苏宏元　华南理工大学新闻与传播学院院长、教授、博士生导师

中国首部结直肠癌音乐剧项目创意大胆新颖，具有社会责任感和首创精神。

第一，该项目具有崇高的愿景——提升中国结直肠癌的整体防治水平，体现了企业崇高的社会责任感，有利于进一步巩固礼来制药关爱中国肿瘤患者的良好品牌形象；第二，该项目聚焦结直肠癌晚期患者生存状态，主题明确，针对性强；第三，该项目采用音乐剧形式，具有创新性；第四，该项目利用国家级媒体与健康类媒体，通过行业协会、专家背书，强化了项目的权威性和传播的可信度。

礼来制药通过打造中国首部结直肠癌音乐剧来鼓舞患者、传递希望、呼吁关爱，充分体现了其积极承担社会责任的企业形象，具有良好的社会效益。

健康元《助力攻坚，慢病扶贫》系列公益纪录片

执行时间：2019 年 3 月—2019 年 8 月

企业名称：健康元药业集团股份有限公司

品牌名称：健康元

代理公司：无

获奖类别：金旗奖——2019 最具公众影响力企业社会责任大奖

项目概述

健康元《助力攻坚，慢病扶贫》系列公益纪录片根据健康元药业集团股份有限公司全资投入的精准扶贫项目出品，对外公开展示贫困地区质朴的风土人情，让观众关注到深贫地区的民生，号召更多社会力量了解、认同并参与公益，让社会认识到企业的用心回馈。

项目调研

根据调研，慢病已经成为我国城乡居民死亡的主要原因，在贫困地区，慢病死亡率达到 60%。患有高血压、高血脂、高血糖的中老年人是慢病主要群体，在农村，许多患者因没有及时就医患上各种并发症，有些家庭因长期吃药和治疗陷入贫困。将治疗慢病的药品免费捐赠给贫困家庭，不仅能帮助他们缓解病情，而且能一定程度帮助其缓解经济压力。故此，健康元针对患有慢病的中老

人群体，推出了极具特色的慢病扶贫。

健康元扶贫志愿者对贫困乡镇进行了走访，发现藏区患有高血压和冠心病的老人们，因经济原因一般都会大幅度缩减慢性病类药品的开销以应对家庭的其他基础开销。而在中国广大农村，像这样患有慢病的贫困老人不在少数。

健康元慢病扶贫——2019 年松潘县回访之路

项目策划

1. 目标

作为一个原创的精准扶贫公益项目，以拍摄系列纪录片的手法，联动企业和公众，潜移默化地传递出社会携手、共同参与、互帮互助、支持扶贫的理念，实现社会效益与经济效益相统一。

2. 策略

纪录片在策划之初的定位便是一项综合的、长期的、实效的扶贫工程。通过拍摄及传播纪录片，健康元使得贫困县得到社会各界的关注和支持。拍摄地点首选国家级贫困县，摄制组深入贫困山区、乡间地头和各家各户，与村民同吃同住，切实感受当地民生，深度挖掘当地真实的人物故事。

3. 受众

广大公众。

4. 传播内容

大型系列公益纪录片：第一集《助力攻坚，慢病扶贫》之深山慢病老奶奶；第二集《助力攻坚，慢病扶贫》之齐聚力量，志愿者同行。

5. 媒介策略

（1）纪录片拍摄期间，在各大移动互联网平台及集团内部进行宣传片预热，引起社会关注。

（2）Vlog（视频博客）形式的拍摄花絮贯穿拍摄全程，以新媒体的传播形式，在抖音、微博、微信等多个平台上进行传播。

（3）将纪录片在集团平台进行首发，然后上传至抖音等各大视频媒体平台推广。

（4）输出各类形式的公关稿件，对慢病扶贫项目进行全渠道推广，引发社会各界高度关注。

项目执行

自 2018 年始，健康元精准对阿坝藏族羌族自治州松潘县及广元朝天区两个贫困县的中老年人，进行慢病扶贫。针对高血压、高血脂和心脑血管、胃病等疾病，开展每个地区价值 100 万元的慢病药物免费捐赠。

1. 2019 年 3 月—5 月

第一站：四川省广元市朝天区。

全区辖 25 个乡镇，总人口 20 万人，辖区面积 1620 平方公里，耕地面积 26 万亩，是秦岭南麓蜀道起点上的第一个政治、经济、文化中心，素有“秦蜀重镇”“川北门户”之称。在这里进行拍摄。

2. 2019 年 5 月—7 月

第二站：四川省阿坝藏族羌族自治州松潘县。

古时被称为“潘州卫”的高原县隶属阿坝藏族羌族自治州，是国家重点扶贫县之一。在这里选定当地真实贫困户及场景，挖掘人物故事进行拍摄记录。

健康元慢病扶贫县区之松潘县

项目评估

两期公益纪录片的拍摄制作共历时五个月，后以各种形式剪辑，运用各类新媒体的传播形式，在抖音、微博、微信等多个平台上进行了有效传播。纪录片联动了企业和公众，潜移默化地传递出社会携手、共同参与、互帮互助、支持扶贫的理念，实现社会效益与经济效益相统一。

在口碑方面获得了社会各方的认可，引发行业内外高度关注，高强度助推了全民公益的风潮。包括人民网、中国扶贫网、《经济日报》、中国经济网、光明网、腾讯网、今日头条、大众新闻网等 20 多家全国主流媒体纷纷进行报道和转载。在热门社交平台的话题跟帖评论零差评。该项目获得了“2018 中国脱贫攻坚贡献奖”和“2019 中国扶贫攻坚示范案例”荣誉称号。

亲历者说 刘佳　健康元公关总监

健康元结合企业自身优势推出的慢病扶贫项目，在国内企业中是首创，形成了一定规模。随着纪录片的推出，慢病扶贫得到了社会各界的广泛认可。

健康元药业集团股份有限公司自成立以来，始终肩负着药企的社会责任，持续在医药领域加大研发投入，不断创新，充分发挥集团优势，引领着大健康行业的升级、发展，助力“健康中国梦”。

“无论贫穷还是富裕，都有安享晚年的权利”，健康元始终秉承这一初心，坚定地走在扶贫的道路上。未来，健康元希望能集合更多的社会力量和资源参与到慢病扶贫的事业中来，为实现“健康中国梦”努力奋斗。

案例点评

点评专家：陈凯　北京汉诺睿雅公关顾问有限公司董事长

首先感谢健康元《助力攻坚，慢病扶贫》系列公益纪录片项目对社会精准扶贫作出的积极贡献。

通过深层次、多视角的挖掘和真实呈现，其让社会各界真正感受到了中国精准扶贫的社会意义，也必将集聚更多、更大的社会力量，共同参与精准扶贫的百年奋斗目标。

中国的公益事业任重道远，精准扶贫、脱贫的公益目标更是中国步入小康社会奋斗目标的重点之一。健康元《助力攻坚，慢病扶贫》系列公益纪录片项目在医药扶贫、慢病扶贫方面的公益思路和举措，值得各个公益组织、企业社会责任公益平台学习和借鉴。

首先是“公益原点”，也就是我们的公益初心，我们公益事业还不尽完善，很多公益项目停留在形式层面和简单的捐助行为层面，而健康元《助力攻坚，慢病扶贫》系列公益纪录片项目从一开始以提升社会影响力为目标，通过精准扶贫点的深度挖掘，打造社会认同度和辐射性，推动更多更大的社会力量达成共识和认知，从而做到真正社会化的扶贫示范效应，值得我们学习和借鉴。

其次是“公益深度”，也就是公益渗透度，项目通过真实的深层次社

会现状记录呈现，真正反馈中国典型贫困人群、贫困区域的现实需求和呼声，长期扎根于民间进行调查、实况记录，聚焦慢病扶贫领域的核心社会问题，切实做到精准扶贫社会痛点的挖掘，对中国整体步入小康社会、响应精准扶贫，有非常大的贡献价值和借鉴意义。

“BMW 中国文化之旅”①

执行时间：2019 年

企业名称：华晨宝马汽车有限公司及宝马（中国）汽车贸易有限公司

品牌名称：BMW

代理公司：凯维营销策划咨询（上海）有限公司

获奖类别：金旗奖——2019 最具公众影响力企业社会责任大奖

项目概述

“BMW 中国文化之旅”是 BMW 针对中国传统文化保护与非物质文化遗产传承社会问题发起的标志性战略型企业社会责任项目，旨在探访和保护中国传统文化，促进非物质文化遗产（简称非遗）的传承与发展，是企业参与非遗保护的典范。

项目调研

经过创新探索及对实践的总结，BMW 发现：非遗的创新性转化及市场化是助力“非遗走进现代生活”的正确思路。BMW 充分发挥强大的品牌影响力，搭建联结各种社会资源的桥梁。在此过程中，联结的社会资源越广泛、越深入，BMW 品牌形象越深入人心，社会影响也就越大。这也是对宝马集团在企业社会责任领域提倡创造“共享价值”的完美诠释。项目对传承人的支持从过去“授

① 本文所涉及的照片，BMW 均已得到被拍摄者的使用许可。

人以鱼”的捐助模式升级为“授人以渔”的赋能模式。通过调研，BMW 发现目前存在的问题，并提出创新的解决方案，即洞察社会问题—提出明确目标—实施创新战略—提出创新性解决方案。具体通过两条路径实施，即促进非遗作品的使用和消费，推广非遗领域的文化传播。

项目策划

1. 目标

（1）通过创新方式助力“文化 + 旅游”融合发展，帮助大众认知传统文化的多元魅力。

（2）发现和遴选具有创新潜力的非遗传承人进入非遗保护创新基地，与清华大学美术学院的师生共同设计并打造具有非遗元素的文创产品，从而有效带动乡村劳动力就业，助力实现文化扶贫。

2. 策略

（1）在促进非遗作品的使用与消费方面。

非遗传承人在创新基地学习和交流

项目推荐能带动乡村劳动力就业的、需要设计改良的非遗传承人进入“清华美院 BMW 非遗保护创新基地”，在清华美院专家教授的带领和帮助下设计并开发具有市场需求的非遗文创品。

（2）在推广非遗领域的文化传播方面。

制作第四本以非遗为主题的旅游攻略——《BMW 中国文化之旅海南旅游攻略》，以文旅融合的方式，探索非遗保护的创新模式。

2016 年起，“BMW 中国文化之旅”已经连续三年推出非遗主题的旅游攻略，截至发稿前，三本攻略的累计在线浏览和下载量已超 200 万人次。

探访期间，“BMW 中国文化之旅”在短视频分享平台——抖音，以 # 悦抖悦非遗 # 为话题，号召公众进行非遗主题的短视频拍摄。

3. 受众

非遗传承人、公众。

4. 传播内容

以“探海角琼崖，锦绣斑斓的精神家园”为主题的 2019“BMW 中国文化之旅”海南探访活动，以及海南当地种类丰富的非遗项目，包括《南海航道更路经》等民俗，黎族传统纺染织绣技艺等传统手工艺，椰雕等传统美术产品以及黎族打柴舞等传统舞蹈。

在深入探访之后，项目成功推选出三项非遗项目的五位传承人进入“清华大学美术学院 BMW 非物质文化遗产保护创新基地”。

项目同时联合国内旅行生活指南平台马蜂窝制作《BMW 中国文化之旅海南旅游攻略》，助力海南“文化 + 旅游”的融合发展。

2019“BMW 中国文化之旅”海南探访的非遗项目之一：黎族传统纺染织绣技艺

2019“BMW 中国文化之旅”海南探访的非遗项目之一：椰雕

5. 媒介策略

通过对海南经济、文化以及非遗的特定分析，邀请文化、旅游、生活方式、经济以及汽车等多领域全国重量级媒体共计 47 家，参加“BMW 中国文化之旅”探访并报道。

开启制作第四本以非遗为主题的旅游攻略——《BMW 中国文化之旅海南旅游攻略》，以文旅融合的方式，探索非遗保护的创新模式。

引入创新的传播平台——抖音，全方位助力非遗传播，培养挖掘年轻一代对非物质文化遗产的好奇心，帮助发掘海南省非遗的文化和市场价值，让非遗被更多人看见。

项目执行

2019“BMW 中国文化之旅”海南探访活动：2019 年 7 月 8 日—13 日，由专家学者、企业家、爱心车主和媒体代表等组成的“BMW 中国文化之旅”车队，深入海口市、琼海市、五指山市等地，探访了当地种类丰富的非遗项目，并于 2019 年 11 月 14—16 日在北京 798 艺术中心举办非遗保护创新成果展，展示近年来的企业社会责任创新成果。

项目评估

1. 项目效果

（1）被遴选进入创新基地的非遗传承人已结业，在清华美院教授的带领下开始非遗创新转化，系列成果将于 2020 年面向社会发布。

（2）非遗引爆“抖音”：# 悦抖悦非遗 # 已收获 1197.4 万次播放量。

（3）推出旅游攻略:《BMW 中国文化之旅海南旅游攻略》已获得 222399 次浏览量。

（4）非遗保护创新成果展：举办为期 3 天的成果展以及为期 4 小时的非遗快闪店，共吸引 2512 人次参与，售卖额达到 247312.6 元。

2. 受众反应

清华大学美术学院院长鲁晓波教授表示：“2019 年，‘清华美院 BMW 非遗保护创新基地’进入了一个新的阶段，我们汲取成功经验，进一步提升研培质量，将单纯的研培与产业结合，即对“研培 + 艺术设计 + 产业”进行有机结合。”

3. 媒体统计

截至发稿前，媒体报道累计达 2315 篇，产生广告价值为 68272433 元。

案例点评

点评专家：殷俊　重庆工商大学艺术学院院长、教授、博士生导师

对中华传统文化的保护、传承和弘扬，一直是国家文化战略的重中之重。“BMW 中国文化之旅”是一个创新性议题，是针对中国传统文化保护与非遗传承社会问题发起的标志性企业社会责任项目，旨在探访、保护中国传统文化，促进非遗的传承与发展，为其他机构、行业和企业树立传承、传播中华传统文化的标杆。“BMW 中国文化之旅”的创新还在于将品牌建设、行走艺术和非遗保护有效结合，为塑造和提升自身品牌文化建设探寻一条成功之道。十余年来，“BMW 中国文化之旅”走遍千山万水，以“创造共享价值”为目标，积极搭建联结各种社会资源的桥梁，通过促进非遗作品的使用与消费和推广非遗领域的文化传播两条创新路径，助力非遗走进现代生活，一步步解决“活化难”和“传承难”两大难题，为中华传统文化的保护、传承和新时代的创新发展作出重要贡献。“BMW 中国文化之旅”做出了表率和贡献，是企业积极担当社会责任的榜样。

“传承新生　传递优绣的力量”苗绣项目①

执行时间：2019 年 7 月 12 日—2019 年 8 月 5 日

企业名称：迅销（中国）商贸有限公司

品牌名称：优衣库（UNIQLO）

代理公司：电通公共关系顾问（北京）有限公司

获奖类别：金旗奖——2019 最具公众影响力企业社会责任大奖

项目概述

优衣库基于“Life Wear（服适人生）”的品牌理念，携手中国宋庆龄基金会共同发起“传承新生 传递优绣的力量”苗绣项目，挖掘苗绣图案中蕴含的奋进、凝聚、融合、新生、母爱五种积极力量，让服装成就人们更美好的生活。

绣娘海报合集

① 本文中所涉及的照片，迅销（中国）商贸有限公司均已得到被拍摄者的使用许可。

项目调研

1. 项目背景

优衣库携手中国宋庆龄基金会，设立“优衣库专项基金”，让服装的力量，成为社会的力量。

2. 项目洞察

苗绣是中国传统文化的瑰宝，传统文化背后蕴藏的精神力量依然和当代社会有共鸣，能够激励生活中的正能量。此外，助力良性循环的传统文化与地区社会发展十分必要。

3. 项目挑战

（1）如何在“传承和新生”这个社会议题下，唤起消费者新的时代共鸣，同时将优衣库品牌、产品和体验的价值巧妙融入内容传播当中，用传统文化启发当代生活。

（2）探索可复制及可持续的公益帮扶模式，带动更多人关注并参与文化传承；为优衣库品牌背书，打造积极的社会效应。

（3）如何借助自身资源和行业优势，号召全社会和消费者广泛参与，从而提升品牌影响力。

项目策划

1. 目标

（1）将传统文化的精髓带入当代人生活，为大众的美好生活创造更多可能。

（2）建立优衣库国际知名服装领导品牌形象，实现优衣库在可持续发展公益、传承和新生议题设定上的领导地位，创造平台式、造血式、可复制的公益帮扶模式，为绣娘创造可持续的工作机会，精准扶贫，助力社会美好发展，更好回馈社会。

（3）号召全民参与，用服装凝聚爱心，助力苗绣文化新生，传递优“绣”的力量。

2. 策略

“传承新生　传递优绣的力量”苗绣项目联动全国门店，鼓励消费者到全国门店捐衣，通过与宋庆龄基金会合作、代言人号召、绣娘代表分享、媒体沟通等反复强化沟通，实现品牌及产品的极大化宣传。

同时首次在旗舰店打造可持续项目展览，展现五大主力商品魅力，将旗舰店作为品牌发射塔，把店铺、商品和顾客连接起来，展现“Life Wear（服适人生）”品牌理念，凝聚多方爱心，助力传统文化新生，让人们的生活更加美好。

3. 传播渠道

（1）发布会前联动优衣库官方微博、微信及代言人微博进行前期预热；保持官方微博、微信集中持续沟通。

（2）活动一周内，人民网、中新网、中国广告等大众类、行业类媒体集中发稿，并在发布会后两周通过形式丰富的传播素材持续产出优秀报道，传递服装的力量。

（3）项目期间，苗绣 H5（超文本 5.0）联动会员中心上线，同时积极借助门店宣传物、自媒体、PR（公共关系）团队持续推广 H5，持续扩散影响力。

（4）会员中心、官网 PC（个人电脑）端、微信小程序持续露出。

（5）强化前台 POP（卖点广告）/ 海报 / 易拉宝 / 店头 LED（发光二极管）/ 回收框 / 回收立板 / 门店广播的设置及员工宣传，在店铺营造苗绣项目氛围，激励、号召消费者参与捐衣。

4. 传播内容

（1）传承新生，传递优绣的力量：优衣库创新诠释五种有代表性的苗绣图案，并将其融入徽章和帆布包中，连接传统技艺与现代生活，焕发彼此生机活力；联动践行七年的全商品回收再利用项目，以前往优衣库捐赠五件爱心衣物获得一枚苗绣徽章的形式，让消费者能够简单参与活动，助力传统文化新生。

（2）奋进、凝聚、融合、新生、母爱的力量：项目挖掘中国苗绣文化中的五种积极力量，让当代人见证传统文化，让传统文化中沉淀的人文精神为当代人的生活带来启发。

（3）让服装的力量成为社会的力量：为绣娘创造可持续的工作机会，实现

活动现场

精准扶贫；创造平台式、造血式、可复制的公益帮扶模式，助力良性循环的传统文化与地区社会发展；激励当代年轻人用创新和创意，创造美好生活的更多可能。

项目评估

1. 各方反馈

中国宋庆龄基金会副秘书长唐九红：

“感谢合作伙伴优衣库的慷慨捐资以及高效的团队执行力，用创新的方式帮助传统苗绣技艺在精准扶贫方面发挥作用。”

湘西花垣县受助绣娘：

“很感激中国宋庆龄基金会和优衣库的扶持，我感到自己的劳动价值受到了肯定。”

现场媒体：

“优衣库携手中国宋庆龄基金会，将传统文化的精髓带入当代人的生活，同时凝聚社会爱心助力妇女儿童的事业发展，是中外文化融合与创新公益模式的又一力作。”

消费者：

“优衣库把服饰文化做得非常好，这样的公益活动很正能量。”

2. 效果综述

传播效果大幅超预期，总点击量 4.1 亿次；阅读量 1970 万次；展示次数 1.45 亿次；广告价值 1500 万元。

亲历者说 **董春芳　优衣库中国区公关总监**

苗绣是中国传统文化的瑰宝，是在苗族民间代代传承的刺绣技艺，它历久弥新，不断进化，一针一线都凝聚着苗族妇女勤劳智慧的结晶，记录着古朴的生活智慧和哲学。优衣库希望让传统文化中沉淀的人文精神，通过服装的力量，为当代人的生活带来启发，让人们的生活更加美好。

优衣库携手中国宋庆龄基金会挖掘苗绣文化中的积极力量，并通过发布会、艺术展、联动全商品回收计划、开通爱心会员认证等方式引起更多人关注，助力传统文化新生，为绣娘提供了可持续的工作机会。优衣库以服装为载体，化小爱为大爱，助力社会共同发展，通过服装让人们的生活更加美好。

案例点评

点评专家：何辉　北京外国语大学国际新闻与传播学院教授、博士生导师，中国作家协会会员

该项目非常成功，也是一个非常优秀的公共关系传播案例。很多企业都履行了企业社会责任，却不一定能够很好传播。在履行企业社会责任时，优衣库抓住文化的“传承和新生”这一主题，策划和实施了“传承新生　传递优绣的力量”苗绣项目，产生了良好的社会效益，获得了很好的社会反响，也成就了一次非常好的公共关系活动。

项目的成功之处，主要有三方面。第一，深刻理解企业社会责任的内涵。企业社会责任，不仅仅是慈善，不仅仅是捐款，其包含企业的道德责任、法律责任、经济责任、慈善责任等多方面内涵。优衣库这次项目策划，真正急社会所急，通过活动，解决了湘西绣娘的就业问题，改善了很多绣娘的生活，回收了大量旧衣物，减少了浪费，同时传播了优秀的中华传统文化——苗绣，为社会的可持续发展做出了贡献。第二，项目有坚实的调查作支撑。优衣库根据调查发现，传统文化背后蕴藏的精神力量依然和当代社会有共鸣，能够激励生活中的正能量。苗绣是中国传统文化的瑰宝，记录着古朴的生活智慧和哲学，可以获得良好传播效果。最终活动开展和传播的效果，证实了调查结果的正确性。第三，洞察深刻。策划者预测到活动能够带来各方面的传播热度和好口碑。项目策划者在“传承和新生”这个社会议题下，捕捉当下社会的热点，将传统苗绣美学和文化精神带进消费者的生活，也巧妙地将优衣库品牌、产品和体验融入公共关系传播之中，有效助力社会美好发展。项目很好把握了与其他伙伴的合作，实现了多方共赢，探索了可复制及可持续的公益帮扶模式，让更多人受益；同时通过媒体传播，为优衣库品牌背书，产生了积极的社会效应。

海昌海洋公园关爱孤独症儿童主题活动[①]

执行时间： 2019 年 3 月 20 日—2019 年 5 月 31 日

企业名称： 海昌海洋公园控股有限公司

品牌名称： 海昌海洋公园

代理公司： 无

获奖类别： 金旗奖——2019 最具公众影响力企业社会责任大奖

项目概述

作为中国主题公园知名品牌及海洋主题公园代表，海昌海洋公园倡导“有梦有爱有快乐”的品牌理念，努力将旗下主题公园打造成梦的制造者、爱的凝聚者、快乐的传递者。在创造和实现梦想的同时，海昌海洋公园一直秉承着社会责任感和使命感，在关爱弱势群体、参与环保及动物保护等领域开展系列公益慈善活动。自 2015 年起，海昌海洋公园通过设立“关爱孤独症儿童公益主题月”，更加聚焦孤独症这一特殊群体开展关爱行动，以此回馈社会。

项目调研

《中国自闭症教育康复行业发展状况报告Ⅲ》数据显示，中国目前已有超 1000 万名自闭症谱系障碍人群，其中 12 岁以下的儿童有 200 多万名，并且正在

① 本文所涉及的照片，海昌海洋公园控股有限公司均已得到被拍摄者的使用许可。

活动海报 1

以每年十多万名新患者的速度上涨。现在我国能诊断出来的孩子都是中重度患者，有超过一半的中重度自闭症者生活无法自理，不能脱离看护而生存。因认知片面造成公众误解，孤独症儿童及家庭逐渐自我封闭，几乎全天候的照顾、永久性的行为训练所需的高额经济费用，更让孤独症家庭承受着精神和经济的双重压力。

为了进一步推动社会公众对孤独症儿童的融合接纳，让孤独症家庭能够融入社会，海昌海洋公园宣布将每年 4 月设为“关爱孤独症儿童公益主题月”，利用自身优势，为孩子们提供与海洋动物亲密接触的机会，同时号召大众给予这个特殊群体更多理解、包容和帮助。

项目策划

1. 目标

（1）发起孤独症儿童关爱计划，用切实行动关爱和帮扶孤独症儿童及其家庭。

（2）践行企业社会责任，同时改善公众对孤独症群体的偏见，呼吁公众加入关爱孤独症儿童的行动中。

2. 策略

利用自身资源优势，通过多元化的传播方式，如跨界合作建立公益联盟、名人为爱发声、奥运冠军传递正能量等进一步扩大公益月的影响范围，线上倡导和线下关爱活动相结合，号召更多人加入公益行动。提出“用爱包容所有”的公益主张，整合多方资源，携手权威央视媒体、奥运冠军、公益伙伴和美团、明星艺人、社会各界知名人士和爱心人士共同开展“海昌海洋公园公益月暨孤独症家庭关怀计划”、“小企鹅公益计划”、“蓝海豚行动”、科普讲堂、公益音频故事、公益跑等系列关爱活动。并联动旗下 10 大主题公园，发起百场公益和科普活动，欢迎这群特殊的孩子走进海洋公园，也让大众在游玩和参与活动的过程中加深对孤独症的了解，促进社会接纳融合。

3. 受众

孤独症儿童 / 青少年及家长、社会大众、学校、媒体、NGO（非政府组织）等。

4. 传播内容

海昌海洋公园的公益理念，孤独症儿童及家庭关爱计划等；孤独症相关知识及生存现状；其他动物保护、环境保护相关公益科普内容等。

5. 媒介策略

结合目标受众触媒习惯和阅读偏向，根据媒介特性匹配传播内容，加强大众参与互动，将投放效果放大再放大。

（1）线上联动：联合异业品牌、公益伙伴进行传播联动，形成公益阵线联盟，扩大传播声量。

（2）社交互动：在微博、微信、直播平台发起话题，借助 KOL（关键意见领袖）、明星、名人的自媒体及“粉丝”资源，提升大众参与度。

（3）新闻公关：重点媒体密集传播，覆盖门户网站等，加强公信力。

（4）联动旗下主题公园线下资源：覆盖大批量公园，促进游客深度互动。

项目执行

1. 活动预热

3 月 20 日启动预热宣传，释放公益月活动 KV（主视觉海报）、公益品牌主张、活动计划，公益大使的宣传 VCR（短片）等，在自媒体平台首发，同时联

活动海报 2

动公益伙伴、异业伙伴、KOL 等媒体资源进行活动预热信息发布。

2. 全面爆发

3 月 30 日—4 月 5 日，结合公益月启幕仪式、4 月 2 日世界自闭症日、30 余位明星录制 Vlog 为公益月发声、300 多名社会各界知名人士自主加入“蓝海豚行动”发出爱的宣言等关键事件，联动线上线下传播资源，引发大量转发和评论，将活动热度推向高潮。紧跟启幕仪式，释放公益故事、走心海报 / 文案、PR 新闻等；全网推广公益 TVC（电视广告影片）；发起微博话题 # 用爱包容所有 #；4 月 2 日世界自闭日在微信发起“蓝海豚行动”，呼吁大众关注孤独症儿童，在微信端掀起了一股温暖的蓝色风暴。

3. 热度延续

4 月到 5 月，旗下 10 大主题公园火热开展百余场主题公益和科普活动，在实施对孤独症儿童及家庭切实关爱的基础上，让大众在参与各种趣味活动的同时，播下公益的种子。

（1）九城联动公益跑，用运动传递爱心。

（2）三大公益计划，包括小企鹅公益计划、海鸟保护公益计划、环境保护公益计划。

（3）百场公益和科普活动：围绕孤独症、海洋保护和科普等开展百场公益和科普活动，如星星课堂、海博士科研局等科普课堂，还有孤独症儿童画展、孤独症儿童体验“海豚疗法”“心潜疗法”等。

海昌海洋公园关爱孤独症儿童主题活动

项目评估

1. 效果综述

九城联动公益跑共招募到近万名爱心人士参与，其中在海昌公益月启动当日就在线招募了 402 组爱心家庭共上千人参与“为爱助力亲子公益星空跑”活动，当日现场收入全部捐献到孤独症家庭关怀项目。此外，联合项目在美团公益和慈善中国备案，永久存续在美团公益上为孤独症家庭筹款，善款将以海昌海洋公园和项目名义持续帮扶孤独症家庭。

2. 媒体统计

（1）活动线上曝光 1.2 亿人次，线下重点城市 50 站地铁站广告露出，曝光客流 1000 多万人次。

（2）吸引了主流媒体和新媒体对活动的关注和热议，并产生相关报道 1000 多篇，预计曝光量超 1300 万次。# 孤独症 ## 海昌公益月 # 等关键词搜索热度、相关话题量等显著提升。

（3）群星助力为爱发声，明星 Vlog、公益大使 VCR、公益 TVC 等微博视频观看量近 1000 万次。新浪微博话题 # 用爱包容所有 # 阅读量近 3000 万次，互动量达 3 万次。

亲历者说 郑芳 海昌海洋公园控股有限公司营销高级总监

海昌海洋公园多年来一直关注孤独症儿童及家庭群体，自 2015 年起每年的 4 月设为“海昌海洋公园关注孤独症儿童主题月”，旗下上海、三亚、大连、青岛、成都、天津、烟台、武汉及重庆的 10 家主题公园，免费向孤独症儿童及家庭开放，并以不同的方式持续关注着当地孤独症儿童群体。

我们希望通过实际行动，借助自身品牌丰富海洋文化资源，探索更多社会问题解决的有效途径，为这些来自星星的孩子们提供与海洋动物亲密接触的机会，让他们可以和其他孩子一样在海洋公园中感受爱和快乐。

今年，我们与公益伙伴、社会各界知名人士和爱心人士共同发起关爱计划，也是希望能够借助各方力量，号召更多人群积极投身科普宣传和社会公益活动，给予孤独症儿童及家庭更多的关爱、理解与包容。

案例点评

点评专家：蒋楠 中国计量大学人文与外语学院教授

该案例策划十分精彩，主要亮点在于：一是选择特别需要社会关注、又极易被忽略的群体——孤独症儿童作为这次公共关系活动的主要对象，由患病儿童自然辐射至其亲友及其他社会热心人士，由此容易获得多家社会公益组织的积极支持，也易引起主流媒体的新闻报道，20 余家企业搭车参与，可见主办方选题之精巧。二是选择世界自闭症日为活动时间，同时进行前后预热与延伸，很好地把这一活动铺开，易在公众心目中形

成节日反射记忆，对传播主题公园的良好声誉发挥了“润物细无声”的切入作用，主题公园其他项目如小企鹅公益计划、海鸟保护公益计划、环境保护公益计划随后顺势展开，由此可见策划之细。三是选择全国9个主要城市同时进行公共关系传播活动，活动教育内容扎实而有针对性，并在网上配合话题营销，线上线下呼应，很好地把活动内容、活动地点与组织品牌组合凝聚，让有限的活动地点与无线的虚拟空间有机互补，可见操作之精。四是选择名人效应，烘热人气，以各类社会名人的流量带动社会公众关注的热度，形成较大的公益慈善传播效应，产生了良好的主流价值传递效果。五是活动安排紧凑而有序，产生了上亿次的网上关注，足见这次公共关系活动的成功。一个主题公园，却胸怀社会责任之心，在全国多座城市开展关爱孤独症儿童的公共关系公益活动，令人深感主办方经营者的高瞻远瞩！

“BMW 童悦之家”①

执行时间：2011 年—2019 年②

企业名称：华晨宝马汽车有限公司及宝马（中国）汽车贸易有限公司

品牌名称：BMW

代理公司：北京长策天成传播顾问有限公司

获奖类别：金旗奖——2019 最具公众影响力企业社会责任大奖

项目概述

2011 年“BMW 童悦之家”正式启动，这是针对中国经济欠发达地区留守儿童社会问题发起的 BMW 独有的平台式企业社会责任项目，旨在帮助留守儿童拥有更平等的教育机会，促进中国经济欠发达地区的儿童发展。

项目调研

自党的十八大以来，党中央高度关注留守儿童的健康发展。可以说，流动儿童、留守儿童问题是我们国家发展、城市化进程中必须要面对的问题。作为一个负责任的企业公民，关注这群孩子的成长义不容辞。BMW 从 2011 年就启动了“BMW 童悦之家”儿童关爱计划，深入、持续关注留守儿童的需求，通过利益相

① 本文中所涉及的照片，BMW 均已得到被拍摄者的使用许可。

② 项目发起于 2011 年，已经走过 9 年，所填为 2019 年内容。

“BMW 童悦之家”快乐足球夏令营

关方的陪伴，关注留守儿童、流动儿童的身心健康发展。BMW 企业社会责任领域的工作有三个特点：长期性、切实帮助解决社会问题、充分带动利益相关者参与。

项目策划

1. 目标

（1）通过快乐足球的理念强化“BMW 童悦之家”与留守儿童、流动儿童社会问题之间的联系，加强“BMW 童悦之家”的社会影响力。

（2）提高公众对于 BMW 战略型企业社会责任的认知，以创造共享价值为战略目标，以创新思维赋能为主要手段。

2. 策略

BMW 从中国实际需求出发，以创新及可持续的运作模式，有效带动各利益相关方的长期参与，创造共享价值。

（1）长期发展：项目于 2011 年成立，到 2019 年已走过 9 年，始终把长期服务社会作为原则，以可持续发展的理念不断演进。

（2）全员参与：“BMW 童悦之家”作为 BMW 独特的利益相关方全方位参与企业社会责任的平台，不仅积极带动 BMW 经销商、员工、爱心车主参与，还为志愿者们提供各类相关培训，为孩子们带去运动和成长的喜悦。

（3）实效为先：“BMW 童悦之家”项目针对留守儿童和流动儿童的需求，设定具有实效性的目标。通过提供创新课程、直接提供服务、培训体育教师、搭建平台等方式，为留守儿童和流动儿童提供体育活动，改善学校和教师的观念和应用运动游戏促进儿童发展的能力、提高教育质量等。

3. 受众

受助儿童、“BMW 童悦之家”利益相关方、社会公众。

4. 传播内容

（1）“BMW 童悦之家”快乐足球夏令营。

2019 年 7 月 22 日，由中华慈善总会宝马爱心基金与中国教育发展基金会联合举办的第二届“BMW 童悦之家”快乐足球夏令营在沈阳正式启动，宝马高层，中华慈善总会、中国教育发展基金会等慈善机构代表，车主，经销商，以及来自全国的 46 家媒体作为利益相关方出席了仪式。夏令营期间，每日推送一条抖音视频记录儿童们在夏令营的生活。

（2）“BMW 童悦之家”校园足球培训。

2019 年，在 20 所“BMW 童悦之家”学校中进行每次为期 5～10 天的驻校

夏令营中，孩子们正在进行“快乐足球”比赛

培训，为孩子们提供专业系统的足球训练。

（3）《快乐运动指导手册》发布。

《快乐运动指导手册》由中华慈善总会宝马爱心基金资助，包含 30 个快乐游戏运动的教学教案及教学视频。教学视频生动直观地展示了儿童运动游戏的规则及活动流程，为志愿者开展儿童运动游戏提供指导。《快乐运动指导手册》旨在帮助提升乡村体育教师、社会志愿者因地制宜为儿童开展运动游戏的能力，促进留守儿童和流动儿童身心健康发展。该手册将免费提供给全国的乡村体育教师、社会志愿者、公益机构等。

5. 媒介策略

利用更多元化的新媒体和社交媒体增强事件在多领域的声量，例如公益类媒体、教育类媒体以及电视媒体。

项目评估

1. 效果综述

截至 2019 年 11 月，BMW 已在全国 29 个省、市、自治区建立了 75 所“BMW 童悦之家”，已举办了 400 余场活动，近万名爱心车主、经销商及 BMW 员工参与其中，总计超 8 万名留守儿童、流动儿童从中受益。

孩子们正在接受为期一周的“快乐足球”技能培训

自2017年“BMW童悦之家”由捐赠向赋能转型升级以来，项目聚焦于“快乐足球”与“快乐运动”。截至2019年年底，在中华慈善总会宝马爱心基金的资助下，BMW已在全国25个省份共组建了45支“BMW童悦之家”快乐足球队。两年多来，“BMW童悦之家”累计进行49次的驻校培训，总时间超过300天，超过1500名儿童从中受益。2019年，在20所“BMW童悦之家”学校中进行每次为期10天的驻校培训，为孩子们提供专业系统的足球训练。

2. 媒体统计

截至2019年11月，媒体报道累计达2752篇，产生广告价值6005万元。

亲历者说 杨新斌 华晨宝马汽车有限公司企业社会责任部高级经理

我在2017年参加了升级后的“BMW童悦之家”发布仪式，在那个活动上我看到孩子们欢乐的笑脸，对运动的跃跃欲试，我当时非常感动。在2019年的足球夏令营活动中，我再次看到孩子们纯真无邪的笑容，看到他们娴熟的足球技巧，看到他们快乐健康成长，我希望孩子们能够度过一个更加快乐、充实、难忘的暑假。然而让我感触更深的是这次来到快乐足球夏令营，我看到经过大家的努力，越来越多的机构和各界人士在我们的带动下关注留守儿童的健康成长，这也说明“BMW童悦之家”取得了越来越大的社会影响力。

案例点评

点评专家：李志军 中央财经大学新传播研究中心联合主任

企业社会责任传播至少有两难：第一，如何找到与企业发展实际、定位相一致，且真正具有社会价值的项目；第二，如何与时俱进进行有效传播。BMW给了我们很好的启示和借鉴。

首先，BMW始终能够从中国社会当前发展现状和国家方针、政策

中寻找项目立意点，比如“BMW 童悦之家”是贯彻《国务院关于加强农村留守儿童关爱保护工作的意见》（国发〔2016〕13 号）。其次，努力提升项目的内涵和水平，从捐献到赋能，从“授人以鱼”到“授人以渔”，从关注贫困地区留守儿童的基础学习问题到关注他们的素质教育，培养他们更为健全的人格，都可以看到这种质的变化。再次，坚守为行业树立标杆的定位，从 2011 年启动“BMW 童悦之家”后，一直坚持做实事，坚持做表率，殊为不易。最后，能够运用当下社会喜闻乐见的传播方式和传播手段进行有效传播，一定程度上解决了企业社会责任传播的难题，为新媒体环境下企业社会责任传播做了非常有益的尝试。

“中国帕金森病门诊地图”2.0 项目

执行时间： 2019 年 4 月 11 日

企业名称： 勃林格殷格翰（中国）投资有限公司

品牌名称： 帕友网

代理公司： 北京曼观公共关系顾问有限公司

获奖类别： 金旗奖——2019 最具公众影响力企业社会责任大奖

项目概述

2019 年 4 月 11 日是第 23 个世界帕金森病日，勃林格殷格翰（中国）投资有限公司与中国帕金森联盟共同发起了全国帕金森义诊周暨“中国帕金森病门诊地图”2.0 项目。由中国帕金森联盟携手帕友网发布“中国帕金森病门诊地图”2.0 版本，包含地图宣传、歌舞视频《帕金森病门诊地图之歌》；与腾讯合作邀请专家与明星录制疾病日公益宣传片。通过线上与线下活动结合、传统媒体与新媒体并举，全方位、多平台、最大化覆盖目标受众，提高公众对帕金森病（PD）的认知与重视，鼓励患者早诊早治，助力患者接受专业和规范的疾病诊疗与管理。

项目调研

我国 65 岁以上人群 PD 的患病率大约是 1.7%，每年新增病例 10 万人左右，预计到 2030 年，全球一半的帕金森病患者将在中国，达 1500 万人。

我国人民对帕金森病的疾病意识较低，有接近 15% 的患者在患病 2 年以上才去医院就诊，大多数帕金森病患者不了解如何寻找正规的医院和专业的医生就诊。如何帮助帕金森病患者方便、快捷地找到有帕金森专病门诊的医院，接受专业而规范的诊疗是一个亟待解决的问题。

项目策划

1. 目标

（1）向公众和患者广泛传播帕金森专病门诊医院信息，并为患者提供疾病自测和管理工具。

（2）借助专家、明星的影响力，提升大众对帕金森病的认知，倡导早诊早治，规范治疗。

（3）由中国帕金森联盟发起的全国帕金森义诊周在全国多地帕金森专病门诊联合举行。

（4）由中国帕金森联盟携手帕友网共同打造的“中国帕金森病门诊地图”2.0 版本升级发布。

2. 策略

多属性媒体平台组合，最大化覆盖受众范围。

3. 受众

大众、患者及家属、医生。

项目执行

2019 年 2 月底，项目正式启动。分为项目准备、预热、传播高潮、二次传播四个阶段。

2019 年 2 月底至 3 月为项目准备阶段。制作集地图、自测工具和疾病管理工具于一体的微信小程序；完成《帕金森病门诊地图之歌》的词曲创作、歌舞视频录制；制作世界帕金森病日公益视频。

2019 年 4 月 1 日—4 月 9 日为预热阶段。4 月 4 日起，《帕金森病门诊地图之歌》视频在腾讯视频与优酷视频同步发布，进行预热传播。

2019 年 4 月 11 日世界帕金森病日当天，形成传播高潮。“中国帕金森病门诊地图”2.0 版正式发布；微博平台上线公益视频并发起 # 关注帕金森病，关爱帕金森病患者 # 话题讨论。

2019 年 4 月 10 日—4 月 30 日为项目的二次传播阶段。上海、广州、成都、济南的主流媒体分别对当地开设 PD 门诊的三甲医院专家进行了深度采访和报道，持续引发公众关注并宣传“中国帕金森病门诊地图”2.0 项目。

项目评估

1. 传播效果

截至 2019 年 4 月 18 日，潜在受众人数超 2 亿人；帕金森病日公益视频在微博的相关话题阅读量超 600 万次；公益视频的总播放量超 160 万次；全国 8 个城市的 38 家媒体参与报道，获得报道近 400 篇；“中国帕金森病门诊地图”累计访问人数 2444 人，小程序总点击量达 24750 次。

近 50 家媒体及各平台参与传播：腾讯视频、优酷视频等视频媒体；《健康时报》、《人民日报》、《环球时报》、《每日商报》、《经济日报》、搜狐健康等的官方微博；中新社、新华网等；《健康报》《医学界》《医师报》等专业媒体；《人民日报》《光明日报》《健康时报》《北京晚报》《新京报》《生命时报》等纸质媒体；搜狐、新浪、腾讯、千龙、凤凰、乐约健康等网络新媒体；BI（勃林格殷格翰）官网、官微及微博、今日头条、一点资讯等自媒体。

2. 各界反馈

患者反馈“中国帕金森病门诊地图”2.0 版本可以轻松查询到身边开设有专病门诊的医院信息，门诊时间、导航及就诊预约功能一应俱全。

医生认为“中国帕金森病门诊地图”2.0 版本的发布，将有助于患者接受规范的、长期的治疗和管理，对提高患者的生存质量具有重大意义。

项目亮点

《帕金森病门诊地图之歌》预热视频在腾讯视频、优酷视频、健康时报网

站、齐鲁晚报客户端、南京晨报客户端以及媒体朋友圈上线，小地图二维码也出现在 10 家全国和地方网络媒体上。

公益视频仅在腾讯视频上就获得超 160 万次播放量。同时，《健康时报》于世界帕金森病日当天在微博平台发布视频，并发起相关话题。随后，微博头部大号央视新闻、光明网等相继参与并转发视频进行呼吁。大号们的参与及转发吸引了尾部微博号和网友的积极讨论。

亲历者说 **王露晨　北京曼观公共关系顾问有限公司传播经理**

勃林格殷格翰（中国）投资有限公司首次与腾讯合作，制作公益视频，除了邀请帕金森病领域专家参与，还邀请了多位明星站台，最大程度传播了疾病相关信息，提高公众的疾病意识。公益视频传递了早诊早治、专病专治的理念，契合我们要传递的核心信息。

该传播思路给了我们很大启发，今后微博也应该是我们公关活动的一个重要阵地，如果能有微博重磅媒体的参与，基于它们庞大的“粉丝”数量，我们将能极大地扩大宣传覆盖面。

案例点评

点评专家：傅悦　亿滋国际大中华区公司及政府事务副总裁

传播从小处切入，贴近生活，贴近日常，被触达的人更容易有代入感，建立同理心，激发情绪。在这个 CSR 传播项目上，BI 精心选择了“帕金森病在国内缺乏有效门诊信息”这一尚待关注和解决的医疗痛点，从而即刻获得了官方机构的关注和大力支持，成为吸引流量的热议话题。

在社交传播中，带有情感、能够激发情绪的沟通内容才能被快速转发并在短时间内刷爆朋友圈。“中国帕金森病门诊地图”2.0项目的策划和选择可谓非常成功，这次传播通过微博平台的发酵，引起社交媒体上普罗大众的广泛关注和讨论，不仅实现了项目本身的传播目标——发布“中国帕金森病门诊地图”2.0版本，还在更大的社会层面上提升公众对帕金森病的疾病意识，从疾病预防、初期自我诊断、专家门诊治疗等层面都进行了有效传播，效果非常惊艳。从传播效果来说，以往多面向医院和医药企业进行行业内传播，这次能在社会公众中获得如此广泛的传播效果实属不易。

此次项目执行中考虑到了二次传播的因素，这很好，能有效地让该话题保持足够的流量和更广泛的影响力，此次传播不仅仅与全国性的主流媒体进行合作，还有当地各省市级媒体的传播，具有落地性，值得借鉴。

另外，利用技术的手段，通过微信小程序发布地图和就诊辅助信息，方便患者长期使用，技术手段非常值得推广。

2019 最具公众影响力品牌传播大奖

7 奥利奥 × 朕的心意 · 故宫食品：启“饼”皇上，奥利奥进宫了

执行时间： 2019 年 5 月—2019 年 6 月

企业名称： 亿滋食品企业管理（上海）有限公司

品牌名称： 奥利奥

代理公司： 蓝色光标数字营销机构

获奖类别： 金旗奖——2019 最具公众影响力品牌传播大奖

项目概述

启“饼”皇上，奥利奥进宫了！

奥利奥携手东方 IP“朕的心意 · 故宫食品”推出联名款产品，用经典西式饼皮包裹中式风味夹心，让中西味道融于一饼。

项目调研

奥利奥诞生于 1912 年，为亿滋国际的明星品牌，招牌的黑白夹心、雕刻花纹与“扭一扭、舔一舔、泡一泡”的魅力吃法，全球知名。

近年来，奥利奥玩转花式营销，在社交媒体上大放异彩，成为年轻人心中好吃又好玩的超级零食 IP。

品牌秉持“玩在一起”的理念，与故宫食品首次跨界合作，突破次元壁，推出联名款产品，用经典西式饼皮包裹中式风味夹心，让中西味道融于一饼。

项目策划

1. 目标

当西方头号玩家遇上东方文化当家，奥利奥的目标是颠覆传统 IP 合作的模式，不仅要玩出内涵，更要玩出高度。

2. 挑战

故宫作为中国文化传承的见证者，近年来广受各路品牌的青睐。面对大波故宫联名，奥利奥如何从众多佼佼者中脱颖而出，笑傲江湖？

3. 受众

奥利奥品牌“粉丝”及古风爱好者。

4. 策略

中西合“饼”行动。超越包装等形式上的合作，立足双方品牌基因，以文化取胜，打造真正的深度融合。

5. 传播内容

（1）文物海报，全线预热。将故宫文物巧妙搭配中华六味精美古风插画，实力玩转中西结合，不仅满足品牌“粉丝”，更吸引大批国风爱好者，扩大活动触及圈层。

（2）史诗大片，话题引爆。用 10600 块奥利奥，复刻了 600 年的故宫芳华，拍摄形式与运镜转场更体现了天圆地方、阴阳月相等中华传统文化，引爆话题。

（3）互动视频，深度结合。“一饼融尽天下味”，趣味揭秘奥利奥与故宫的百年渊源。遵循史实，还原众多故宫元素，平衡诙谐与严肃风格，使品牌既有趣又有益。

（4）圆桌会议，舌尖论道。美食家与品牌代言人直播圆桌会议，畅谈当今饮食文化现象，科普古代宫廷饮食趣味史实，实力打造“古今中外大融合”的盛宴，强化品牌社会价值。

项目执行

第一阶段：5 月 13 日—5 月 20 日官方首发新品“吸睛”。

5 月 13 日，“悬念”视频发布，“粉丝”好奇心爆棚。

5 月 14 日—5 月 20 日，官方首发古风系列海报，蓄足新品热度；外围 KOL 接力，掀起“奥式”古风晒图热潮。

第二阶段：5 月 21 日—5 月 30 日系列物料重磅引爆。

5 月 21 日，官方发布奥利奥史诗大片，活动热度瞬时爆发；明星带头“观影”，引流“粉丝”；12 位“大 V”（拥有众多“粉丝”的微博用户）乘势入局转发大片，强势扩散话题热浪；“粉丝”巨量涌入，史诗大片挺身出圈。

5 月 22 日，“宫廷御点 · 中华六味”H5 上线，全民探索口味背后的故事。

5 月 23 日，圆桌综艺开播，“奥式”天团畅谈舌尖上的文化；携中华御点游纽约，海外热传好评不断；外围大号整合式传播。

项目评估

史诗视频播放量超过 1.1 亿次，互动视频 H5 与圆桌视频浏览量均超过百万次，商品首发当日狂卖 76 万包，“粉丝”增长 26 万名。

关键 KOL 大量扩散，相关话题阅读量突破 12.9 亿次。

整波活动深受消费者好评，更扬名海外。

项目亮点

1. 十足有内涵

中西 IP 文化碰撞，以文化制胜；“史诗大片 + 海外快闪 + 圆桌综艺 + 御点诞生互动 + 古风包装”诠释新品关于传统文化的一切。

2. 点状式引爆

重磅物料和盘托出，持续感官冲击。

第一阶段：官方首发新品“吸睛”—合作大号接力扩散—外围“大 V”自发转载传播。

第二阶段：系列物料重磅引爆—合作大号分阶段扩散—多类型媒体“大 V”争相约稿转载—海量“粉丝”涌入—话题出圈扩散。

亲历者说 梁啸　蓝色光标数字营销机构客户经理

（1）关于项目：在核心定调上，深耕文化并以趣味的方式演绎出来，用文化味为联名新品提供差异化的附加值，为项目的整体成功奠定基础；在内容呈现上，既有魔性的趣味玩法，又有讲究的史实背书，二者的双向价值输出和反差亮点，自带爆款基因。

（2）关于执行：欲说文化，先吃透文化。需要满脑子的趣味想法，更需要满肚子的文化知识。众人拾柴火焰高。面对执行期紧张的项目，更需要双方“亲密无间”。面对较多的系列物料内容，更需要对内容素材进行全面规划和把控。

（3）关于传播：“饼香不怕巷子深”。物料的质量不容小觑，亮点内容自备传播力，建议重视物料方面投入与产出。线下“实在”易传播。“真实发生”的线下活动是线上传播的振奋剂，建议多尝试线下活动。

案例点评

点评专家：钟育赣　中国高等院校市场学研究会顾问，广东外语外贸大学教授

市场上有一类产品，消费者的介入程度低，品牌之间的差异又不大，所以消费者可能经常变换购买，表现出一种寻求多样化的购买行为，貌似难以有较高的品牌忠诚度。饼干、点心等是此类产品的代表，消费者一般不多花时间、精力挑选，购买或消费时有一些简单比较和评价。下次购买更换品牌，也未必是对上次的产品不满，可能只是觉得需要换个口味，即寻求多样化。

拥有市场优势地位的领先品牌，传统做法是占据更大、更多、更为有利的卖场位置，避免断档脱销，利用广告提醒、销售推广等鼓励购买。

用今天的话语、场景解读，品牌传播的“秘籍”就是产品足够好是基础，善于“吸睛”、博眼球，具体方式方法必须与时俱进，适应潮流。作为老牌、大牌明星的奥利奥，显然深谙此道——从招牌的黑白夹心、雕刻花纹，“扭一扭、舔一舔、泡一泡”的魅力吃法，到近年来的社交媒体互动，成为年轻人心中好吃又好玩的超级零食 IP。尤其是这次大胆与中国流量大 IP“网红”故宫尝试跨界合作推出联名款，给我们讲述了一个在互联网时代，领先品牌如何不断创新以“圈地”消费者的好故事。

加装电梯　就选日立

执行时间：2017 年 7 月—2018 年 5 月

企业名称：日立电梯（中国）有限公司

品牌名称：日立

代理公司：无

获奖类别：金旗奖——2019 最具公众影响力品牌传播大奖

项目概述

作为国内外知名一线电梯品牌，日立自 2005 年开始在中国开展旧楼宇加装电梯服务，已有十多年的加装电梯经验。在当今的社会趋势下，为更好助力实现人民美好生活的目标，日立认为应该走在行业前列，联合政府、合作伙伴等共同推进城市更新改造，推动旧楼宇加装电梯项目发展。2017 年，中国政府启动老旧社区加装电梯补贴政策，日立进一步加大力度拓展加装电梯事业，并选取中国加装电梯需求极大城市之一的广州作为试点，开展“加装电梯　就选日立”整合营销推广活动。

项目调研

有数据表明，从 2010 年开始中国进入老龄化社会的行列。对于生活在老旧社区的老年人来说，享受更安全、舒适和便捷的生活成为现实需求。然而，中国大部分老旧社区仍然未安装电梯。由此，产生了一个需求量达到 200 万台电梯的巨大潜在市场。同时，中国政府积极主导民生项目，着力提升人们的生活质量。其中，有超过 30 个省、市、自治区出台了资金补贴政策，为满足老旧社区居民加装电梯的需求提供了强而有力的支持。根据《南方都市报》2018 年 4 月 2 日新闻，截至 2017 年 12 月，广州市国土资源和规划委员会共审批通过加装电梯申请约 3000 项，数量位居全国之首。从前期调研中，日立了解到，居民对于加装电梯流程、电梯品牌的选择等多方面都缺乏了解，为此，日立选择广州作为试点城市，发起了一场“加装电梯　就选日立”的品牌传播活动，通过加装电梯知识科普推广、线上线下互动体验等整合营销传播活动。

项目策划

1. 目标

老旧小区加装电梯，对于改善小区居民的生活品质，提升行动不便的人群如中老年人、孕妇等出行的便利性，满足居民对美好生活的追求有着重要意义。日立希望能发挥专业所长，解决城市更新及老龄化社会带来的社会挑战，践行企业社会责任。

日立电梯加装项目

从品牌传播层面来说，日立希望借助旧楼加装电梯整合营销传播项目，拉近电梯公司与业主之间的距离，提升日立电梯工程服务品牌的整体形象，全面提升受众对日立品牌的认知度和美誉度。

从营销层面来说，普通大众对旧楼加装电梯品牌的选择还是处于认知的初级阶段，日立希望让“加装电梯　就选日立”这一主张优先占据普通受众的脑海，通过一系列的互动手段形成品牌倾向，最终促成订单。

2. 策略

（1）“企业 + 合作伙伴”业务协作创新，打通业务流程，提升受众获取加装电梯信息的便利性。

日立建立了一站式的服务流程，联合设计顾问公司、建筑施工单位组建成经验丰富的合作团队，为客户提供咨询、井道建设模式建议、相关技术指导、加装电梯方案设计、井道建筑施工管理指导等，按照客户和楼宇的需求实现定制化的一站式服务解决方案。

（2）“民生 + 公益”模式结合，开展多维度的咨询活动，让受众能更深入了解业务流程以及日立的品牌信息。

“加装电梯　就选日立”展示厅

积极与政府联动，共同推动旧楼加装电梯服务中心建设以及社区咨询活动。

开展日立创新世界市民开放日活动。

（3）“线上 + 线下”模式联动，进一步提升品牌关注度。

线上：利用媒体优势，积极推出加装电梯服务专题，提升市民以及媒体的关注度。

线下：利用地域优势，利用日立在广州的 19 条厂车车身进行广告传播，通过上下班高峰期的移动，提升市民的认知度。

（4）“自媒体 + 官媒”模式，结合时政话题，借助全员营销，持续放大品牌声量。

“两会”期间针对旧楼加装电梯的话题，借助社会热点积极开展活动，并通过多个媒体持续发酵话题，提升媒体及市民的关注度。

官微平台前期预约，制造话题，借助多种营销手段进行转发，让更多市民快速接收到信息。

3. 受众

本次传播活动受众主要为有加装电梯需求的人群，尤其是中老年人。

4. 媒介策略

据前期调研，加装电梯主要受众的媒介习惯多在电视、广播、报纸等传统

“加装电梯　就选日立”漫画

媒体，而且带有本土化趋势。针对受众的触媒习惯，日立回归传统媒体，进行视觉和听觉的媒介组合，采用连续式投放策略在核心本土电台进行趣味科普，利用电视专栏加深认知，最后利用报纸案例专访增加受众的专业度好感，循序渐进。“和你说”“教你”“帮你”是主体信息的传播关键词。

项目执行

1. 市场调研阶段：2017 年 7 月—9 月

在传播前长达 3 个月的市场调研阶段，深入了解居民的痛点和难题，以及居民真正想解决的是什么问题，有哪些媒体使用习惯等，通过调研建立起一套整合营销方案。

2. 筹备阶段：2017 年 10 月—11 月

根据上一阶段的调查结果，进行广告创意设计以及落地活动策划。

3. 预热阶段：2017 年 12 月

邀请相关媒体，为正式开展的活动预热。

4. 落地阶段：2018 年 1 月—2 月

（1）广州电视台广视新闻《日立电梯 幸福出行》专题报道推出，持续播出一个月。

（2）联合广州市政府成立的全国首个旧楼加装电梯服务中心开业，中国中央电视台、广东电视台、广州电视台、《南方都市报》等多个媒体参与报道。

（3）多个旧楼加装电梯咨询活动落地，广东电视台《南方财经报道》栏目参与报道。

（4）针对加装电梯知识科普的《电梯学堂 日立同你讲》专题在珠江经济电台、喜马拉雅 FM 上线。

5. 进一步提升影响力阶段：2018 年 3 月—5 月

多场营销活动持续进行，并获得了广东电视台、广州电视台、日本广播协会（NHK）等多家主流媒体的报道，超过 200 家传统媒体、社会化媒体从不同角度进行了相关报道及转载。

项目评估

1. 探索新的协作创新模式

成功探索了与媒体、社区、客户 / 终端用户和其他利益相关者的合作模式，为公司开展加装电梯业务创造了良好的商业环境。

2. 解决社会课题

日立充分发挥专业所长，着力解决城市更新及老龄化社会的挑战。截至发稿前，日立已经为老旧社区的居民提供了 5 种不同类型的一站式解决方案。

3. 提升销售业绩

日立的旧楼加装电梯服务在广州的市场占有率已经超过了 65%；2018 年上半年，日立加装电梯的订单量同比增长了 236%。

4. 提升品牌价值

在项目的实施过程中，有超过 200 家媒体对项目的相关新闻进行了报道和转载；网络大众评审团高票推选日立为“中国旧楼加装电梯最具影响力品牌”。日立使用腾讯、微信、电台等权威数据来对部分传播内容进行效益转化，统计出相关的项目内容共同为日立的品牌创造出超过 620 万元的传播价值。特别是项目组以“公益 + 民生”模式原创的电台广告受到了约 510 万人次收听，实现了低成本和高产出。

项目亮点

电梯行业属于特种设备行业，一直以 B2B（企业对企业）营销作为主要的营销模式。调研发现，公众对于电梯品牌相对陌生，绝大部分市民认为自己与电梯公司距离遥远。这对于开展旧楼加装电梯这类 B2C（企业对个人）的业务来讲，具有相当大的难度，由于缺乏对电梯的了解，在加装电梯过程中，每一个步骤都容易产生信息错位。

此次营销活动是中国电梯行业全方位 B2C 整合营销传播活动，日立打破了以往 B2B 的传统模式，选择 B2C 营销模式，直面终端消费者的需求，并通过线上线下一系列的整合传播手段，用简单易懂、直接、有趣的方式向目标受众表达诉求。这一探索，让日立以更为积极的企业社会责任实践者身份，用实际行动支持中国城市更新改造，解决老旧社区行动不便人群的出行问题。同时，进一步从 B2B 到 B2C 以及 B2G（企业对政府）营销思路拓展，探索从 B2B 向服务终端消费者、服务政府民生事业方面覆盖的可能性，为未来在 B2C 业务领域开创更多可能性打下基础。

亲历者说 **邓绍伟　日立电梯（中国）战略规划总部总经理助理；**
叶婧瑜　日立电梯（中国）高级广告策划；
温志鹏　日立电梯（中国）高级广告策划

邓绍伟：整个项目的顺利进行得益于协作创新团队的不懈努力。我们建立了全新协作创新模式，与社区、媒体、居民等多个利益相关方共同认识项目目标、共同承担项目责任、共同享受项目成果。中国加装电梯的市场规模巨大，我们还需要进一步发挥日立的"开拓者精神"，认真听取用户的心声，从中发现新的问题，并积极找到解决问题的方法。这次的经历成为我们的宝贵财富。

叶婧瑜：对于年轻人来说，也许爬爬楼梯能锻炼身体，而对于居住在老旧楼宇的老年人来说，每走一级楼梯都是艰难的。在整个项目过程中，我们一次又一次被行动不便的人们因为没有电梯而出行受困的故事所触动。对于日立来说，这不仅仅是创收，我们更希望它能解决社会课题，帮助居民解决加装电梯过程中的各种实际问题。

温志鹏：在我看来，"加装电梯　就选日立"是一个充满挑战和责任感的口号，因为加装电梯是一个系统性的复杂工程，我们"大声建议"街坊朋友选择我们、相信我们，就意味着必须要有足够的信心和能力为他们提供高效的解决方案、舒心的服务和贴心的指引，这些缺一不可。正是带着这样的目标，我觉得我们在项目中得到了前所未有的获得感，在客户身边丰富了自己的见闻和技能，这是一种幸福而又充实的体验。

案例点评

专家点评：陈小桃　海南大学政治与公共管理学院公共关系学系教授

“加装电梯　就选日立”整合营销活动的题目看起来似乎很商业，其实很温情。它是近年来不可多得的不是靠炫技、炫创意去吸引公众，而是根据生活化商品的特征，将公共关系活动回归到关注民众生活、更符合公众需求、更体现人间情感、更亲民的活动，充分体现了公共关系满足公众需求的基本原则。日立通过充分调研，选择广州老社区为活动主要场所，以广州作为试点城市，发起了一场充满温情的关注老龄化社会，关爱老年人，为老年人提供更好生活的“加装电梯　就选日立”品牌传播活动，如进行加装电梯知识科普推广、线上线下互动体验等整合营销传播活动。活动看似平淡，实际意义非凡，既符合项目的要求，又能够与政府民生工程相结合，帮助政府解决城市管理中的现实问题，从而获得政府的认同和支持，为后续电梯推广打下良好的基础。同时活动以关注老龄化社会、关爱老年人的生活为切入点，拉近电梯公司与业主之间的距离，提升日立电梯工程服务品牌整体形象，提升受众对日立品牌的认知度和美誉度，彰显日立希望能发挥专业所长，践行企业社会责任的良好社会公民形象，是一次非常成功的、将情感与商品结合在一起的整合营销传播活动。

康师傅 # 北马有面儿

执行时间：2018 年 9 月 10 日—2018 年 9 月 20 日

企业名称：康师傅控股有限公司

品牌名称：康师傅

代理公司：北京博睿创维体育发展股份有限公司

获奖类别：金旗奖——2019 最具公众影响力品牌传播大奖

项目概述

从运动营养膳食角度来说，方便面是马拉松等运动人群快速补充碳水化合物的极佳选择。康师傅以北京马拉松（简称北马）为契机，通过 3 万名跑者的方便面食用体验场景，从跑者群体开始改善品牌认知，升级品牌形象，延续康师傅支持中国体育事业的理念。

项目调研

马拉松赛事起跑时间多为清晨 6～8 点，起跑之前跑者需食用富含碳水化合物、方便携带的产品，以便储备体能。赛后 1～2 小时是跑者最佳恢复时间，跑者同样需要补充碳水化合物，补充运动流失机能。方便面正好契合这两种需求。

项目策划

1. 目标

（1）认知层面：通过3万名跑者的方便面食用体验场景，从跑者群体开始改善对方便面的认知，形成方便面补充碳水化合物的正面认知。

（2）产品层面：全面升级康师傅方便面食用新场景，拉近与马拉松人群的距离。

（3）品牌层面：延续康师傅支持中国体育事业的品牌形象，彰显产品蕴含的情感，提升品牌美誉度。

2. 策略

将方便面与大众化的运动项目结合，刺激大众购买产品，并认可该产品是健康营养的。

3. 受众

马拉松人群不断增长，这类人群有一定的消费潜力，属于迅速成长的年轻精英阶层。而且，马拉松人群会自动扩大传播，产生UGC（用户生成内容），他们的体验会影响身边的亲人朋友。

4. 传播内容

（1）核心信息：康师傅鼓励跑者健康训练、健康作息、健康饮食，从而获得良好的竞技状态，享受跑步比赛。

（2）北马早餐胡同为跑者提供营养早餐。

（3）于嘉、毛大庆、孙英杰、顾怡雯、刘凡菲、沈泰等明星名人齐聚马博会现场，为康师傅品牌站台发声。

（4）于嘉全程直播，从赛前早餐—集结—开跑—完赛—赛后补给全程进行直播，提倡健康跑马拉松、健康生活，在不同身体状况下给出好的调节方案；全程聊景色、聊人文、聊跑步，插入康师傅品牌广告，吸引观众购买产品。

（5）挑选固定家庭讲述从赛前母亲为父亲制作营养早餐到赛后一家人吃面庆祝的暖心小故事，呼应康师傅陪伴年轻家庭享受幸福生活，通过合理的营养搭配让家人享受北马的核心信息。

（6）完赛包康师傅25周年纪念款引发讨论，老年跑者回忆25年前与康师

傅的第一次相识：社会的进步让这座城市和自己的家庭、生活都变得幸福，而在这美好生活的实现过程中，康师傅红烧牛肉面的味道一直陪伴在国人身边。

（7）国际选手完赛后前往康师傅赛后服务区享受冲泡服务，富含碳水化合物的面饼帮助跑者迅速恢复体能。

（8）各大知名跑团、跑者赛后齐聚康师傅展位吃面，赛后一碗面已经是北马的标配。

（9）志愿者、跑者、保洁、保安，康师傅为北马现场的每一个人提供温暖陪伴。

5. 媒介策略

（1）传播渠道。关键传播渠道：# 跑马吃面 # 微博话题引发跑友裂变式传播；抖音视频传播，形象告知消费者如何解决跑马补给痛点；中国中央电视台报道 # 跑马吃面 # 场景，提升康师傅方便面营养膳食理念的公信力。其他传播渠道：地方电视台、KOL、微信、门户及手机端、视频网站等传播平台，涵盖体育类、美食类、生活类、营销类等媒体平台。

（2）项目进度：

2018 年 8 月 3 日—9 月 9 日：线上招募“直通北马”名额。

2018 年 9 月 10 日—9 月 15 日：康师傅 Noodle Party 以及跑圈“大神”聚会。

2018 年 9 月 16 日—9 月 17 日：康师傅能量面馆开张，为赛后跑友带去能量。

2018 年 9 月 18 日—9 月 22 日：中国中央电视台专业背书，后续传播。

项目评估

1. 效果综述

（1）虽然康师傅在 2018 年北京马拉松的赞助商级别较低，但影响力在众多高级别赞助商中排名第 4，说明营销活动有效提升了品牌美誉度，跑者对康师傅留下了极好的印象，更加容易认可“健康方便面”的概念。

（2）康师傅 # 北马有面儿 # 微博话题阅读量超过 5200 万次，跑者群体中慢慢形成“跑马吃康师傅方便面”的默契。

（3）媒体从运动营养膳食角度展示跑马吃方便面的内容，增加了产品公信力，也让更多消费者重新建立了对产品的认知。

（4）康师傅赛前预判跑者李子成获得北马冠军，提前运作 KOL 传播。最终，李子成北马夺冠，同时成为 2018 年中国马拉松大满贯总冠军。赛后李子成接受中国中央电视台采访，诠释方便面的运动营养价值，从 KOL 角度提升康师傅产品公信力。

2. 受众反应

（1）发起康师傅 # 北马有面儿 # 线上名额互动，苦于抢不到北马名额的广大跑友竞相传播扩散。

（2）开创国内首个赛前碳水派对，“跑马吃面”的场景引起跑者共鸣。

亲历者说 丁一　北京博睿创维体育发展股份有限公司项目经理

北京马拉松在中国跑者群体中认知度最高，被誉为“国马”。该案例以北京马拉松赛事为契机，围绕康师傅 # 北马有面儿 # 核心话题，通过赛前、赛中、赛后的各类趣味互动场景和传播活动，使大众有效改善了对方便面根深蒂固的偏见，持续培养方便面可以补充碳水化合物的正面认知，同时制造了新的产品需求空间，借助庞大的跑步人群拉动康师傅市场销量，让康师傅品牌和中国全民健身体育事业的情怀得以联结，升华了品牌形象。

案例点评

点评专家：彭焕萍　河北大学新闻传播学院副院长、教授

该案例以北京马拉松赛事为契机，通过 3 万名跑者的方便面体验场景，成功实现方便面与大众化运动项目的有效连接，从消费者内心认知、产品实体感知、品牌形象提升三个层面完成了预设目标。

在营销传播领域，消费者的认知就是“真理”，方便面在消费者认知层面存在一定争议。改变认知有难度，但是潜移默化、细致入微的引导和改变是品牌建设的必要过程。项目通过北马场景的植入，颠覆性改变了人们对方便面的传统认知，确立“方便面补充碳水化合物”的全新认知，也拉近了产品与马拉松人群的距离。

项目选择高契合度的通道布局来实现目标人群的全方位覆盖，确保了品牌传播的即时、广泛和实效。项目策划和执行中秉持“全媒体”覆盖理念，借力各级各类传播平台实现了全视角传播。赛事参与者作为追求积极向上生活方式的“年轻精英群体”代表，通过社交媒体分享的 UGC 内容，更是进一步引导着受众对产品的实体感知。

在品牌形象提升方面，能够基于目标人群全面发力：运用微博话题引发跑友裂变式传播“跑马吃面”；利用抖音平台以短视频形式生动形象地讲解跑马补给痛点问题；借助“跑马吃面”场景、中国中央电视台的背书，在消费者心中强化了康师傅方便面营养膳食、支持中国体育事业的品牌形象。

7 中国体育彩票时光隧道活动[1]

执行时间： 2019 年 5 月 3 日—2019 年 6 月 10 日

企业名称： 国家体育总局体育彩票管理中心

品牌名称： 中国体育彩票（简称中国体彩）

代理公司： 北京派合文化传播股份有限公司

获奖类别： 金旗奖——2019 最具公众影响力品牌传播大奖

项目概述

中国体彩在 25 周年时，依托其“品牌年轻化”战略，借势“五四青年节 100 周年”热点，以其“温暖有光”新形象亮相活动为核心，通过时尚、年轻化的传播手段，展现新公益品牌形象，加强年轻群体对中国体彩社会公益的感知。

项目调研

通过对时下主流传播媒体、流行传播手段、经典传播案例进行相关调研，中国体彩确认此次活动的主要传播媒体矩阵组建和线下活动的设计策划方向。本次传播的目标人群为“90 后”年轻群体，中国体彩筛选能够有效触达受众的媒体及其喜欢的互动形式与其互动，进行有效的信息传递与沟通。同时让用户真正了解到体育彩票承担的社会责任与为公益事业做出的努力。

① 本文中所涉及的照片，北京派合文化传播股份有限公司均已得到被拍摄者的使用许可。

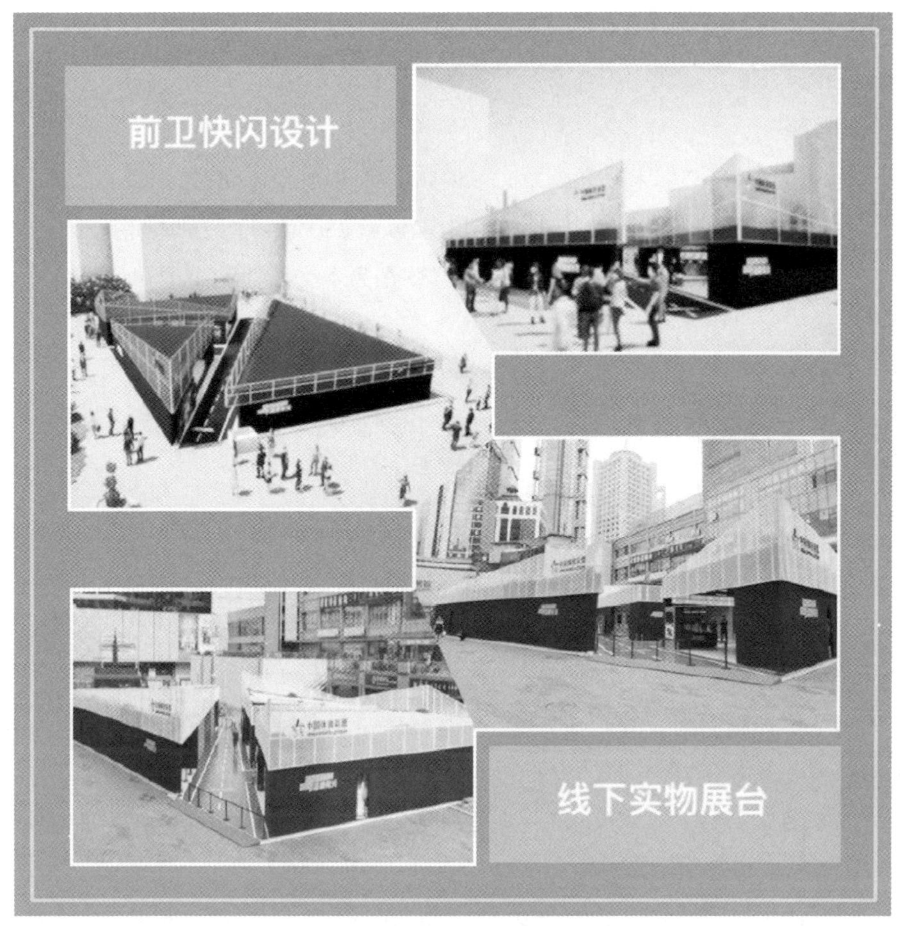

中国体育彩票时光隧道活动 1

此次的传播活动方案最终选择年轻群体聚集的主流线上资源进行话题和事件打造，在线下利用沉浸式体验活动进行传播，网络媒体全程外围报道补足活动曝光，最终将“你未必光芒万丈，但始终温暖有光”主题以更时尚年轻的形式传递给目标人群，让其深刻体会体育彩票所承担的社会责任。

项目策划

1. 目标

时尚化、年轻化展现中国体彩新公益品牌形象；通过 25 年历史回顾，增加公众对中国体彩历史与文化的了解。透过公益金使用，在年轻群体中建立品牌认知度和美誉度，展现中国体彩所产生的多元社会价值。

2. 策略

针对中国体彩“你未必光芒万丈，但始终温暖有光”品牌亮相活动及其“新青年 新公益”品牌核心，借势2019年中国体彩25周年的重要时间节点，依托中国体彩“品牌年轻化”战略，以年轻群体作为本次传播的主要目标人群全面展开活动。

3. 受众

中国体彩潜在购彩客户——“90后”年轻群体。

4. 传播内容

优质内容与当代大众接受度较高的传播媒介紧密结合，增强传播内容的时尚性与互动性，以多样化的内容形式进行传播。

（1）视频内容：以贴合本次主题的视频为素材，制作主题TVC，让目标受众对本次活动的主题进行内在感知，产生主题共鸣。

（2）短视频内容：除将主题TVC内容转化为短视频素材外，剪辑制作线下活动的短视频。

（3）图文内容：以“吸睛”主题配以网感化的传播文体，为微信公众平台的“粉丝”们讲述中国体彩本次的活动实况。

（4）信息长图：将活动、话题进行系统化包装，以信息长图的形式完整地呈现给微博、朋友圈的目标受众。

（5）网媒稿件：通过权威媒体发布新闻稿件。

5. 媒介策略

根据年轻受众群体触媒习惯，选择各类媒体多维度组成全媒体矩阵，在多种渠道进行广泛传播。

（1）微信传播：结合中国体彩品牌核心内容；长图文H5；开启温暖寻光之旅以及活动亮点内容；一镜到底视频及预热长图文，利用微信KOL进行广泛传播。

（2）抖音与直播平台：邀请抖音网红进行活动现场“打卡”与现场直播。

（3）微博传播：结合品牌核心内容，创立并打榜微博话题#温暖就在你

我身边 ## 平凡岗位 绽放光芒 #，同时邀请中国知名体育明星，为活动进行内容传播。

（4）媒体矩阵传播：通过门户网站、权威媒体、垂直媒体、新闻客户端、自媒体等打造多维度的优质传播矩阵。

项目执行

（1）线上传播：保证媒体传播到位，提升媒体矩阵的资源配合程度，将本

中国体育彩票时光隧道活动 2

次活动的传播主题呈现到目标客户年轻群体面前。

（2）线下活动：活动展区设计参考国际流行户外展览样式，在展区内部划分三大区域，四大主题和六项观众互动参与区。整体设计大方简洁又不失趣味性、参与性，满足年轻化、时尚化、科技互动性强的要求，大大提升观众参与度。

（3）项目管控：整体项目总监带队，各个不同岗位选取资深人员担任，项目经理及媒介经理又管辖分属自己的专门板块具体环节及团队，专人专用。线上线下执行团队超过 100 人，确保活动顺利进行。

项目评估

此次活动通过线上线下相互配合，无论是品牌宣传，社会公益，还是社会责任的传递与影响在年轻群体中均得到极大提升。

本次线上宣传覆盖超过 3.4 亿人，传播内容阅读量达 7500 万次，朋友圈广告投放曝光量达 1756 万次，抖音信息流投放曝光量达 5107 万次。

线下六站活动，平均每站参与人员超过 3 万人，线下的调研数据显示，线下活动每站参与人数中 40% 为年轻群体。由于在活动中引入高新科技互动游戏以及根据中国体彩年轻化风格设计的展具及内容，年轻人产生极大参与热情。

通过线上线下联动，突出中国体彩活动时尚、年轻化元素；同时通过抖音网红直播、微信等新媒体的传播，覆盖了中国体彩未来年轻化目标客户群体，使中国体彩“品牌年轻化”战略翻开了新的篇章。

亲历者说 马鑫（Devin Ma） 北京派合文化传播股份有限公司运营总监，中国体彩项目负责人

作为此次项目的负责人，我全程与团队共同经历从应标准备期到后期实施期的整体活动周期。在整个活动周期中，团队协力工作。只有专业的团队做专业的事，才能在短时间完成如此庞大而又容错率极低的项目。在此次活动落地

中国体育彩票时光隧道活动 3

执行过程中，我们经历了很多突发事件，比如在活动时遇到强对流天气，在广州展期间又遭遇瞬时雷雨，在武汉遭遇酷暑天气以及在成都站遭遇人流超限、礼品哄抢等，但最终都凭借专业团队的丰富经验一一化险为夷，力争活动效果能够完美呈现。

本次活动的亮点很多，包括全媒体矩阵式曝光、形式新颖多样、重点强化精准触及、线下活动内容均采用国内外潮流风格设计，符合年轻人喜好等。

案例点评

点评专家：尚恒志　河南工业大学新闻传播学院院长、硕士生导师

中国体育彩票时光隧道活动围绕“你未必光芒万丈，但始终温暖有光”这一主题，各环节设计合理，环环相扣，展示出团队极高的专业水准及超强的应变能力。

第一，调研充分，帮助中国体彩准确地进行产品与形象定位。它以年轻人为核心群体，通过他们喜欢的互动形式不仅传递了主题信息，而且在互动中让更多人了解到中国体彩承担的社会责任与为公益事业所做出的努力，为中国体彩塑造了良好的形象。

第二，活动策划程序完整。活动坚持公众利益优先的原则，在尊重客观事实的基础上，坚持活动的独创性与连续性相统一，使它既随着进程的不断推进而不断创新，也考虑到活动的连续性。策划目标设定合理，活动覆盖范围广，可执行度高。

第三，从计划实施来看，活动线上线下联动，在既定的成本条件下产生了更深远的影响。整个项目在实施过程中，严格进行时间把控，并及时对具体实施过程中出现的问题进行协调和解决。各部门既各司其职，独立完成自己的工作，又能及时密切交流，互通信息，工作效率较高。

第四，从项目评估来看，活动不仅提高了受众对于中国体彩的认知度，而且有序的活动、丰富多彩的形式以及服务社会的初衷提高了中国体彩在行业内的美誉度。

《平行线》微电影营销

执行时间：2018 年 10 月 9 日—2018 年 10 月 30 日
企业名称：天津一汽汽车销售有限公司（简称天津一汽）
品牌名称：骏派 D80
代理公司：上海灵思远景市场营销顾问有限公司
获奖类别：金旗奖——2019 最具公众影响力品牌传播大奖

项目概述

十年前，夏利成为家喻户晓的“国民家轿”。

十年后，夏利淡出中国汽车市场，骏派成为天津一汽战略品牌。

借由骏派 D80 上市，企业通过一部科幻题材微电影及创新营销方式，重新

《平行线》微电影海报

定义 SUV（运动型多用途汽车）的“敢性”内涵，为天津一汽重新建立与消费者的心智连接。

项目调研

（1）品牌力需重塑：以夏利为代表车型，天津一汽是家喻户晓的“国民家轿”品牌。但随着市场的发展和变革，夏利退出历史舞台。利用骏派这一崭新品牌，使天津一汽重新在消费者的心里占得一席之地，成为其重要命题。

（2）产品 USP（独特卖点）模糊：作为一款城市型 SUV，骏派 D80 在产品力方面，动力、空间、节油性、智能化等都还不错，但也都不够强。在缺少产品力抓手的情况下，天津一汽需要在传播层面另辟蹊径。

（3）消费者谈“敢性”：每个时代的 SUV 都会谈“敢性”的态度，但骏派 D80 对于“敢性”的理解不同。定位于入门级的价格，骏派 D80 面向的是中低收入的客群。他们节俭务实、家庭责任感强、生活压力大，他们所理解的勇敢不是“跨越山河，征服远方”，而是“在生活中的由敢而发”。

项目策划

1. 目标

市场目标：实现品牌在上市后百度搜索指数提升 3 倍以上。

品牌目标：借助骏派 D80 的创意营销，实现品牌溢价。

客群占领目标：为天津一汽重新建立与消费者的心智连接。

2. 策略

骏派 D80 的目标受众，过了勇敢的青春期，还未到看透一切的年纪，30 岁左右的他们，事业上遇到瓶颈、生活上满身压力，正处于焦虑的“后青年时代”，对当下不满，对现实有遗憾，总会幻想“再选择一次”。

就算真的能再选一次，难道就一定圆满吗？

深刻洞察“后青年时代”人群的焦虑，天津一汽大胆地选择了微电影这一在内容承载力、情感打动力、传播创新力上都更强的载体，借用蝴蝶效应、无

限循环的手法，构建了男主在平行时空下的不同选择与不尽完美。天津一汽透过片子中的这台 SUV，向受众传递真正的“敢性”——“选择好走的路，不如走好选择的路”。

3. 受众

男性为主，26～35 岁，家庭月收入 1 万元左右，定位于经济体面、节俭务实型的“城市新移民”。他们是家庭的主人翁，生活压力大、家庭责任重是普遍的特征。对于他们而言，家庭的幸福往往大于个人的追求、家庭的生活质量升级大于自己的生活方式。

4. 传播内容

（1）《平行线》微电影。

（2）# 后青年时代的焦虑 # 话题。

（3）观影沙龙和首映式。

（4）“自在之夜”骏派 D80 上市发布会暨汽车媒体人观影沙龙。

5. 媒介策略

用电影营销的方式推广微电影，跨界触达受众。

项目执行

（1）2019 年 10 月 9 日，微电影《平行线》以秒拍为主阵地，在《平行线》官微首发，辅以娱乐类、电影类、情感类等大号进行话题造势。同时，《平行线》在腾讯、优酷、爱奇艺、56、秒拍、土豆、B 站（哔哩哔哩）等视频平台同步上线。

（2）采用大电影宣传推介的重点阵地——豆瓣，进行影评及口碑推广。

（3）《平行线》官微发起了 # 后青年时代的焦虑 # 和 # 平行线 # 两个微博话题，借助演员张陆（《欢乐颂》中王柏川饰演者）的一封长信，将 # 后青年时代的焦虑 # 迅速引爆。围绕主演张陆及微电影的内容，“王柏川的转型之作”“如果遇见十年前的自己”等话题在媒体平台迅速扩散。

（4）借鉴电影推广方式，在北京开展线下观影沙龙。影视圈、媒体圈数十位嘉宾，著名影评人谭飞、严蓬亲临现场。

（5）10 月 26 日，北京、长沙、广州、成都四城同步开启“自在之夜”骏派 D80 上市发布会暨汽车媒体人观影沙龙，真正实现电影圈和汽车圈的跨界。

项目评估

多个知名影评人写下走心长文影评，豆瓣开分后高达 7.2 分。

23 个大号助推，官博正片博文阅读量高达 296 万次，大号阅读量累计高达 5000 万次。

话题 # 平行线 # 和 # 后青年时代的焦虑 #，阅读量总计 4192.1 万次，讨论量 8.6 万次，其中话题 # 平行线 # 首日便冲上微博话题榜总榜 TOP14，电影类分榜 TOP1，并霸榜超过 6 小时，收获全网 5000 万次点击。整个宣传期，《平行线》官微总计发布 21 条微博，总阅读量达 712 万次。多个微信 KOL 多角度为“后青年时代”群体解读焦虑，呼吁现代人关注这一群体，产生 10 万多篇文章。

亲历者说 任建鹏 上海灵思远景市场营销顾问有限公司创意组长

在当时市场环境、品牌所处的态势并不乐观的情况下，我很欣赏品牌方愿意用“比较冒险”的方式，来为骏派 D80 产品和骏派品牌进行一次伟大的尝试。

回归当下写实的城市生活状态，直击目标人群痛点，我们用近半年的时间去发现、研究、规划统筹，最终找到了这个极具共鸣的“选择论”命题。因为共鸣，原本我们需要花精力寻找、花财力邀约演员，却因为足够有吸引力的剧本内容，获得了演员张陆的主动加盟。

内容的成功，只是营销的一半。如何让好的内容传播出去，让好的内容引发话题共鸣，同样尤为重要。集合公司的优势资源以及电影营销的成功经验，我们在《大圣归来》成功推广之后，借用公司成熟的电影推广模式，为品牌营销进行创新赋能。

在产品力缺乏抓手的背景下，用内容爆点去营销破局。很高兴骏派 D80 能借力这次微电影的营销，获得大众的关注度。而更让我们开心的是，天津一汽能借力单款产品的营销，赢得品牌在消费者心智中的重新占位。

案例点评

点评专家：杨丽萍　广西财经学院公共关系学系副教授

《平行线》是近年非常成功的运用新媒体传播微电影的内容营销案例。策划方成功运用微电影这种独立性、自主性、可控性较强的新媒介，通过对内容的精心制作、对社会热点议题的设置及富有感染力的表现方式，重塑品牌形象，使新产品上市内容营销效果最大化，成功建立起与目标消费者的心智连接。具体体现为以下几点。

（1）深刻洞察、精准触达品牌目标受众，建立心智连接。整合营销传播大师 D.E. 舒尔茨教授曾指出：在同质化的市场中，唯有传播能创造出差异化的品牌竞争优势。而有效的传播必须要有一个以消费者欲求为出发点的“轴心”概念。本案例正是基于对目标客群的深刻洞察，运用微电影传播方式，精准把握“城市新移民”这一特殊群体的焦虑、迷惘和生存压力等，打造“懂你”的品牌形象，建立与目标消费者的互信关系。

（2）设置热点议题，实现有效的口碑传播。好的微电影作品能够将企业品牌融于故事情节，与观众产生情感共鸣，而观众的深度参与往往更有利于话题传播。本案例基于对产品“敢性”的深刻洞察，提出“敢性”——“选择好走的路，不如走好选择的路”的核心理念，制造话题互动和内容口碑，形成现象级传播，获得极高的口碑。

（3）利用微电影增强传播可控性、自主性，实现传播效果最大化。在互联网传播可控性越来越弱的今天，微电影无疑是自主性、可控性较强的传播媒介。本案例通过对当下“城市新移民”心理诉求的准确把握，利用明星对目标群体的号召力，促成“粉丝”自发的二次传播。同时运用微博、微信、新闻门户网站等主流媒体进行相关话题扩散，线上传播与线下活动相结合，从而实现了话题设置—事件扩散—明星互动—网民二次传播—线下活动引流，使传播效果最大化，成功实现了通过打造品牌形象力带动产品营销力提升。

名创优品 × 故宫宫廷文化联名品牌营销

执行时间：2019 年 6 月—2019 年 7 月

企业名称：名创优品（横琴）企业管理有限公司

品牌名称：名创优品（MINISO）

代理公司：北京锐易纵横文化传播有限公司

获奖类别：金旗奖——2019 最具公众影响力品牌传播大奖

项目概述

名创优品和故宫宫廷文化品牌合作，据此展开一系列品牌营销活动。借由故宫超级大 IP 奠定产品可信赖基础，通过打造“名创造办处”核心概念，策划一场原创设计大赛，举办一次特色新品发布会，展开独辟蹊径的线上预售营销，全力打造名创优品设计美学和创新基因的品牌认知。

项目调研

1. 项目背景

（1）在 IP 合作大背景下，新零售企业不断寻求着 IP 合作的多方共赢，企业与 IP 合作不胜枚举。

（2）国潮复兴，故宫虽是代表，但第一波红利已被分食殆尽。

（3）名创优品一直以性价比著称，此番引入故宫 IP，旨在借力提升国人对品牌设计的认可以及丰富品牌文化底蕴。

名创优品 × 故宫宫廷文化联名产品

2. 可行性研究

（1）名创优品是“IP 收割机”，众多合作淬炼了其网红易爆体质，具备基础期待值。

（2）双方均有海量受众人群，调性符合，跨界品牌合作的创新具备更多为用户发声的可能。

（3）故宫宫廷文化首次向跨界品牌全品类开放，除了产品具备更多想象力之外，更是一次营销契机。

（4）亲民价格享受大牌 IP，一反“一联名就涨价”的市场规律，名创优品保持“正版 + 亲民价”。

项目策划

1. 目标

（1）借联名提升名创优品在创新基因与设计美学方面的大众认知，加强品牌质感。

（2）拉动“宫粉”转化，增强“粉丝”黏性，获得关注。

（3）给予消费者更多选择品牌的理由，带动联名产品预售。

2. 策略

（1）打造一个核心概念——“名创造办处”。

（2）传递两个重点信息——创新基因与设计美学。

3. 受众

一、二线城市的年轻人，以女性居多，对时尚和潮流非常敏感。

4. 传播内容

（1）核心：名创优品 × 故宫宫廷文化打造“名创造办处”。

（2）“名创造办节”线上设计大赛：抛出“名创造办处”概念，发起一场设计大赛，设置万元奖金。

（3）宫廷风新品发布会：从故宫“声色香”三感切入，打造一场线下沉浸式宫廷风发布会。现场分三大区：静态游览区打造古代生活场景；产品展示区让“名创造办处”概念落地；主会场区发布产品。

（4）新品预售：炒作 # 真正拼手速的时刻 # 和 # 当代年轻人的恋爱方式 # 等多维度话题，扩散“名创造办处”概念；发布《宫里那些事儿》PK 小游戏，参与游戏得代金券，带动预售；时尚类 KOL“种草”，给出有力购买动机。

名创优品 × 故宫宫廷文化新品发布会会场

5. 媒介策略

采用“502”黏性媒介策略形成传播矩阵，发动名创优品自有媒体全力参与，与外部传播资源紧密绑定。组合打法，实现线上传播有深度和广度，线上互动有参与度。

项目执行

（1）官宣和设计大赛。6 月 10 日，名创优品和故宫宫廷文化微博官宣品牌联合，随后双方推出了“名创造办处”概念，并发起长达 20 天的设计大赛“名创造办节”。

大赛后期，盘点有话题的设计稿做二次炒作。从 # 故宫被玩坏了 # 角度切入，在设计、段子等相关类微博大号参与下登上微博搞笑分榜第 8。

（2）新品发布会。一场故宫宫廷风发布会，运用实时营销方式，使到场媒体、KOL 纷纷自发拍照分享社交平台。权威媒体《北京青年报》、虎嗅网、中华网、瑞丽网、中国日报网等，输出深度内容，传递联名背后的品牌思考和新品承载的品牌希冀。

（3）新品预售。以拟人海报预告预售信息，以 PK 游戏《宫里那些事儿》的官方上线带动销售，以话题 # 名创优品抢不到 # 让预售活动达到高潮。

（4）后期双话题持续霸榜，搅动预售热度。聚焦新品售罄、系统

PK 游戏《宫里那些事儿》

404、全网求补仓进行二次包装。从“种草”、情感角度着手，策划话题#真正拼手速的时刻#和#当代年轻人的恋爱方式#，持续围绕新品设计美学和内涵带动全网热论。

（5）营销类资深大号深度解析，提升资本关注度。营销类资深大号从品牌、设计、消费者等不同层面强化新品特性和品牌理念并输出稿件。门户、垂直网站等媒体大量分发，扩大信息覆盖面。

项目评估

本次传播通过有节奏的营销举措，共覆盖3.7亿人次，获得168082次用户互动，五大话题炒作，累计阅读量2.1亿次，总讨论量超过18.8万次，在多个同类话题中杀出重围，最高排名为情感分榜TOP2。其中针对产品设计、内涵、品质层面的多维探讨、海量高赞内容呈压倒性高占比，并有大量用户反馈求新品、求补仓、求继续开发新品，持续带动预售走高。

引起行业极大反响，获得100余家网络媒体、自媒体自发转载扩散，“名创造办节”设计大赛吸引了超1000人参赛，征集到1300幅设计作品。名创优品电商小程序平台预售开启1小时，便迅速突破50万元销售额大关，用户海量的优秀反馈，证实本次传播成功实现名创优品的品牌目的。

亲历者说 刘瑞霜 北京锐易纵横文化传播有限公司高级客户主任

对于我们来说，帮助名创优品借助和故宫宫廷文化品牌联名的机会，塑造其设计美学和创新基因的大众认知是一件极具挑战的事情。

纵然故宫在国内已是顶级IP，拥有巨大的受众基础，但IP合作已是一片红海，非常考验我们的“内功”。

但我们非常愿意与品牌方“豪赌”一次。名创优品自身的优势不可忽视，IP合作经验、成熟的网红属性、无可比拟的丰富品类、占据绝对优势的亲民价格。故宫的深厚文化底蕴和强大影响力，更是我们创意的灵感宝库。团队就如何借助二者的优势打造出不一样的联名营销活动，在整体策划、创意设计、预

售手段、发布会打造等方面进行了多次论证和调整，只为逆流而上，帮品牌方完美实现品牌认知的升级。

此次传播的成功，你看到了！

案例点评

点评专家：赛来西·阿不都拉　浙江大学城市学院传媒与人文学院副教授、中国国际公共关系协会学术委员会委员

跨界合作是当前的一个热门趋势。对于合作双方而言，如果能够整合好各自的资源，在营销中形成优势互补，就很容易实现品牌流量的共享，不仅提升品牌形象，还能给客户带来全新的体验。有人说，“互联网时代的商战，就是关于 IP 跨界与创新的比赛”。超级 IP 成为划分品牌传播力、销售力和影响力的重要内容，企业不断寻求与 IP 合作的多方共赢。不同的流量人群，是传统行业突围互联网的重要战略。现在的消费者特别是线上消费者，无论是在他们的年龄阶段、购买能力或是兴趣爱好上都有很大的区别，品牌如何引起年轻消费者的注意，并最终获得其在认知或价值层面的认同感可谓难上加难。名创优品借与故宫宫廷文化的联名，丰富品牌和文化内涵，从产品到互动，极大程度迎合了受众心理，在赢得用户好感、深化产品记忆点的同时，为产品预售的开启奠定了良好基调。而故宫宫廷文化则借助大零售走入寻常百姓家，向年轻人传递着自己的皇家风范。本案例的最大成功就如亲历者所说：借助二者的优势打造出不一样的故宫联名营销活动，帮品牌方实现了品牌认知升级。

“与未来一起杭州”城市品牌月

执行时间： 2019 年 7 月 2 日—2019 年 7 月 31 日
企业名称： 浙江万科南都房地产有限公司
品牌名称： 杭州万科
代理公司： 西安智讯策划咨询有限公司
获奖类别： 金旗奖——2019 最具公众影响力品牌传播大奖

项目概述

2019 年 7 月，杭州万科首创城市品牌月概念，提出“与未来一起杭州”，以面向杭州未来的创意科幻视频起势，借势良渚古城遗址申遗成功推出国际插画师新中国风品牌形象，统筹经营业务，升维整体城市格局，提升市民品牌感知度。

项目调研

1. 城市背景

“后峰会，前亚运”时代的杭州，通过 2022 年杭州亚运会、良渚古城遗址申遗等一系列大动作提升城市能级，向成为历史与未来交汇的国际化大都市迈进。

2. 品牌宣传诉求

（1）对话杭州。在品牌传播上升维视野格局，提升城企黏性，打造面向未来的杭州共荣作品。

（2）赋能业务。2019 年，杭州万科重点项目各有发声诉求，需运用品牌力

项目背景：立足业务与品牌共生共长的关系，升维企业的城市格局

量统筹松散节点，对外整合发声，赋能业务。

3. 传播机会

两个城市发展节点：地铁 5 号线开通；良渚古城遗址申遗成功。

整体环境氛围：城市加速发展进步，杭州民众城市自豪感、共荣感需要抒发。

4. 主题契合

杭州是面向未来的城市，杭州万科致力于掌握未来城市和生活的发展逻辑，因此，“杭州”作为动词，有了四维空间上的意义。

项目策划

1. 目标

（1）借力城市高光时刻，突出杭州万科“城乡建设与生活服务商”的定位，加强品牌的城市格局和外向型影响力。

（2）绑定城市重大节点，突出杭州万科项目，真实而有效赋能经营业务。

（3）打造城市级封面作品及爆点事件，产出现象级传播案例。

2. 策略

挖掘城市流量，以未来感城市科幻短片和中国风系列插画为核心，结合业务实践，因势利导、层层递进，持续高能曝光。布局公众、行业、政府、媒体各端传播路径，引发广泛二次传播发酵。

《与未来一起杭州》碎片式超级海报

3. 受众

（1）以杭州市民为核心传播对象，塑造城市品牌格局和美誉度。

（2）通过与城市发展节点事件的绑定、前置沟通预埋和视频全网发酵，获取政府层面关注。

（3）打造现象级传播案例，扩大在公共关系行业的专业影响力。

4. 传播内容

（1）城市映像片《与未来一起杭州》。片长 3 分钟左右，以 CG（计算机绘图）特效技术、科幻手法描绘杭州面向未来的城市高光集锦。结合杭州典型场景与元素，并植入杭州万科元素及形象，以想象力场景唤起受众对杭州万科场景未来状态的正向联想。

（2）新中国风的城市封面系列插画。邀请 PROMAX Awards 的金奖得主、纽约自由插画师阮菲菲，绘制一组新国风插画，对杭州的代表性场景与元素进行解构，以未来主义和魔幻主义重新诠释，讲述杭州的文化、历史、未来等丰富内容。

5. 媒介策略

（1）预热造势。在前期宣传阶段，借势地铁 5 号线通车热点，以 # 与未来一起杭州 # 话题在微博和微信的传播环境中蓄势，发布碎片式超级海报和 15 秒剧透视频，引发悬念与热议。

（2）首发引爆。以视频和插画为核心爆点，全网布局，多维布点，结合线

阮菲菲新中国风城市封面系列插画

下地铁站布置，打造现象级刷屏。

（3）持续发酵与解读。在地产行业、公共关系行业等专业端对本项目深入解读，聚焦杭州万科能力，提升立意口碑。

项目执行

1. 整体策划

选定节点后分析传播机会、排查潜在隐患，探讨城市核心主题，提出“与未来一起杭州”，明确核心抓手，启动全案传播策划包装。

2. 视频拍摄

“前置对标”及“脚本策划”环节双线启动，协同共创脚本，通过为期两周的拍摄剪辑、后期模型渲染、音乐及调色风格挑选，最终完成创意科幻片。

3. 画面设计

明确主题后对标国际知名插画师阮菲菲协作共创，越洋沟通共同启发创意，经历 5 次线稿调整后选定最终形象，植入丰富项目细节，提炼典型中国风色彩进行上色。

4. 线上传播

提前铺排对活动为期一周的发酵传播，进行高精细度策划。对近 50 家布点媒体进行不同风格的通稿内容安排，确保丰富的解读视角和传播量级。

项目评估

（1）总传播效果：视频全网播放量逾 200 万次，话题讨论量超 6000 万次，覆盖受众逾千万人。

（2）打造四篇阅读量超 10 万次的文章，总阅读量超 66 万次。杭州万科官方服务号首发视频，本地生活自媒体“行周末”与公关专业点评自媒体“公关界的 007”、新媒体影视专业平台“新片场”，分别从个体视角对杭州未来进行亲民解读与专业案例、视频解析，传播内容阅读量相继超过 10 万次，形成广泛传播。

（3）逾百家外部主流媒体平台报道，涵盖行业、民生、品牌等类，内部获《万科周刊》连续两次约稿报道，并得到众多业内、合作方等 KOL 的认可转发。

（4）成功策动政府端媒体如央视报道，在 CCTV-3（中国中央电视台综艺频道）《文化十分》节目中播出，相关政府门户网站，《钱江晚报》等核心媒体第一时间关注并转载，微博端杭州市共青团、杭州网等纷纷转发。

亲历者说 Tgler（马延昭） 品牌专业经理

“与未来一起杭州”是一场“极致执行”的“谋定而后动”。

只有洞察城市发展，结合品牌诉求，牢牢把握传播机会，才有可能高质量完成现象级的传播案例，过程中也更加考验我们对于项目的策划精细程度和资源整合能力。

作为一场全案整合策划项目，每一个步骤都必须环环紧扣，我们也必须对每个决定进行可行性分析和风险预判。只有谋定机会而“极致执行”，才能够成就本次项目。

对于传播势能的判断也非常重要，需时刻关注传播趋势，以策略驱动。为了弥补视频的不足和传播量级不够的风险，我们在传播上进行了前置策划，在策划期便确定了每个阶段的发文内容与渠道，在传播执行层面，再根据视频传播热度的生命周期进行灵活调整。

案例点评

点评专家：Brad Burgess（吴磊） 京东国际公关负责人

我记得第一次去杭州是 2005 年。当时我就觉得杭州这个城市非常有活力。后来，我每几年都会去一次杭州：逛西湖，喝龙井茶，体验杭州的休闲文化。

2019 年我看到了杭州的另一面，现代的高楼和美丽的生态融合在一起，很适合生活。

我说那么多，因为我个人对杭州的感受和评论这个案例的关系很密切。

首先，观看城市映像片《与未来一起杭州》时，我能看到自己在杭州的经历和对杭州期望。这部视频成功地把杭州过去、现在的亮点以及它的未来发展规划用节奏和画面串联起来，让喜欢杭州的人融入其中。

画面的细节证明团队付出了很多时间研究和采编，很有故事性。

总之，我认为这个宣传案例很有意思。杭州万科通过这个宣传为杭州城和杭州人喝彩，引发人们的正能量和自豪感。而且，没有过于强调杭州万科自己的优势，而是很自然地把品牌植入其中。

下一次希望看到影响利益相关者行为的洞察，相信这也会起长期宣传的作用。

“烟火翰林”融创“书享”菜场快闪①

执行时间：2019 年 8 月 1 日—2019 年 8 月 7 日

企业名称：融创中国东南区域集团（简称融创东南）

品牌名称：“书享”

代理公司：无

获奖类别：金旗奖——2019 最具公众影响力品牌传播大奖

项目概述

2019 年 8 月，为响应浙江省全民阅读和书香浙江的建设，提升企业“书享”IP 的城市影响力，融创东南以杭州翰林农贸市场为基地，组织“烟火翰林”融创“书享”菜场快闪行动。

基于杭州翰林农贸市场毗邻浙江大学前身“求是书院”而自带的文化底蕴，企业通过市井菜场与人文阅读结合的想象力策划，在人间烟火中融入醉人书香，让阅读走进千家万户，在普通市民当中建立终身学习意识，推广全民阅读，助力市民素质提升和城市文明建设。

项目核心内容是将杭州翰林农贸市场打造成为国内首创的书香阅读展风格的主题菜场（限时一周）。

活动过程中收到无数市民的家中藏书和自创字画，同时他们希望活动能长期举行。综合考虑，与市场管理方沟通决定长期保留“微阅读”休闲角，活动

① 本文中所涉及的图片，融创中国东南区域集团均已得到被拍摄者的使用许可。

剩余书籍全部赠予阅读角，供市民长期阅读。农贸市场整改方也与企业取得联系，希望共商菜场整改和组织文化活动等事宜。

项目调研

（1）城市阅读大环境基础，融创“书享”初衷与杭州文化风韵一脉相承。

从 2012 年开始杭州就推进学习型城市建设，2016 年，杭州获联合国教科文组织的认可，成为全国首个加入全球学习型城市网络的城市，杭州图书馆“拾荒老人”也闻名全国。截至发稿前，杭州已连续 11 年举办“全民终身学习活动周”，连续 8 年举办“杭州学习节”，其拥有的文化基础设施数量在全国同类城市中名列前茅，先后推出了“市民悦学体验点”“水上流动书吧”“运河河畔书屋”“杭州学习地标发布”“杭州诗词大会”等特色学习活动，营造了浓厚的学习氛围，为市民提供了便利的学习体验。

融创“书享”是 2015 年正式推出的品牌 IP，在线下结合业务建设社区“书享”公共空间，供业主日常阅读和进行读书交流活动，建设和谐文明的社区文化；在线上打造 365 天“书享日历”、世界读书日“书享周年”互动、每月初“书享阅读日”、每季度初“书享福利日”和每年“书享月”等多个子 IP，积极推广全民阅读。这是融创东南的企业社会责任的重要实践，旨在分享全民阅读的经验和有效的推广方法，不断助力城市文化建设。

在“独特韵味 别样精彩 世界名城”的建设大背景下，在三大世界文化遗产和“前亚运”发展周期的加持下，文化杭州的建设也将成为城市发展的重要一翼。

（2）翰林菜场文化基因加持，“书享”快闪让翰林更“翰林”。

活动地点经调研选定在杭州翰林农贸市场，其坐落于大学路 118 号。大学路，因浙江大学前身“求是书院”建于此而得名，而杭州翰林农贸市场就在这条饱受书香气熏陶的大学路上。同时，杭州翰林农贸市场，也是国内首个“智慧菜场”，在 2014 年就受到全国关注。

菜场本是市井气最浓之地，最“接地气”，但又因其文化底蕴和创新标签而广受关注，让“书享”快闪的落地既具备创新冲突性又具备传承性，奠定了广泛的群众基础、关注度和影响力。

（3）联动城市级资源共创“书享”快闪。

为提升菜场“书享”快闪行动的城市能级和社会影响力，真正推动全民阅读，融创东南主动联合杭州市城市品牌促进会策划此次活动。杭州市城市品牌促进会是由杭州企业界、知识界、党政界、媒体界及其在杭相关领域人士和机构自愿结成的公益性、地方性、非营利性的法人社会团体。双方强强联合，通过快闪行动的文化策划、社会新闻的热点发酵等方式打造网红快闪地，吸引市民朋友“打卡”参加，推广全民阅读，真正让阅读成为市民的日常生活方式。

项目策划

1. 目标

通过融创“书享”IP 的菜场快闪，让阅读走入寻常百姓生活，真正推广全民阅读和终身学习意识，助力城市文化的建设。企业“书享”IP 覆盖更多市民朋友，真正成为企业社会责任的重要标签和实践。

2. 策略

“烟火翰林”融创“书享”菜场快闪打造沉浸式体验；社会新闻策划，打造全民性热点。

3. 受众

杭州市民。

4. 活动内容

以国内首创的书香阅读展风格的主题菜场打造沉浸式体验。

5. 传播内容

从社会热点、业态创新、城市文化、创意公益等多角度、立体化挖掘事件，解读内容，引发高关注度。

（1）社会热点：全国首个“书享”主题菜场落地杭州翰林农贸市场，充分展示“书享”快闪行动的场景化和互动性内容，以“打卡”攻略吸引市民朋友参与，推广全民阅读。

（2）业态创新：结合国外菜场业态创新的案例，从专业角度看待此次菜场快闪，打开菜场的包容性和未来性（例如：把书店开进菜场国外已经有先例，

如葡萄牙奥比都斯小镇的菜场书店），为菜场的文化性和体验式消费整改提供案例参考和示范样本。

（3）城市文化：通过“书享”企业社会责任的实践来助力城市文化建设，并通过“国内首创的书香阅读展风格的主题菜场”标签为杭州文化加码，突显杭州的城市魅力，激发公众的城市自豪情绪。

（4）创意公益：公益行动进入菜场，通过菜场和品牌之间的冲突性强化企业的社会责任，同时也为公益营销提供新的思路。

6. 媒体策略

外部社会新闻四级梯度发酵为主，辅以内部官宣引发好奇，并结合微博话题进行社会化发酵，获得全社会关注。

（1）核心原则是策划外部媒体社会新闻四级梯度发酵，呈现新闻的公正性和外向化视角。在执行过程中，将外部媒体分为四级梯度先后发声。第一阶段都市生活类媒体：以快闪艺术、网红菜场“打卡”、书店开进菜场等新奇视角进行发声，获得全民关注。第二阶段社会新闻类媒体：以新闻事件大面积报道。第三阶段城市级官媒：以民生热点影响官方关注，策划核心主流媒体发声，并吸引官媒“打卡”报道。第四阶段 KOL：选择杭州之外的公益类和营销类 KOL 进行复盘发声，创新公益和营销思路，并将企业品牌诉求上升至杭州的人文品牌影响力，在推广企业品牌的同时塑造城市品牌。

（2）企业有节制的官宣。利用微信朋友圈，通过企业员工和合作方等圈层，以“电影式”海报三天霸屏，在行业内部获得极高关注度，引发大众好奇心，为线下导流。活动结束沉淀用户故事，以独家内容进行官宣，为活动沉淀数据。

（3）微博话题的社会化营销。以 # 杭州人读书真上头 # 为话题标签，引入新浪浙江、杭州吃喝玩乐爆料、杭州生活资讯榜等 KOL，结合快闪活动，引发全城关于阅读的思考和关注。

项目执行

1. 项目整体管控原则

（1）前期完成活动方案策划，并通过布场执行强化主题菜场的整体效果，打好本次品牌传播的基础。

（2）核心环节在于传播发酵把控，通过社会新闻进行爆发式和集中式呈现，以企业先发预设来带动更大程度的媒体关注。

（3）活动过程中充分考虑与市民的互动，并采集市民参与故事和市民留言反馈等相关新闻素材，据市民参与反应实时调整传播重点和媒体平台。

（4）建立活动预案，包括现场秩序维护、吸引人气等内容。

2. 活动实施

快闪内容策划，定位为国内首创的书香阅读展风格的主题菜场，打造沉浸式体验，让市民在人间烟火中享受书香熏陶。

（1）菜场整体布置与阅读相关的格言，例如“最好的学区房，其实就是你自己的书房”“食物与书，都是敬献给灵魂的美意”“书籍是全世界的营养品”等，并以清新的牛油果绿全面布场，打造夏日沁凉之感。

（2）市场入口“今天吃什么”的互动装置：结合中国人“吃什么”的世纪难题，在菜场入口处摆放翻转互动墙，正面是含有美食的中国古诗词，背面是所指美食，让市民发现中国古诗词文化中的美食。

（3）“人生至味是书香”的《肥肉》商铺：利用正在装修的店铺橱窗，设计主题店铺招牌，橱窗内挂满一本本《肥肉》散文诗集，并摆放由牛皮纸制作的土耳其烤肉装置，成为拍照“打卡”点。

（4）商家铺位：插满美食文化和生活知识小贴士，让市民在买菜的同时收获知识。

（5）“想象力”店铺书屋：快闪期租用空铺，进行艺术化布置，设计以旧书换新书的活动，旧书将悉数捐赠给融创东南为留守儿童捐建的“英苗书屋”，新书为由食物包装的“盲书”，让市民感受新鲜感；同时邀请市民参与“想象生活”感悟创作，留下对城市生活的感悟，可获得“书享”定制城市插画菜谱明信片。

（6）“微 E 站”阅读角：将“微 E 站”党建角进行整改，布置书架，摆放沙发，打造成可供市民休憩的“微阅读”休闲角，只要市民坚持“打卡”阅读一小时即可获赠一本图书。

“烟火翰林”互动点：“想象力”店铺

“烟火翰林”互动点：“微 E 站”阅读角

3. 传播把控

建立基础内容口径，尤以外部社会新闻发声为主，强化“都市生活类媒体——社会新闻类媒体——城市级官媒——KOL”的四级梯度先后传播；并在社会新闻基础上利用社会化媒体营销，通过微博话题扩大外围影响力。过程中以新闻点刺激外围媒体的关注和报道。

项目评估

1. 效果综述

活动整体吸引近 5000 名市民直接参与，获得杭州四大纸媒以及都市、民生、党政等各大媒体报道，整体品牌曝光近 4000 万次；引发全民阅读，话题 # 杭州人读书真上头 # 上热搜，两天内话题吸引 3000 万人次关注，并引发全城乃至全国关于菜场和书店经营业态模式创新的关注和思考。

2. 媒体统计

通过社会新闻视角的热点策划，吸引都市、民生、党政等媒体进行报道，获得全社会热点关注。

（1）民生新闻：吸引浙江电视台经济生活频道《经视新闻》、钱江都市频道《九点半》、杭州电视台西湖明珠频道《阿六头说新闻》、杭州综合频道《新闻 60 分》、浙江卫视《新闻深一度》等当红民生、时评、新闻栏目自发报道，传播抵达受众近 60 万户家庭约 180 万人。

（2）党政新闻：新华社报道浏览突破 44 万人次；连续四天全媒体矩阵报道，两天纸媒要闻版和观点版分别报道，并通过平面、网络、App、视频、图库、企鹅号等全媒体矩阵立体化发布相关内容，活动结束第二天报社发布新闻时评，活动期内受众直接阅读量突破 100 万次；人民网、杭州网、东方网和中国日报网等媒体自主转发或原创报道，受众直接阅读接近 150 万人次。

（3）社会化传播：创意公益事件“两微”有效传播量累计突破 3500 万人次。

3. 受众反应

（1）活动收获无数市民的点赞，同时融创东南品牌获得了更加正面的声量，尤其是在社区文化和城市文化建设领域，为品牌积累了较高的好感度和社会影

响力。UGC 简单列举如下："神奇的跨界""希望这个活动不要结束，希望现实生活中能有这样长期运营的菜市场""我希望这个活动能长久，但是今天在菜场问了工作人员，发现这只是一个推广阅读的快闪活动""这个活动的立意我很喜欢""这才是地产企业发展的方向，打造社区的人文环境，精神世界的丰富才能让人和谐幸福""我觉得很不错啊，带小孩子去买菜的家长可以让孩子在那里读读书，孩子也不会总觉得逛菜场无聊"等。

（2）吸引远距离市民（尤其是老人）到菜场"打卡"，体验菜场阅读。活动过后很多人重拾阅读，# 杭州人读书真上头 # 一个月内连上两次热搜。

（3）响应市民要求，保留了"微阅读"休闲角，并将活动所剩书籍全部放入书架，供市民朋友长期免费阅览。

4. 市场反应

农贸市场整改方与企业交流市场界面整改设计经验，希望共商菜场整改和组织文化活动等事宜。杭州市城市品牌促进会也在沟通推进更多城市层面乃至省内的全民阅读推广合作。

项目亮点

（1）公益行动与菜场首次结合，具有示范性的创意效应。目前菜场营销尚属少数，仅有一些支付产品的营销行动，融创东南此次"书享"菜场快闪行动，将公益行动与菜场结合，既有品牌属性和品牌阵地的冲突加持，又有普惠民众属性，很好地营造了热点话题。

（2）活动创造了国内首创的书香阅读展风格的主题菜场，为菜场的文化性和体验式消费提供案例参考和示范样本，刺激了菜场的业态创新，并受到民众的极高关注。

（3）绑定城市文化和荣誉刺激公众共鸣，提升品牌传播的城市立意。国内首创的书香阅读展风格的主题菜场加持，打造快闪事件在全国的首创性，放大杭州"人文城市"标签，突显杭州与众不同的底蕴和城市魅力，激发公众的城市自豪情绪。

（4）社会新闻发酵和市民认可，为融创东南的企业社会责任背书，极大程度提升了品牌美誉度。公益、菜场、文化、“书享”、城市品牌促进等关键词叠加，通过市民采访来证实活动立意，在菜场的去商业化低成本营销，为融创东南和归心“书享”品牌 IP 增添好感。

（5）以流行创造流行。阅读主题菜场的牛油果色系布置、菜场书店的“盲书”互动、市井菜场的创新场景应用，用流行时尚打造了新的流行营销活动，把菜场营销推向更深入的阶段。

亲历者说 陆琪男　融创中国东南区域集团品牌策略负责人

从 2015 年融创东南就开始做“书享”，它是融创东南的重要品牌标签。我们结合经营业务，在社区公共空间中打造“书享”空间，供业主日常阅读和进行读书交流活动，建设社区文化，并在线上推出“书享日历”“书享福利”“书享月”等多个子 IP，推广全民阅读。而杭州这座城市本身就文化底蕴深厚，举办了很多关于阅读和学习的特色性活动。基于这样的大背景，做出“书享”的创新特色，真正形成全民阅读效应，是团队的一项重要任务。

过程中我们解决了几个核心问题。第一，活动场地的创新。选择杭州翰林农贸市场做“书享”快闪，通过市井菜场和文化阅读的冲突，品牌活动阵地与企业品牌属性的冲突，打造热点和高关注度。第二，赋予快闪行动天然的属地文化。菜场营销也有一些品牌做过，例如菜场里的经济学，还有一些支付产品营销活动，但只是基于菜场。而我们在菜场背后挖掘了翰林的深义，结合浙江大学旧址和杭州的文化底蕴，让菜场的“书享”快闪看起来更顺理成章，有其偶然性也有其必然性。第三，把握好企业品牌诉求和公益操盘的力度。我们是企业，不是 NGO，做公益本身是在实践企业的社会责任。所以一方面联合杭州市城市品牌促进会，另一方面把本次活动策划成社会新闻热点事件。第四，在菜场布展和新闻发酵中合理加入融创东南的品牌诉求，在现场和新闻媒体上以巧妙的方式露出，收获一大波品牌好感。第五，回归城市，服务城市。前面说的大背景为融创东南进行这次活动提供了很好的土壤，当我们的所想所做和城市的目标一致，在过程中通过激发公众的自豪感，让这次热点事件的效果得以最大化地呈现。

活动过程中有很多市民每天来“打卡”，并希望我们能把活动长期办下去，

在这里经营一个书店。活动结束后，保留的“微阅读”休闲角仍能吸引周边市民来读书，这样的结果，对于我们来讲，比任何的传播数据都要有意义。

案例点评

点评专家：张景云　北京工商大学商学院教授

该策划将企业社会责任、城市形象塑造和企业文化活动品牌 IP 拓展结合起来，落实浙江省全民阅读和书香浙江建设的号召，助力市民素质提升和城市文明建设，具有政府公关意味。

该策划不是孤立的一个公关专题活动。从横轴上看，它与杭州开展的城市建设相契合；从纵轴上看，与企业自身开展的相关系列活动相呼应，与融创东南作为一个地产公司的品牌调性相契合。

该项目“烟火翰林”这一主题独特新颖，以菜场这一日常生活场景空间与颇具书香气息的“书室”这一人文精神空间的融入与共享，在贴近普通大众生活实际的同时，营造了基于“陌生感”的审美体验。该项目选择了杭州翰林农贸市场，借助其毗邻浙江大学前身“求是书院”的文化元素，在活动地点的选择上具有人文性。通过打造国内首创的书香阅读展风格的主题菜场制造新闻效应，全国和地方主流媒体以民生新闻切入，并运用“双微”进行社会化传播，传播效果较好。

该项目通过快闪引发公众关注，并设计了一系列新鲜玩法，引发公众参与的同时，提升了用户黏性。

仅分析“受众”是不够的，作为一个公关策划案，需要对所面临的目标公众的需求进行深入分析，才能使策划更具有针对性和可行性。世界公关大师伯纳斯倡导读书的公关活动依然值得我们借鉴：将建筑商、书商、媒体、名人和公众多方利益结合起来，在房间里设计了书柜，增加了图书销售的同时，培养了潜在顾客群体。

"我是创益人"公益广告大赛

执行时间：2018年4月—2019年2月

企业名称：深圳市腾讯计算机系统有限公司

品牌名称："我是创益人"公益广告大赛

代理公司：奥美北京

获奖类别：金旗奖——2019最具公众影响力品牌传播大奖

项目概述

互联网的发展影响了各行各业，公益事业也不例外。2017年起，腾讯广告及腾讯基金会联合举办了"我是创益人"公益广告大赛，以"Create for Good"为口号，旨在以"创意+科技+公益"的创新机制，提升公益事业的创意水平及影响力，让公益人人可及。

项目调研

1. 项目背景

诞生于互联网浪潮下的"指尖公益"，推动公益事业进入全民公益新时代。但对很多公益组织来说，如何利用互联网获取更多关注和支持仍是难题。

好创意拥有扩音器和聚光灯效应。为了帮公益在互联网环境下"讲个好故事"，大赛致力于连接广告从业者、公益组织、商业品牌及腾讯资源，为公益项目提供创意支持、创新土壤和传播资源保障，助力落地及推广的新模式探索，

推动社会向善力的凝聚，真正诠释腾讯“科技向善”的企业愿景和使命。

2. 可行性研究

（1）大赛的资源保障和公信力：大赛投入超 1 亿元的广告资源并定期举办赛事。主办方之一腾讯公益极具公信力和行业影响力。

（2）大赛对好创意招募的吸引力：主办方之一腾讯广告提供丰富多样的社交广告资源和技术。

项目策划

1. 目标

（1）助力公益事业转型实践：发挥“创意 + 科技 + 公益”创新机制的融合力量，助力公益落地及推广的新模式探索。

（2）提升“我是创益人”公益广告大赛品牌价值：提升大赛的品牌价值并传递更清晰的品牌理念，吸引更多力量加入“创益人”队伍。

2. 策略

（1）呼吁“公益假”，聚集更多创意：向互联网和创意广告全行业公司发出设立 1 天“公益假”的倡议，将大赛为参赛团队提供多元化支持的事实广泛告知。

（2）探索互联网公益 3.0 模式，发挥科技的力量：着力凸显大赛提供以数据为基础的公益洞察，开放小程序、AI（人工智能）图形识别等创新技术应用，并以腾讯云保障作品投放。

（3）关注微小话题，看见“看不见”的公益：积极引导参赛团队及公众对小众话题进行关注，让微小的公益项目拥有更大的传播力，凸显大赛的独特价值。

3. 受众

广告行业从业者及关注者，公益组织，媒体及公众。

4. 传播内容

建立品牌体系→让创意去创益→助创益以科技→用科技触善举。

5. 媒介策略

（1）人和：充分利用大赛开放的微信信息流广告、QQ 广告、优量广告、新闻视频广告这几大资源。

（2）地利：强调大赛的属性，引发营销圈层的广泛探讨和公益圈层的传播关注。

（3）天时：趁势《国务院办公厅关于推进社会公益事业建设领域政府信息公开的意见》（国办发〔2018〕10号），触达中央广播电视总台、新华社、《人民日报》等官方媒体。

项目执行

（1）筹备期（4月—5月）：建立品牌体系。

进一步梳理已有品牌资产，完善大赛品牌架构，明确"夯实'创益人'品牌，以案例为核心撬动最广泛传播"的核心任务。

（2）招募期（6月—7月）：让创意去创益。

2018年大赛全面升级，通过阐释"创意＋公益＋科技"创新机制，激发创意人公益热血和创意热情，加入"创益人"的行列。北京宣讲会和以"公益假"为主题的招募传播为本阶段重点。

（3）助力期（8月—10月）：助创益以科技。

发布并传播《移动社交平台的公益之心——公益人群洞察报告》，全程记录并传播组委会为27个团队提供的专业培训及终审会现场。传播中突出大赛中基于公益洞察和不断迭代创新的广告产品，帮助突破公益落地瓶颈。

（4）成果展示期（11月—2月）：用科技触善举。

选取以各大流量形成合力打造社会事件的《一个人的球队》、洞察年轻用户的有趣的《为地球拼了》、微信首款公益游戏小程序"灯山行动"为精选案例进行传播，向行业和公众展现创新所能触发的善举，引起公众对相应公益项目的关注。此阶段还重点传播了"我是创益人"颁奖典礼。

项目评估

1. 项目效果

大赛吸引813个团队参赛，32个团队的优秀作品在腾讯广告平台投放。除

了关注扶贫、濒危动物保护等大众熟知的主题，作品也涉及器官捐赠、临终关爱等亟待关注的公益内容。作品投放及对大赛的持续传播发酵，让“我是创益人”公益广告大赛收获了极大关注，触发超过 4200 万人线上参与公益行动。

2. 媒体统计

截至 2019 年 3 月，媒体报道累计 1656 篇，136 个行业大咖及头部媒体进行报道或转载，移动端互动量超过 71 万次。最终引发了 23 亿次曝光，产生公关价值超过 1296 万元。

大赛优秀作品展示

项目亮点

（1）好平台让“飞机”落地：让创意人的好创意借助大赛的平台真正落地。

（2）好作品让善心传递：以《一个人的球队》为例，引发社会对器官捐赠话题的热议和参与。

（3）好创意让公益增效：以“灯山行动”为例，用创新技术突破了公益传播阅后即走的困局。

亲历者说 潘嘉雯 奥美北京业务总监、项目负责人

不少人断章取义地将公益广告定义为“飞机稿”。但“我是创益人”公益广告大赛的许多作品都以正面积极，甚至愉悦的方式向社会发出公益参与号召。因此，我们才能在传播中发掘独特亮点并积累许多好的素材。

除品牌构建外，我们将更多的重点放在了“用精彩案例凸显大赛品牌”上。例如年度大奖《一个人的球队》，快速裂变，引发全社会探讨，《新闻联播》4分钟报道，获得戛纳国际创意节公关狮银狮奖，并最终实现同比超400%的捐献登记涨幅。这是作品团队的荣誉，也是“我是创益人”公益广告大赛收获的最大惊喜，也让我更坚信大赛的社会价值。

在这一年，我亲眼见证了无数爱心的真实传递。在未来，相信会有更多创益力量加入，让这场公益的火焰继续燃烧。

案例点评

点评专家：杨苓 京港地铁公共关系总管兼新闻发言人

“我是创益人”公益广告大赛是一个非常成功的传播案例，可以带来以下启示。

（1）传播紧扣企业价值主张。腾讯作为巨量级的互联网企业，提出了“科技向善”的价值主张，强调企业在发展的同时，要为整个社会担负责任。而大赛正是利用了互联网连接世界、科技手段带来更好体验和效果等特点，将公益组织、创意人、传播平台、社会公众等不同群体集合于赛事之中，使其调动各自资源及优势，互相支持，生动诠释了科技在善行中所能发挥的独特作用，让科技为公益赋能。

（2）带来社会价值的品牌传播才有生命力。公益总是更容易调动人们，这也是为什么获奖案例不仅实现广泛传播裂变，更带来实际的公益成效。

（3）公益传播需要聚光灯、放大镜和助推器。大平台通过为各类特别是小的公益组织与有公益心的个人提供展示平台、创意土壤、落地保障，助力扩大每个善举的社会关注度和影响力，从而提升公益事业的社会参与度，引发更多人行动。在这一点上，该案例将创意、科技和公益巧妙结合，很有示范意义。

“春光潮服 × 海南非遗”国潮创意传播

执行时间：2019 年 6 月 11 日—2019 年 6 月 12 日

企业名称：海南春光食品有限公司

品牌名称：春光食品

代理公司：广州市汇志文化传播股份有限公司

获奖类别：金旗奖——2019 最具公众影响力品牌传播大奖

项目概述

企业深入研究海南非遗文化，在传播匹配国潮风、契合品牌内涵、扩大影响力的原则下，策划执行了“春光潮服 × 海南非遗”国潮创意传播方案，让海南非遗文化在全国得到传播和重视，让春光食品品牌知名度和认可度再次得到提升。

项目调研

近年来，伴随着“90 后”“95 后”成为市场消费的主力军，潮流文化逐渐从边缘走向主流。以老干妈、旺旺为代表的民族品牌开始尝试通过新潮文化与传统文化相结合，以新颖的展现形式，吸引年轻人的关注，获得了大量年轻人的好感与喜爱，品牌传播开始迎来潮流文化元年。

春光食品作为海南的巨头企业之一，在海南本地拥有着极好的品牌口碑，并且自成立以来始终坚持传播海南文化，这与当今潮流文化将传统文化和流行文化结合的形式具有相同之处，如果能将海南非遗文化中的琼剧文化、黎锦文化与春光食品的口碑相结合，打造一系列属于海南人自己的潮服，将会引发更多人对春光食品的关注，为春光食品赢得更好的口碑。

项目策划

1. 目标

让海南非遗文化得到保护和传承的同时，提高春光食品在全国的品牌知名度。

2. 策略

采用更加趣味化、“接地气”的营销新形式，诠释传统文化的魅力，实现品牌由内而外的创新与突破。

3. 受众

全国公众。

4. 传播内容

（1）预热期：春光国潮潮服创意话题上线，借助具有超强讨论属性话题 #最辣眼睛情侣装 #，提升全国关注度。

（2）投放期：多渠道、多方式持续助推，海南本地自媒体自发加入传播阵营，不断拓宽传播圈层，从行业内至行业外迅速开始传播，将传播推至高潮，春光国潮热开始霸屏海南人的朋友圈。

（3）升华期：官方媒体定调，官方账号发布国潮系列服装，《海南日报》等媒体进行权威官方定论，春光食品品牌社会价值得到强化。

5. 媒介策略

主要分为预热期、投放期、升华期三阶段，利用“双微一抖”及社群、门户网站等平台的整合传播，吸引广泛关注和议论。

项目执行

1. 实施细节

（1）“吸睛”话题 # 最辣眼睛情侣装 # 快速上线，并快速冲上实时热门微博排行榜第八位。话题阅读量 1.3 亿次，网友讨论量 2.8 万次，网友的大量围观为春光潮服传播提供了充足的支持。

（2）多渠道、多方式持续助推，微博话题、春光国潮潮服开始霸屏海南人的朋友圈。

（3）积极引导、充分发酵，潮服拍摄场景陆续露出，引发网友新一轮关注，有浓郁椰乡文化的“正牌色水”“海南公袋”“海南麦仔”包包以及亮眼的穿搭瞬间“圈粉”无数，春光国潮风靡海南人的朋友圈。

（4）网友大量自发传播议论，使得春光食品微信指数（微信搜索及热议）高达 5520，日环比增加 345.16%。

（5）官方发声，权威定调，国潮潮服传播进入高潮，网友纷纷问询购买链接，春光潮服第一轮传播取得圆满成功。

2. 项目进度

（1）预热期（4 月 16 日—6 月 10 日）：服装准备和话题上线，国潮潮服出街潮服拍摄以及传播方案的准备。

（2）投放期（6 月 11 日—6 月 12 日）：微博话题冲榜和多渠道传播，# 最辣眼睛情侣装 # 话题上线，朋友圈、微信社群、微博等渠道大规模宣传。

（3）升华期（6 月 13 日—6 月 18 日）：官方媒体定调，官方账号发布潮服系列服装，《海南日报》等媒体进行宣传。

3. 控制与管理

整个团队提前做好分工，确立公关目标，提出可执行方案，同时快速与客户等多方面资源沟通，确保在最佳时间向受众传递借势传播的内容。同时控制舆论导向，保证传播内容准确无误，并及时跟进传播内容。另外，实时做好舆情监测工作，防止出现负面信息影响整体的传播效果。

项目评估

1. 效果综述

（1）微博话题 # 最辣眼睛情侣装 # 引全网热议。

（2）《海南日报》微信软文阅读量超 10 万次，网友对春光潮服好评连连。

（3）春光食品天猫旗舰店知名度提升，实现品效合一。

（4）再造经典，行业内热议如火，纷纷点赞春光潮服传播。

2. 现场效果

受众自发地为春光食品发声，品牌形象受到认可，同时增强了年轻群体对春光食品的关注。

3. 受众反应

受众自发分享传播与报道，品牌实现超强曝光。

4. 市场反应

传播前后，春光食品官方旗舰店以及线下直营店流量进一步提升。

5. 媒体统计

活动获得 24 家权威网络媒体报道；七家当地自媒体报道；30 个“大 V”转发。40 名当地媒体记者分享至朋友圈；100 多名行业 KOL 分享相关图片；海南新媒体联盟群等 100 人以上社群转发分享。

项目亮点

传播覆盖了“双微一抖”等多个渠道，用行动展现了一家本土企业对海南传统文化的传播与保护，受到海南人的大力追捧。品牌好感度的持续提升，使得春光食品继贺海南建省 30 周年后，又诞生了一个新的品牌传播经典案例。

亲历者说　陈成功　广州市汇志文化传播股份有限公司项目总监

春光食品是海南知名本土企业，一直以来不断传播海南椰子文化以及海南精神。经过思考和精心策划，我们选择了传播海南非遗文化，将国潮玩出新内涵和新高度。

在国潮崛起的当下，推动国潮爆发的主力军是“90 后”以及“95 后”，我们用年轻人喜欢的新潮方式去讲述非遗文化，在较短的时间内，海南非遗文化在全国范围内得到传播和议论，提升了海南人对家乡文化的认同感和自豪感，也提升了春光食品在消费者心中的品牌高度，再一次帮春光食品打赢了一场漂亮的品牌战。

案例点评

点评专家：杨智予　凤凰数字科技副总裁

所谓的国潮即中国本土品牌的时尚化传播，在最近几年爆发性涌现，其中存在着几点必然性：消费主体的年轻化；年轻消费群体消费的个性化；国外时尚品牌文化的竞争；企业对自身产品溢价的需求。作为中国品牌，面对着消费市场机遇与挑战并存的新态势，必须求新求变，而民族、非遗等文化元素也必然成为中国品牌时尚化传播的先天优势和壁垒。而作为文化的符号化表达载体，品牌也具有与国潮进行连接的先天优势。

当然，在选择了将国潮作为市场营销的核心策略之后，品牌接下来需要面对几个关键问题：与什么文化进行连接？如何拓展文化的时尚属性？如何回归到品牌自身的传播诉求？

前两个问题是传播策略能够落实的基础，而第三个问题则是营销的最终目的。

通过案例描述我们可以发现，春光食品是海南的代表性品牌，更是海南的文化和旅游名片，该品牌本身承载了海南文化的基础，同时作为食品企业，其产品更容易借助海南的游客以礼物馈赠的方式进行传播扩散，也就具有了社交属性，所以其产品具有了适合进行国潮传播的基础。另外海南丰富的地方文化，能够让春光食品的国潮产品拥有更多的个性化、新鲜的文化元素。

在文化的选择上，春光食品将自身品牌与海南非遗文化进行跨界连接，既强化了春光食品作为老牌企业的传统底蕴，又强化了春光食品的产品品质，让平凡的旅游食品摇身一变成为承载着海南人文结晶的佳品，为产品赋予了更高的文化价值，提升了品牌溢价空间，让送礼物的人更有面子，让收礼物的人更能感受到送礼者的心意。

在文化的时尚属性拓展上，春光食品聚焦于情侣这一比较容易产生话题的方向，通过年轻人经常使用的新媒体进行传播和扩散，方向是对的，但是可以在关系这个层面上进一步挖掘具有礼物馈赠需求的社会关系，如长辈、同事等，相信会得到更多的社会共鸣，同时激活更多的消费场景。

总之，春光食品在本次国潮营销传播中，策略定位准确，选择的文化元素到位，传播内容也能吸引年轻人的关注和讨论，如果本次传播对产品的馈赠属性进行更深入的整合，相信会成为更优秀的传播案例。

2019 最具公众影响力
公关活动大奖

苏宁小店“三公里灯塔”

执行时间： 2019 年 1 月 21 日—2 月 5 日

企业名称： 苏宁易购

品牌名称： 苏宁小店

代理公司： 上海灵思远景市场营销顾问有限公司

获奖类别： 金旗奖——2019 最具公众影响力公关活动大奖

项目概述

苏宁小店在 2018 年发展迅速，致力于打造“三公里零售圈”。为此，上海灵思远景市场营销顾问有限公司策划发起“三公里灯塔”公益计划，联合苏宁公益、新世相寻找 100 位过年不回家的“城市守护者”，引发公众热议，并获得《人民日报》高度关注。

苏宁小店“三公里灯塔”公益计划

项目调研

苏宁小店在 2018 年发展迅速，4000 家门店覆盖全国 70 座城市，致力于打造“三公里零售圈”，但是消费者对于苏宁小店的整体认知模糊。如何通过公关事件增强用户对于苏宁小店的认知度和口碑传播，是本案例的重点。

企业与苏宁公益、新世相强强联合，多维发起致敬过年不回家的“城市守护者”活动，将苏宁小店“三公里灯塔”公益计划要传递的品牌价值观落地成社会话题，同时传播苏宁小店“三公里零售圈”的特点，发起“三公里灯塔”公益计划，温暖不回家的“城市守护者”，一起寻找真实故事，引发大众共鸣，助力增强用户对于苏宁小店的认知和好感度。

项目策划

1. 目标

增强苏宁小店的认知度和好感度，将苏宁小店的“温暖、陪伴、在身边”的核心理念传达给用户，提升品牌形象，形成“三公里零售圈”的品牌形象占位。

2. 策略

爆点事件吸引用户关注，提升品牌认知度（全国范围内征集评选 100 位“城市守护者”，为其提供年货礼包以及一年免费早餐）+ 主打人群和场景体验品牌温暖 + 主流媒体公益定调，实现品效融合。

3. 受众

聚焦苏宁小店三公里以内的目标人群。

4. 传播内容

苏宁小店的核心特点：“三公里零售圈”“温暖”“陪伴”“在身边”。

5. 媒介策略

新世相“双微”和 KOL 配合为主，苏宁公益账号为辅进行传播，并根据用户触媒习惯在今日头条征集“城市守护者”的故事，原发稿件 40 篇，阅读量共计超过 160 万次；线下利用苏宁小店门店、公交站牌、机场、地铁，形成高密度传播触达核心用户，增强用户对于苏宁小店和活动的认知。

项目执行

1. 预热期：1 月 21 日—1 月 23 日

在北京、上海等城市的地铁、机场、公交站台、电梯布置一幅幅“寻找过年不回家的人”的悬念海报，引发公众关注。

线下苏宁小店同步跟进传递温暖：1 月 21 日—2 月 3 日，全国消费者凡在苏宁小店单笔消费满30元，苏宁小店就会捐出0.1元，吸引全民参与到公益活动中。

2. 蓄水期：1 月 24 日—1 月 26 日

苏宁小店和新世相正式发布“三公里灯塔”公益计划，征集 100 位“城市守护者”，送上 2019 年一年的早餐。苏宁小店在线下打造“解忧杂货铺”，线下门店安装“三公里灯塔”装置，用户可以把“城市守护者”的故事寄到苏宁小店，这次活动让大家重新对环卫工、快递小哥等职业有了更形象的认知，同时传递了苏宁小店的温暖公益形象。

3. 引爆期：1 月 26 日—2 月 5 日

线上发布“城市守护者”纪录片，线下在北京、南京、成都等城市中心，通过 LED 大屏投放公益广告。

公益活动发起后，原发文章阅读量 50 多万次，征集故事上万篇，一时间成为媒体关注的焦点。此外，“城市守护者”的关注度也从国内走向了全世界。本次活动引起了《中国日报》（China Daily）的关注，其在 Facebook（脸书）上进行了视频片的推荐。

项目评估

1. 效果综述

共征集故事 8600 多个，话题累计阅读量 2760 万次、转评量 3.2 万次；打造多篇阅读量超 10 万次的微信文章，守护者纪录片视频播放量超 1539.7 万次，点赞量超 100 万次。

2. 受众反应

用户提升了对于苏宁小店的认知度和好感度，“小店”“苏宁”“守护者”“回家”“快递员”等相关字眼搜索指数上涨，与苏宁小店关联度大幅提升，其中城市指数上升到第 5 位，55197730；苏宁上升到第 6 位，32515826。

3. 媒体统计

从户外广告投放、故事征集、案例传播，到纪录片视频上线、权威媒体转发背书、春节消费大数据、苏宁小店专属公益服务、CBD 大屏上画、春节服务案例，多种载体，多类媒介进行持续性投放。1 月 28 日—1 月 31 日，故事征集期原发稿件 40 篇，阅读量共计超过 160 万次。

亲历者说 成莹 上海灵思远景市场营销顾问有限公司客户总监

我们于 2019 年 1 月初收到任务简介，1 月中下旬要传播，时间紧任务重，要在短时间内打造爆款公关事件，增强用户对于苏宁小店的认知度和好感度。整个项目组齐心协力，从创意发散到落地执行，共同克服种种困难。最后我们的努力终于得到回报，我们不仅获得了客户的认可将“三公里灯塔”公益计划延续下去，开展了关心城市白领亚健康的公益跑行动；还获得了《人民日报》海外版、《中国日报》的认可，大家认为一切都是值得的。感谢苏宁小店在整个项目中的积极配合和认可。

案例点评

点评专家：杨丽萍 广西财经学院公共关系学系副教授

苏宁小店“三公里灯塔”公益营销案例是为了提升苏宁小店品牌知名度、打造良好口碑而实施的公益公关活动项目。

任何公关项目的成功都离不开明确的战略目的，设定合适、现实的战略目的是确保公共关系方案和项目成功的基础，本案例运用建设型公关战略助力苏宁小店赢得高光时刻。策划方以中国传统节日——春节为契机，主动承担社会责任，在中国传统的阖家团圆的节日聚焦那些“过年不能回家的人”，利用公众同理心获取社会高度关注，成功造势。同时运用征询型、社会型公益公关策略，制造热点公关事件。将“安全、温暖、陪伴、在身边”的相关品牌核心信息密集传播，形成社会话题，吸引公众关注和媒体广泛传播，增强公众对于苏宁小店的品牌认知度和良好口碑。

线上、线下多种媒介整合传播，获得良好的传播效果。本案例利用“双微”、KOL、今日头条移动端等线上媒介将核心价值观信息广泛扩散。线下配合户外公益广告等密集传播，同时打造“解忧杂货铺”用户场景体验品牌温暖，打造有温度、讲情怀的品牌形象，品牌信息精准触达目标人群。同时由于该热点事件的社会价值凸显而获得主流媒体的主动报道或转发、点赞，成功将本次营销上升为国家层面的公关热点事件，传播效果超预期，是非常优秀的事件营销案例。

第九代智能英特尔酷睿处理器（高性能移动版）发布

执行时间： 2019 年 4 月 25 日

企业名称： 英特尔（中国）有限公司（简称英特尔）

品牌名称： 第九代智能英特尔酷睿处理器（高性能移动版）

代理公司： 北京迈动体育文化传播有限公司

获奖类别： 金旗奖——2019 最具公众影响力公关活动大奖

项目概述

本次发布会是第九代智能英特尔酷睿处理器（高性能移动版）在中国大陆的首次亮相，后续伴随全网大力推广。

第九代智能英特尔酷睿处理器（高性能移动版）专为游戏玩家和创作者设计，致力于将用户体验提升至一个新高度。

项目调研

第九代智能英特尔酷睿处理器（高性能移动版）发布会是英特尔零售高峰论坛中的一个环节，考虑到现场与会嘉宾绝大多数为专业的经销商和垂直的行业媒体，对于发布的此款处理器性能非常熟悉，对于硬件、PC（个人计算机）行业也都有自己独特的见解和观点，常规的产品经理讲解将会非常枯燥且没有亮点。

基于上述对发布会形式呈现和执行效果的思考，如何将趣味性融入常规枯燥的技术硬件产品发布会当中是重中之重。

在通过对音乐剧、脱口秀、综艺类辩论等几种形式的深入探讨和研究后，最终选定了包含综艺元素的相对激烈的辩论形式，这种形式能更清晰、更生动地表现核心人群的使用痛点和新产品带来的技术、体验升级。

项目策划

1. 目标

通过风趣幽默又不失专业的流程设计将新产品的卖点传达给专业嘉宾及媒体。

2. 策略

通过生活中大部分人都会经历的大量真实情景对之前产品的痛点进行吐槽，双方辩手进行激烈有趣的语言交锋，最终将新产品的卖点和特性埋在结论中。借助综艺辩论赛轻松愉悦的呈现方式让现场的嘉宾沉浸其中。

3. 受众

专业的经销商、垂直的行业媒体。

4. 传播内容

艺人主持人、艺人辩手、专业辩手及英特尔产品经理在辩论过程中的经典语句。

项目执行

1. 实施细节

前期反复斟酌艺人主持人、艺人辩手和专业辩手的人选，参与环节的人员要具有强烈的个人风格特色及一定的知名度和影响力。

提前月余开始和所有辩论赛人员对接脚本和话术大纲，引导他们学习专业的产品卖点知识，以确保辩论环节将所有的卖点完整呈现。

彩排环节，所有辩手和点评嘉宾多次沟通，在确保两方辩论内容保密情况下，最大限度地保证辩论环节有序进行。

2. 项目进度

前期：确定使用《奇葩说》知名艺人陈铭、杨奇函、熊浩后，多次邀请他们与英特尔产品经理沟通，方便辩手深入了解产品特性并撰写辩论大纲，并对不适合的案例进行调整。

中期：反复讨论确定具体辩题与论点后，多次与脚本创作团队及辩手开展线上会议，反复斟酌话术要点和流程细节。

执行期：抵达武汉后第一时间与活动主持人兼现场评论导师陈铭见面，对接串词及流程。活动前一天晚上，所有艺人及选手到场进行模拟辩论彩排，保证整体效果。

3. 控制与管理

执行难度主要是艺人辩手的身份不适合讲出极具专业技术性的话语，需要由脚本创作团队反复与辩手沟通，在保证他们个人特点的情况下合理地将卖点融入辩词中，最终达到良好的呈现效果。为了烘托现场的气氛和调动观众情绪，脚本创作团队在合理的辩论环节中预埋了一些冲突和网络上有意思的“梗”，让现场的综艺感更强。

项目评估

现场效果超出预期，陈铭、杨奇函、熊浩等 6 位辩手，通过幽默风趣的辩论形式，将全新的第九代智能英特尔酷睿处理器（高性能移动版）更快、更强的特质展现得淋漓尽致，博得了与会嘉宾们的满堂喝彩。

众多嘉宾纷纷拍照进行自传播，一波又一波高潮迭起，全程无冷点。有嘉宾称：“以为自己看了一期综艺节目，但仔细一想又是一场精彩的产品讲解。”带有综艺元素的辩论形式，是硬件产品发布形式上的一次创新和升华，为后续的线上传播提供了很多精彩绝伦的素材。

亲历者说 **张帆　北京迈动体育文化传播有限公司发布会环节总负责**

项目中期我们很痛苦，团队一直在担心这种发布形式是否可以达到预期效果。将复杂又难懂的产品卖点融入生活的真实情景特别艰难，还需要让所有的辩手理解，辩手们的日常其实离这些专业的、技术性的东西很远。杨奇函和熊浩作为正反方的队长，两人的个人风格正好是两种极端，杨奇函很张扬、搞怪，熊浩则比较平和、从容不迫。如何将这两个人的风格优势最大化地展现出来也是前期整体团队一直在讨论和思考的。

最终，凭借前期充分的准备和极高的专业性，辩论队员、艺人队长和主持人在活动现场的发挥都很好，现场出现了很多经典金句，保证了极佳的后期线上传播效果。

案例点评

点评专家：席庆　瑞辉中国政府事务、市场准入及企业沟通副总裁

新品发布会对于各家公司而言都是一个十分重要的公关宣传活动，因为这涉及一个产品第一次面对受众所能树立起来的形象以及能否有效传播产品的核心价值信息。而许多新品发布会往往容易流于形式而忽视内容的传播。观众在经历了一场令人眼花缭乱的视觉盛宴后，往往没能记住新品所要传达的信息和价值。而如果过于专注信息传递，发布活动容易让观众觉得枯燥和呆板，从而影响了信息的接受度。第九代智能英特尔酷睿处理器（高性能移动版）发布会的独到之处就在于其本身专注于产品信息的传播，而在形式上又独辟蹊径地采用了艺人辩论的形式，将内容、形式创新和观众兴趣度有机地结合在一起。辩论赛本身侧重于内容，双方你来我往的交锋可以让观众更加全神贯注，而艺人辩手的加入又进一步提高观众的兴趣度。这种形式主要挑战的是如何让辩手熟悉相关产品讯息，不至于跑偏。这就需要在事前进行大量的沟通工作。从这点上能看出主办者是下了一番功夫的。

第四届“OCT（华侨城集团有限公司）凤凰花嘉年华”

执行时间： 2019 年 5 月 3 日—5 月 12 日

企业名称： 华侨城集团有限公司（简称华侨城）

品牌名称： “OCT 凤凰花嘉年华”

代理公司： 上海哲基数字科技有限公司

获奖类别： 金旗奖——2019 最具公众影响力公关活动大奖

项目概述

2019 年 5 月 3 日—2019 年 5 月 12 日，以自然生态、文化艺术、城市生活为核心宗旨的华侨城第四届“OCT 凤凰花嘉年华”如约开启，10 天、24 项升级玩法、近 30 位国内外艺术家，围绕“自然在一起”主题，打造一场人与自然、城市的大派对。

项目调研

1. 项目背景

作为发轫于深圳、布局全国的大型文旅央企，华侨城始终把社会、自然、文化的责任放在前面，用艺术连接公众，用公益回馈社会，构建充满人文关怀、绿色低碳、和谐共处的美好生活。

从首届为期两天的“OCT 凤凰花嘉年华”，到如今“10 天 ×24 种玩法”的第

第四届“OCT 凤凰花嘉年华”活动海报

四届“OCT 凤凰花嘉年华”，华侨城一直在文化与公益领域与时俱进，不断注入新的时代内涵，呈现了华侨城对自然生态、城市人文的关心和探索的良好状态。

2. 可行性研究

（1）提取深圳城市符号凤凰花，打造文化艺术节日 IP。

（2）覆盖人数超百万人，独特社区文化持续获得强关注。

（3）权威机构、先锋领袖、媒体联盟三方合作背书支持。

（4）联动本地文化创意，整合生态、文化、社区、商业跨界资源。

（5）2019 华侨城文化旅游节首推主题活动，打响第一枪。

项目策划

1. 目标

传达人、城市、自然之间的和谐关系、丰富的艺术、人文内涵，树立“OCT 凤凰花嘉年华”文化艺术节日 IP 形象，传递华侨城独特的创想精神、美好城市运营商的品牌理念，形成互惠互信的价值共同体。

2. 策略

（1）差异化占位：“国内首个沉浸式自然艺术节”。

（2）内容上：“专而精”，聚焦自然—人文—艺术话题探讨，强化差异化属性，以专业内容带传播。

（3）渠道上：“广而泛”，以新媒体平台为主战场，扩大互联网声量，提升趣味性。

3. 受众

参与者普遍具有良好教育背景、经济状况，对美好品质生活有自己的思考和理解，向往自然与艺术，追求人、自然、城市之间的和谐共生关系。

4. 传播内容

（1）企业层面：强化“国内首个沉浸式自然艺术节”的定位。秉承独特的创想精神，传播生态环保、自然、艺术与生活交融的品牌理念，达成与公众利益的互惠。

（2）用户层面：“自然在一起”，10 天 24 项活动，带来一场艺术文化盛宴，在沉浸式体验中唤醒对自然的思考和热爱。

5. 媒介策略

（1）传统和权威媒体——高举高打，深入浅出：针对 B 端（企业端）及政府端受众，活动前后期新闻稿，在权威媒体、华侨城官方平台及内部矩阵进行宣传。

（2）社会化传播——欢乐随性，放松自然：针对广泛 C 端（消费者端）受众，活动中期在“双微”、抖音、小红书等渠道大面积曝光持续引流，增加受众互动。

（3）垂直领域——核心人群，激发共鸣：针对文化艺术类人群，活动前中期露出相关信息，激发核心圈层关注、参与和传播。

项目执行

1. 活动执行

5 月 3 日—5 月 12 日，围绕人文论坛、公共艺术、公众参与、自然音乐、

第四届“OCT 凤凰花嘉年华”活动主会场

自然市集、环境戏剧、亲子教育、空气山八大板块，以 24 项亮点活动为市民和游客带来一场艺术文化盛宴，涵盖自然分享会、自然音乐会、阳光舞台、自然装置、彩色森林、音乐瑜伽、凤凰花映像大赛、N+1 种美好生活的想象等多项线上线下亮点活动。

第四届“OCT 凤凰花嘉年华”空气山

2. 传播执行

（1）预热期：运用微博“大 V”、本地微信大号、垂直展会类平台进行活动推荐，以社交媒体吸引用户前往。本地主流媒体《深圳晚报》《南方日报》对活动进行了全程跟踪报道。

（2）活动期：“双微”、抖音、小红书，直播、视频、长图、图文稿件，平面、网络、客户端、新媒体等多平台多形式多渠道综合运用，华侨城官方矩阵内外联动，全面铺开声量。

（3）后续期：深度解读，深化华侨城生态、自然、艺术与生活相交融的理念；同时，在抖音 # 凤凰花嘉年华 # 话题下，用户自发传播显著，视频持续增加，华侨城的“OCT 凤凰花嘉年华”及其自然理念传播得更远更广。

项目评估

10 天，24 场城市艺术文化活动，36 家参与机构，100 多位创作者，8 万多人因第四届“OCT 凤凰花嘉年华”齐聚于华侨城。筹备以来，企业构建了平面、电视、网络、客户端、直播、新媒体的立体化矩阵式传播，总曝光量近 3400 万次（其中，平面电视网络 417 万次，客户端及小程序 487 万次，直播 124 万次，新媒体平台抖音 680 万次、微信、微博、小红书共 1650 万次）。除媒体报道外，华侨城官方微信、各兄弟单位及项目单位官方持续发布内容，内外联动，满屏尽是“OCT 凤凰花嘉年华”。

内容上，引导了“国内首个沉浸式自然艺术节”“自然在一起”等传播关键词。华侨城秉承独特的创想精神，将人、自然、城市相融相生的理念进一步深入传递，在沉浸式体验中唤醒人们对自然的思考和热爱。

亲历者说 施文涛 上海哲基数字科技有限公司总经理

步入深圳华侨城生态广场，首先感受到的是安静祥和，走入的人仿佛渐渐融入这里，开始思考人、自然与城市的关系。

“OCT 凤凰花嘉年华”并不是华侨城突然迸发的灵感，而是三十余年来的积累与升华。精彩的活动，离不开多样化传播助力。本届嘉年华，用户在体验自然之际，也能在新媒体上感受溢出来的自然气息，并将其传递给更多人。此外，我们与本地主流媒体全面合作，让主流媒体为我们背书。

华侨城秉持独特的创想精神，倡导自然生活态度，为社会和谐发展贡献央企力量。好的原创活动和内容值得被更多人了解，未来，我们也将持续寻找有效沟通方式，让“OCT 凤凰花嘉年华”这个自然生态 IP、让人—自然—城市相融相生的理念传得更远。

案例点评

点评专家：胡远珍　湖北大学新闻传播学院教授

如何让城市更美好，让生活更灵动？华侨城第四届“OCT 凤凰花嘉年华”，以新锐的理念、契合的主题、开放的空间、舒展的创意、丰富的活动、高效的传播，演绎着城市律动的现代精神，展示着生活的诗意，传递着企业发展的核心价值。

本届嘉年华，“国内首个沉浸式自然艺术节”定位独特、不同凡响，突出体验、极具吸引力。“自然在一起”的主题，融入了时代的畅想，精彩纷呈的活动，彰显出艺术的想象，公众的参与体验，凸显了以人为本的美好。

本届嘉年华，延续深圳的凤凰花作为活动标识，巧妙地将华侨城企业、城市社区、市民生活、自然生态有机关联起来，体现了活动的高品质，极大拓展了活动的内涵，成功打造文化艺术 IP 的时尚性，提升了影响力。

本届嘉年华，突破活动思维的限制，升华价值，引发人、自然、与城市和谐共生的哲学思考，推动企业、城市发展与时代发展共振。站位高远，聚焦人类社会发展历史长河中，关于自然、人文、艺术永恒的话题，贴近当下，发掘话题的仪式性、日常性、趣味性，通过知识精英、艺术展演、体验分享、传播矩阵的立体化配合，形成了“形式美、品质美、沉浸美、华章美”的优雅气质。

7 世界硬皮病日公益传播项目

执行时间：2019 年 6 月 29 日

企业名称：勃林格殷格翰（中国）投资有限公司

品牌名称：公益类项目，无产品 / 品牌植入

代理公司：上海释宣商务咨询有限公司

获奖类别：金旗奖——2019 最具公众影响力公关活动大奖

项目概述

为提升大众对硬皮病的认知，减少对硬皮病患者的歧视，鼓励硬皮病患者们勇敢面对疾病，同时呼吁社会给予硬皮病患者多一些关注与支持。在 2019 年世界硬皮病日，联合“硬皮病关爱之家”举办了一系列硬皮病公益教育活动。

项目调研

我国公众对硬皮病的疾病意识极低，有人认为硬皮病是一种具有传染性的皮肤病，对硬皮病患者敬而远之。一些硬皮病患者们除了忍受疾病的痛苦，还要面对社会的排挤与孤立。据统计，多达 90%的系统性硬皮病患者可能会发生不同程度的间质性肺疾病（ILD）。目前，全球还没有针对硬皮病的特效药获批，患者们依靠患者组织交流经验，抱团取暖。

项目策划

1. 活动目标

（1）提升大众对硬皮病的认知，正确认识疾病危害，减少对硬皮病患者的歧视。

（2）鼓励病患勇敢面对疾病，即使身处逆境，也要微笑面对。

（3）呼吁社会给予硬皮病患者多一些关注与支持。

2. 活动策划

第一步：首部硬皮病公益微电影《硬皮病带不走我们的笑容》发布，引发社会关注。

第二步：深度患者故事《戴着人皮面具的女孩，挣扎着活了 20 年》与微电影互为补充，加深大众对疾病与患者的了解。

第三步：后续传播，持续引发大众关注与讨论。

3. 传播策略

多属性媒体组合："大众主流媒体 + 社交媒体 + 短视频平台 + 患者平台 +BI 自媒体"，广泛覆盖受众。

50 余家媒体及各平台参与项目传播，其中：

主流权威媒体——中新社、新华网、光明网等。

电视台——成都电视台。

大众媒体——《健康时报》、《生命时报》、《科技日报》、39 健康网、腾讯健康、中国网、新浪健康、家庭医生在线等。

患者组织各平台——罕见病信息网、"硬皮病关爱之家"。

BI 自媒体——官网、官微、微博、今日头条、一点资讯等。

微信公众号——真实故事计划。

微博大号——生命时报、厦门晚报、济南日报、中国周刊、罕见病信息网、瓷娃娃、医疗圈那点事、科学探索等。

视频平台——腾讯视频、优酷视频、抖音、美拍、快手、西瓜视频、火山小视频、微视、秒拍、小咖秀、全民小视频、好看视频、哔哩哔哩、爱奇艺等。

BI 公司内部传播——内部网站、邮件、企业微信号、公司内部大屏幕等。

4. 传播受众

大众，硬皮病患者及家属，医生。

项目执行

项目时间轴

（1）6 月 24 日—6 月 28 日，微电影前期预热。

微电影预热海报通过微信朋友圈及患者微信平台发布。

（2）6 月 29 日，微电影及患者故事发布。

我国首部硬皮病公益微电影《硬皮病带不走我的笑容》在世界硬皮病日暨中国第三届硬皮病大会发布。

微信大号真实故事计划策划的深度患者故事《戴着人皮面具的女孩，挣扎着活了 20 年》发布。

（3）7 月 1 日—7 月 15 日，后续传播。

各大视频平台、社交媒体对微电影及事件进行持续传播与报道。成都电视台，39 健康网等特别策划硬皮病深度新闻，相关文章发布。

项目评估

1. 整体项目传播效果

（1）公益活动潜在受众人数超 3000 万人。

（2）各平台活动相关报道总阅读量超 196 万次。

（3）所有报道公关价值总计超 570 万元。

（4）全网报道积极且正面。

2. 微电影传播效果

（1）截至 7 月 30 日，《硬皮病带不走我们的笑容》公益微电影在各平台视频播放量总计超 36 万次。

（2）微博话题阅读及参与讨论数超 101.4 万次，微博视频累计播放量超 14 万次。

3. 新闻事件传播效果

截至 2019 年 7 月 30 日，深度患者故事《带着人皮面具的女孩，挣扎着活了 20 年》文章阅读数位居真实故事计划公众号 2019 年阅读量前五（阅读量超 40 万次），上半年点赞数最多（4200 次）；文章各平台总阅读量超 40 万次，真实故事计划微信号点击分享超 1300 次。微信后台近 300 名读者留言，表达了对疾病的专注及对患者的关心与鼓励。

亲历者说　沈艺乐　勃林格殷格翰（中国）投资有限公司产品传播高级经理

郑媛是一名硬皮病患者，在 9 岁时候被确诊为系统性硬皮病，2019 年是她患硬皮病的第 20 年。郑媛从小性格好强，没有觉得自己生病了就很脆弱，抵触别人因为生病觉得她脆弱的想法。2016 年她辞掉了工作，全身心投入到公益性患者组织的建设中。不久后中国首个硬皮病患者组织“硬皮病关爱之家”正式成立。郑媛说：“我想要做一个公益性质的硬皮病组织，希望用自己的经历去鼓励他人，为硬皮病患者提供温暖和帮助。”郑媛的故事打动了我和身边的很多同事，促使我们在策划本次公益活动时，希望以她的故事为原型，最大化传播这种正能量，让更多的人认识硬皮病患者。我们希望通过这次活动，能够让社会给予硬皮病患者多一些关注与支持。

案例点评

点评专家：孙瑞祥　天津师范大学新闻传播学院原院长、教授，舆情与社会治理研究中心主任

本次公益活动圆满成功，有诸多亮点值得分析。

（1）具有强烈的问题意识，活动目标清晰。

我国公众对硬皮病的科学认知较低，硬皮病患者除了要忍受疾病的痛苦，还要面对来自某些人的不解与歧视，身心遭受双重打击。公益活动据此开展，针对性强，应用价值大。

（2）从自身做起，公益性、示范性凸显。

本次公益活动资金由BI内部员工众筹而来，BI员工首次以内部募捐、拍卖的形式筹得公益款，用于硬皮病微电影的拍摄与传播，共400多名BI员工参与了此次筹款活动。这一来自主办方内部员工的义举值得点赞，凸显了公益活动的公益性。

（3）发挥全媒体传播优势，活动策划周密。

本次公益活动充分运用主流媒体、社交媒体、BI自媒体以及患者平台、短视频平台等渠道，做到线上与线下相结合，全方位、多平台、立体化传播。策划周密，具有一定的创新性，实现了覆盖人群的广泛化。

（4）传播效果显著，社会反响积极。

本次公益活动具有很高的社会关注度和影响力，在帮助公众提升对硬皮病的疾病认知、减少对硬皮病患者的歧视等方面都实现了预期目标，在鼓励病患者勇敢面对疾病方面也产生了积极效果。中国首部硬皮病公益微电影《硬皮病带不走我们的笑容》的成功首映，是一次具有标志性意义的公益传播。

2018 广汽 Acura 品牌之夜

执行时间：2018 年 11 月 6 日

企业名称：广汽本田汽车销售有限公司（简称广汽本田）

品牌名称：广汽讴歌

代理公司：北京海奕风尚品牌管理有限公司

获奖类别：金旗奖——2019 最具公众影响力公关活动大奖

项目概述

2018 广汽 Acura（讴歌）品牌之夜志在传播“I’m Different”的全新品牌观、“Live Crazy”的传播概念以及 RDX“全天候飞航 SUV”的产品定位，最终选择在海拔 3000 米的雪山上，打造 2 万平方米的户外场地，以全地貌呈现雪山汽车品牌发布会。

项目调研

1. 背景

2018 广汽 Acura 品牌之夜主要向媒体和特约店代表诠释产品价值，最大化传递上市信息，同时帮助品牌持续获取关注，扩大曝光量。

2. 可行性研究

（1）场地。面对雪山地质松软、地势不平，高反、高寒、狂风、雨雪、霜冻等问题，企业如何完成舞台搭建？面对从未开垦过的原始地貌，如何在保证项目效果的同时最大化保护自然地貌不被破坏？周边配套设施极度不完善，实施过程中如何解决物料运输及电力问题？气候变幻莫测，该采取怎样的方式为来宾做好保暖措施？

（2）形式。基于“全天候飞航 SUV”的产品定位，现场在玉龙雪山上演一场裸眼 3D（三维）户外实景秀。邀请北美 JetPack（喷气式飞行器）飞行员实地飞行，紧贴产品卖点，彰显广汽讴歌全新产品不俗实力，引发媒体自主传播。

项目策划

1. 目标

重塑广汽 Acura 品牌形象，提升品牌好感度。为全新 RDX 发布最大化制造上市话题，迅速扩大受众认知，构筑产品形象。

2. 策略

玉龙雪山有山有水有知名度且具有一定流量，品牌代言人姜文引领潮流，备受关注且有一定影响力，RDX 产品定位“全天候飞航 SUV”，所有这些与众不同元素的组合，形成了这场“Live Crazy”的发布会。

3. 受众

（1）目标消费人群。追求个性、希望突破自己、与众不同的一群人，他们有着较强的社会责任感，始终以积极的态度面对生活的挑战。

（2）全国媒体。通过场景、舞美以及内容和形式上的重磅出击，生动地诠释全新品牌世界观，制造记忆点，激发媒体嘉宾自主助力车型的市场传播。

（3）特约店代表及大客户。他们是富有远见且洞悉市场的探索先锋，对行业动态以及市场风向有着敏锐的判断。

4. 传播内容

（1）预热期：以新闻稿、倒计时海报以及媒体联合海报为主要传播内容。

（2）上市发布会：以图文稿件、活动直播以及价格长图为主要传播内容。

（3）后续期：以价格引导稿件以及品牌解读稿件为主。

5. 媒介策略

（1）预热期：全国媒体同发上市预告；中青代 KOL、专业媒体朋友圈发布

媒体联合海报；官方微信微博推送倒计时海报。

（2）上市发布会：发布 RDX 上市稿；活动全程直播；朋友圈发布价格长图；官微推送上市新闻稿。

（3）后续期：中青代 KOL 解读品牌精神，落地 RDX 产品传播；网络媒体分析产品配置及价格引导；行业媒体深度分析市场环境，背书讴歌及 RDX。

项目执行

1. 实施细节

丽江物资相对匮乏，为满足 2 万平方米的场地用电，企业从广州调用了三台发电车。为在活动现场呈现冰晶元素创意，企业从北京运了 100 吨冰块到丽江，并在现场搭建两个冰库来确保冰块的温度。

考虑到气温低，除了羽绒服外，企业还在每个嘉宾的座椅上都放置了自动加热坐垫和暖手礼包。

活动场地

2. 项目进度

经过 7 次场地勘察，最终确认场地。

为了保护原始地貌，现场以架空方式搭建了 9 米高的舞台，700 位搭建工人从早上 6 点到晚上 10 点，连续工作月余，才有了现场 2 万多平方米的活动场地。

3. 控制与管理

（1）施工管理：规划施工车辆固定路线，对道路进行施工，减少行车对当地植被的破坏。在场地附近铺设防护网，以防止对周边环境造成影响。控制施工噪音，尽量减少对周边的影响。

（2）环境保护：施工期间，禁烟禁火，规范活动范围，减少对地表植被的破坏。同时搭建临时卫生间，规范垃圾收纳与处理。

项目结束后，撤场周期长达 15 天，将现场垃圾全部清除干净。

后续还将地表全部铺上草皮，撒上草种，洒水车每隔两周进行一次浇水，持续 6 个月，以保证植被的成活率。

2018 广汽 Acura 品牌之夜 1

2018 广汽 Acura 品牌之夜 2

项目评估

1. 效果综述

2018 广汽 Acura 品牌之夜在 11 月 6 日选择玉龙雪山为活动场地，配合 60 米宽 9 米高的超级大屏、奇幻的三层递进空间、山水造景实景 3D 投影、震撼的高空威亚表演、水舞、鼓阵，以及喷气飞人高空飞行秀，被媒体称赞为“迄今看过的最震撼人心的汽车发布会”。与以往的室内发布会相比，此次发布会堪称广汽本田有史以来最具挑战的发布会。

2. 现场效果

现场几乎百分百还原创意方案，山水造景与自然环境完美融合，引发现场嘉宾主动在社交媒体上分享传播本次活动，并结合参会体验给出高度评价。真正实现了讴歌品牌“I'm Different”的品牌调性。

3. 媒体统计

邀请 430 家媒体 470 人，露出报道 7463 篇，广告价值 14517 万元，视频直播浏览量 316 万人次。

亲历者说 赵建熙　北京海奕风尚品牌管理有限公司副总经理

这场活动，“I'm Different”“Live Crazy”“全天候飞航 SUV”这几个关键词贯穿始终。在导演、策划、设计、制作、运营等近 30 余人 15 个不眠夜之后，我们从策略推导、主题产出、创意筹划到落地执行等各个环节，都完美地还原了创意方案。

近 300 名工人耗时 30 天，以对抗 9 级风的标准搭建舞台，过程异常艰辛。保洁阿姨早上 7 点要为舞台除霜，演员在接近零度的冰水中彩排，在 6 级风中完成威亚动作，JetPack 团队狂风中完美飞行，24 小时内临时补景……面对危险，没有人想过退缩。面对挑战，所有人都一股脑往前冲。

在得到肯定的那一刻，我们所有的付出，都值得。

案例点评

专家点评：常濯非　派合传播董事兼总裁

老实讲，我初时只是抱着走马观花的心态看了发布会的回放视频，但玉龙雪山的背景一下就把我吸引住了。整个视频观看完毕，我更是感觉心潮澎湃，震撼异常。

整场活动充满了创新与惊奇，犹如一场能够“上天、入地、下海”的大戏，可谓是一场声、光、影的盛宴。企业不但在舞台搭建布置上运用了各种先进的实景 3D 投影等技术，同时结合了喷气飞人的高空表演、高空威亚表演及水鼓鼓阵表演，诠释了广汽 Acura 围绕品牌全方位升级所提出的全新品牌世界观“I am different”的理念，也将其 RDX 车型“全天候飞航 SUV”的产品定位展现得淋漓尽致。

众所周知，与室内发布会相比，大型户外发布会活动的难度是不可同日而语的。户外场地受到诸如地形地貌、基础设施保障、发布会当天的天气情况、现场观众的体验感受等因素的约束，需要全盘考虑，要有完备的实施方案及应急预案。要呈现一场如此震撼的户外发布会，简直就是现实版的“Mission Impossible”（碟中谍）。这不仅考验了整个项目团队的执行能力，更是对团队迎接一切挑战决心的淬金实验。

作为公关人，我们要认真向 2018 广汽 Acura 品牌之夜项目团队学习，秉持高度的专业性，灵活的创新精神，不畏困难迎接挑战的决心，来获得客户的认可与尊敬！

荣威上海科创嘉年华体验周

执行时间：2018 年 9 月 16 日—2018 年 10 月 07 日
企业名称：上海汽车集团股份有限公司乘用车分公司（简称上汽）
品牌名称：上汽荣威
代理公司：上海哲基数字科技有限公司
获奖类别：金旗奖——2019 最具公众影响力公关活动大奖

项目概述

荣威上海科创嘉年华体验周，是一次车企从未有过的跨界尝试——上海市委员会及上海旅游局主推、上汽承办，由“全球首款电动智能超跑 SUV”荣威 MARVEL X 呈现且让公众体验无人驾驶。

代理公司通过地面活动及线上线下联动，将其打造成“十一最期待出行体验展”，让公众在“明日之城”的生活畅想中，率先享受智能出行的科技之美，明日出行今日体验，爱上汽车，畅行天下。

项目调研

荣威 MARVEL X 作为上汽全球首款量产智能汽车，不仅集结了上汽在电动技术、互联网科技领域的新成果，还率先实现了全球智能驾驶“超能力”的量产化，为用户带来更加智能、便捷、高效的出行生活。

上海科创嘉年华是上海响应“推进国际科技创新中心策源能力”号召的重

大行动，意在树立上海科创形象、展现中国科创力量。

“科技创新”“上海名片”是该活动的共同标签，因此代理公司欲将荣威 MARVEL X 作为荣威上海科创嘉年华的重点展示成果，将开园日活动作为其正式发布及交车的平台，展示上汽“新四化”落地成果。

项目策划

1. 目标

普及荣威 MARVEL X 的智能化，与更多的公众连接。

（1）公众零距离体验自动驾驶智能科技，感受“明日科技，今日实现”。

（2）公众认知“智能新物种，让出行生活更美好；智能出行科技，让城市生活更美好”。

2. 策略

在极有参与度的时段开放，提供面向公众的零负担体验，带来智能生活“黑科技”的集中畅享，用高质量打造“十一最期待出行体验展”。

3. 受众

“80 后”主流精英人群，有梦想的实干家，具有创造精神、拥抱改变，积极体验新科技，追求高品位的生活享受。

4. 传播内容

（1）企业层面：作为上海先进制造业的“领头羊”，上汽勇当科创中心建设主力军，为观众呈现众多“明日科技”，打响“上海制造”。

（2）活动层面：荣威 MARVEL X 于 9 月 30 日正式上市，实现了上市即交车，标志着上汽向智能汽车领域迈出了扎实一步，为中国汽车品牌打开了继续向上突破的全新窗口。

（3）产品层面：荣威 MARVEL X 集前瞻智能、超跑性能、豪华设计于一身，集结了上汽在智能驾驶、新能源技术、互联网科技等方面的科研结晶，是国内能真正“叫板”特斯拉的电动智能车。

5. 媒介策略

（1）国民级流量平台，共办泛娱乐主题夜：突破传统汽车传播圈层，与斗鱼、网易云音乐联动，以五大主题夜满足不同“饭圈”喜好，实现多平台同庆的跨圈狂欢。

（2）社会级话题预热，全平台融媒体露出：借势权威媒体及官方公众信息发布渠道，打造黄金周最大盛事。多战术搭配，全平台融媒体露出，渗透汽车、科技、生活等领域。

（3）激发 UGC 活力，驱动体验传播：UGC 内容创作，微博、论坛、大众点评等多平台推广矩阵全方位为活动引流，以用户运营思维发酵口碑。

项目执行

一次车企从未有过的跨界——“超高度平台”，借势让传播声量扩大再扩大；一次无人驾驶体验——“就在家门口”，在轻松氛围中试驾车辆；适合全家出行体验——“一家人都适合”，科技互动、寓教于乐。

1. 9 月 16 日—9 月 29 日：预热

从科创嘉年华本身出发，社会级话题预热、开放媒体体验。

（1）吃喝玩乐及亲子类跨界媒体打造“十一最期待出行体验展”。

（2）上海市人民政府新闻办公室联动上海各电视台、广播电台、平面媒体发布上海科创嘉年华开展信息。

（3）9 月 28 日开放试运营，媒体及网红 KOL 提前探馆体验。

2. 9 月 30 日：开园

荣威 MARVEL X 正式上市，从展示嘉年华过渡到荣威 MARVEL X 智能体验。

上海科创嘉年华正式开馆暨荣威 MARVEL X 上市即交车传播，同步邀请媒体进行智能试驾体验

3. 10 月 1 日—10 月 7 日：开放

开放公众体验，网红平台联动、产品亮点及体验口碑扩散。

（1）五大主题之夜跨圈引流，联合国民级平台承办。

（2）活动和产品两个角度双线传播，详解活动“黑科技”属性和亮点体验。

（3）全平台融媒体扩散产品口碑，零距离体验荣威 MARVEL X 自动驾驶、无线充电等前瞻科技。

上海科创嘉年华活动现场

荣威 MARVEL X 车辆展示

“创行公路”荣威 MARVEL X 自动驾驶体验

项目评估

此次活动累计线上总曝光量超 5.8 亿次，全平台报道阅读量超 1.1 亿次。

媒体层面：共落地报道 1188 篇，覆盖网络、自媒体、广播电台、电视台，渗透汽车、生活、科技等领域；参与互动人数约 1567 万人，流量“大 V”争相“打卡”。

受众层面：荣威 MARVEL X 作为上海科创嘉年华的重点展示成果，受到各界人士高度关注，公众零距离参与了无人驾驶并沉浸其中。

市场层面：对于中国汽车品牌目前高智能、快车速的高端产品而言（价格为 30 万 ~ 40 万元），荣威 MARVEL X 仅一个月销量已达 1229 台，累计订单破 5000 个。

亲历者说 俞经民 上海汽车集团股份有限公司乘用车公司副总经理

荣威 MARVEL X 是上汽集团“新四化”战略的重要成果，也代表中国汽车“智”造的高标准，我们非常希望把它分享给大家。所以，我们“为了一款车，造了一座城”，这座城就是上海科创嘉年华。

我们打造了一个让专业人士感兴趣、让普通游客玩得嗨的大型科创活动场景，占了“天时地利人和”。“天时”，十一黄金周，客流量不愁；“地利”，上海正在加快建设具有全球影响力的科技创新中心，要打响“四大品牌”；“人和”，我们在“新四化”的战略指引下，有能力将“明日科技”变为“今日体验”。

事实证明，“开城”7 天非常成功。我们特别高兴能看到来自不同领域、年龄、地域的游客纷纷排队体验，并主动为荣威 MARVEL X 宣传。

案例点评

点评专家：苏宏元　华南理工大学新闻与传播学院院长、教授、博士生导师

荣威上海科创嘉年华体验周项目传播目标明确，营销策略得当，受众定位精准，传播内容优质，传播渠道多样化，并且取得了不错的公关效果。

上海科创嘉年华响应上海“推进国际科技创新中心策源能力”号召，上汽选择在国庆期间顺势推出项目，时机恰当。该项目策划了两大超级IP中心、五大智能科技板块，让市民在寓教于乐的科普氛围中，亲身体验上汽自主研发的自动驾驶、“最后一公里”自主泊车、无线充电等“明日科技”的魅力。从企业、活动、产品三个方面对传播内容进行了差异化划分，采用传统媒介与新媒介联动的方式，以用户为中心，强调用户体验，不但有效地覆盖了多层次的受众，而且满足了受众多元化的需求。从最终效果来看，此次荣威上海科创嘉年华体验周的累计线上活动总曝光量超5.8亿次。自发布并交车后，仅一个月销量已达1229台，累计订单破5000个。说明该公关活动效果卓有成效——受众反应强烈，有力拉动了消费。

该公关项目秉承“明日科技，今日实现”的明确目标，使得企业的社会责任感与企业文化得到良好的展示。在项目设计上采用沉浸式方式、以用户为中心的体验、多渠道同振，使得产品得到了有效的推广。

2019 远东最强实习生挑战赛 ①

执行时间： 2019 年 6 月—2019 年 8 月

企业名称： 远东控股集团有限公司

品牌名称： 远东控股

代理公司： 远东控股集团有限公司品牌文化部

获奖类别： 金旗奖——2019 最具公众影响力公关活动大奖

项目概述

为探索工业品牌塑造新模式，远东控股面向高校毕业生推出了 2019“这！就是远东——最强实习生挑战赛”，以实习生招募、职场模拟沙龙、团队拓展 PK（对决）、品牌营销案例推演、真人秀挑战、“打卡”互动等环节，在全国范围内掀起了一场活动热潮。

项目调研

1. 制造型企业人才培养及人力资源供需平衡

根据新生代群体就业创业分析洞察，民营企业、合资企业和股份制企业的大学生就业景气度持续攀升。尽管毕业生资源庞大，但如何形成“买方市场”，掌握招聘话语权，提升所招聘人员的质量，是以远东控股为代表的传统制造企

① 本文中所涉及的照片，远东控股集团均已得到被拍摄者的使用许可。

业要重点突破的难题。

2. 工业品牌塑造模式创新突破

传统的工业品牌塑造模式单一、陈旧、冰冷，不论是品牌营销的理论研究还是品牌战略的实战导入，企业的探索实践寥若晨星。

3. 最佳雇主品牌塑造重要度持续攀升

企业间人才的竞争越来越激烈，随着互联网时代的不断发展，企业的管理实践逐渐成为媒体讨论的中心，最佳雇主品牌塑造的热度在当今企业竞争态势下持续攀升。

项目策划

1. 目标

首要目标：人才招募与培养、品牌塑造与强化。

直接目标：传播到达受众、效益达成。

重要目标：文化聚合。

2. 受众

传播受众：社会公众、在校大学生等优秀潜质人才、上下游合作伙伴、公众媒体。

项目参与受众：即将踏入职场的应届毕业生、网选潜质的精英、求职意向明确的学霸及内部推选的优秀代表。

3. 传播策略

（1）精准“狙击”高校圈，有效触达目标用户。

联合 12 所高等院校及领英、智联、前程无忧等亿级用户职场平台，围绕从校园到职场的“求新求变”核心主题，全方位培养远东控股未来潜在人才。

（2）开创全新视觉设计，引领品牌美学塑造。

通过品牌符号化引入全新活动视觉设计，紧扣挑战赛主题，结合品牌线缆元素及当下流行设计趋势，创造性地出具从 LOGO（标识）到场景应用的完整视觉系统。

（3）多维度持续传播，宽渠道定向“爆破”。

通过深度软文、视觉设计、原创视频、互动游戏、社交媒体等多元化表现

活动主视觉 LOGO 及场景应用

形式，借助传统媒体实现首轮品牌主张的精准传递；透过新媒体平台形成广泛传播；利用海外社交媒体传播广泛性，形成原创话题的持续讨论，与海内外目标群体建立真正连接。

4. 媒介策略

（1）线下传递品牌形象，全面吸引受众。

抓住“打卡”这一流行关键词，以 7 天不同活动主题为挑战内容，通过沉浸

式的互动体验点燃品牌“粉丝”的参与热情，在层层递进的情感指引下，让受众不断接触、体验、理解、认可并喜爱远东控股品牌，实现品效合一终极目标。

（2）线上联动助力，撩拨受众黏性互动。

以“双微一抖”新媒体平台为基础，借助大学生群体在社交平台的影响力，有效触达目标人群；联动《中国工业和信息化》、《中国工业报》、网易等行业顶级媒体扩散传播，深入联动，提升活动整体高度；联合领英、Twitter（推特）、Facebook、Instagram（照片墙）等海外社交平台同步推广，建立全方位、立体式整合传播，大幅提升品牌曝光量。

项目执行

1. 实施细节

品牌互动第一站：陶都初遇，破冰初识（趣味游戏互动）。

品牌互动第二站：深入远东，邂逅 500 强（职能条线参观）。

专项课程培训 / 面试沙龙 / 户外真人秀

品牌互动第三站：专项培训，职场模拟（职场面试模拟）。

品牌互动第四站：青春汇聚，梦想起航（户外项目拓展）。

品牌互动第五站：案例分享，职来职往（专项课程培训）。

品牌互动第六站：浪漫毕业季，别样真人秀（团队任务挑战）。

品牌互动第七站：播撒远东火种，再启梦想征程（学习成果展示）。

2. 项目进度

5 月至 6 月：创意构思、精准策划（制定营销策略）。

7 月中旬至下旬：事前预热、营造悬念（开放报名入口）。

8 月上旬至中旬：事中引爆、触发高潮（发布活动成果）。

8 月中旬至下旬：事后发声、持续影响（扩散活动效应）。

事件后续：线下互动、成果转化（开展培养战略）。

项目评估

1. 传播“引爆”

精准投放、实时传播，积极互动、品牌联动，渠道拓展、全球发布。截至 2019 年 8 月 15 日，此次挑战赛活动全网曝光总量突破 1.3 亿次，累计互动量突破 3 亿次，触达全球几十个国家和地区。

2. 人才收获

全面开展“接力 100”第五期、第六期高校生人才培养战略，以忠实“粉丝”、合作伙伴、行业 KOL、普通“粉丝”为基础，站内站外联合运营，收获 12 所高校师生关注与好评，现场 36 位应届毕业生成为远东控股“铁粉”，远东控股在不断积聚品牌私域流量的过程中，深度影响感染受众。

3. 多方认可

远东控股集团创始人、董事局主席、党委书记蒋锡培，远东控股集团党委副书记、董事、智慧能源董事长蒋承志，多位企业高管及学生代表接受媒体深度采访，肯定活动效益与价值的同时，积极开展海内外人才引进，持续塑造最佳雇主品牌形象。

亲历者说 张笛　远东控股集团有限公司品牌总监

（1）响应国家号召，致力制造业人才引进与培养。

此次活动的核心意义在于，通过雇主品牌平台的打造，让更多的制造业人才深入现场，体验和感受中国制造，激发人才对制造业的兴趣，为未来制造业发展做好人才储备。

（2）紧跟时代趋势，探索工业品牌塑造新模式。

主要消费群体的自然情况、生活方式、触媒习惯已经发生改变，传统的工业品牌塑造及传播模式亟待改变。2019 远东最强实习生挑战赛通过多个活动环节植入企业品牌、产品、技术、文化等内容，用重内涵、强互动、广传播的体验式推广，让受众更加深入了解中国制造。

（3）聚焦受众需求，积聚品牌口碑与铁杆“粉丝”。

活动充分考量参与群体的需求和预期，各个环节既让他们乐在其中，又丰富了团队工作经验，这对个人和企业来说，都是具有可持续发展意义的尝试。

案例点评

点评专家：陈经超　厦门大学新闻传播学院副教授，厦门大学公共传播战略研究所所长

远东控股是一个传统产业集团，主要面向企业或政府服务，我们认为商家对商家的品牌建构与商家对消费者是非常不同的。此外，从中国制造走向中国品牌，传播意识的提升和人才需求尤为重要。在本案例中远东控股采用沉浸式体验活动形式，从人才招聘的“痛点”出发，围绕人才引进培养的角度打造 2019 远东最强实习生挑战赛这一创意活动。在具体公关活动执行中，以实习生招募、职场模拟沙龙、团队拓展 PK、品牌营销案例推演、真人秀挑战、线上“打卡”互动等创意环节，依托内容和创意，为目标群体提供了个性化的沉浸式互动体验，将体验与互动两大元素融合，不仅激发了目标群体的参与感与创造性，还使该活动在目标群体的主动传播中为品牌带来了更多的广告溢价和传播附加值，掀起了线上线下创意营销活动的热潮。

同时，该案例以活动为契机，全程实时传播，将优质内容迅速扩散，符合年轻群体的习惯，全面提升了年轻群体对远东控股品牌的关注度。不仅在年轻群体与远东控股品牌之间搭建了有效体验与沟通的桥梁，同时在更大范围的受众认知中树立了良好的雇主品牌新形象，是一次非常成功且具有公众影响力的公关活动案例。

万豪国际携手天猫平台打造“超级品牌日”[1]

执行时间：2018 年 7 月 15 日—2018 年 8 月 15 日

企业名称：万豪国际集团（简称万豪国际）

品牌名称：万豪

代理公司：北京嘉盈广拓文化传播有限公司

获奖类别：金旗奖——2019 最具公众影响力公关活动大奖

项目概述

万豪作为首个酒店行业品牌登陆天猫国际“超级品牌日”，将独特的旅行“体验型”产品带给广大的中国消费者，沉浸式体验贯穿整场活动，呈现万豪国际为旅游者带来的体验与服务，设置品牌迷宫、品牌长廊及万豪国际旗下六大酒店专属品牌房间，让嘉宾深度了解品牌文化。

项目调研

消费者洞察：2017 年中国出境旅游人数达到 1.31 亿人次，出境旅游花费 1152.9 亿美元，同比增长 6.9% 与 5.0%。而预计 2017 年—2025 年，中国出境旅游市场容量将达到 7 亿人次。

随着消费出行的增多，旅行逐渐成为一种生活方式。在巨大的市场刺激下，

① 本文中所涉及的照片，北京嘉盈广拓文化传播有限公司均已得到被拍摄者的使用许可。

"玩转地球　旅旅不凡"万豪国际天猫"超级品牌日"

OTA（在线旅游代理商）平台迅速崛起，移动支付逐渐攀升，消费者更加依赖线上预订酒店，订单量较 2018 年同比增长了 64%。

为顺应中国消费者日益增长的海外深度体验的需求，万豪国际此次倾力推出限量版 8 张"万豪国际黑卡"，并且与天猫平台联合推出"超级品牌日"，深度影响消费者的购买体验。

项目策划

电商行业在销售酒店产品（房券）时总是掣肘于产品虚拟化，只能概括性描述酒店，以及展示少数酒店房间照片。同样，传统酒店行业进军电商平台，也面临无法强势体现自己品牌以及酒店特色的难题。在电商平台这片红海中做出品牌特色，与消费者进行最直观、最抢眼的沟通，是万豪国际在新型销售平台上不断尝试升级和颠覆的决心。

将万豪国际众多富有特色的酒店品牌概念实体化，线下活动打造一条实体的"万豪品牌街区"，与天猫品牌街概念遥相呼应，把酒店"重体验性"的产品最大限度地用创意视觉呈现出来，让所有嘉宾以及消费者通过亲身感知，达成

万豪国际天猫“超级品牌日”发布会现场

沉浸式的感官体验，并通过各“酒店店铺”的场景差异化自行梳理出万豪国际众多酒店品牌的特点，最终形成消费购买决定，打造购物体验闭环。

选取的富有特色的 6 个万豪国际酒店品牌包括：W 酒店、丽思卡尔顿酒店、威斯汀酒店等。用建筑和软装风格区分出相应的街区（奢华酒店品牌街 + 特色酒店品牌街）。在每个品牌店铺里再次通过品牌特色产品呈现差异化。“一店一风格”是本次创意设计的挑战，使单调的品牌概念得以生活化、视觉化，是万豪国际对酒店行业新品牌销售的再一次颠覆。

不仅仅是一场新闻发布会，更是一场跟随“万豪旅享家”体验世界之旅。这一融合美食与空间设计的沉浸式感官之旅，通过多媒体与科技融合将不同酒店品牌的特色呈在媒体与消费者面前，让其不断在体验中加深对品牌的认知。

项目执行

通过多媒体与科技融合，将不同酒店品牌的特色呈在媒体与消费者面前，在体验中加深其对品牌的认知。

品牌街区神秘入口：设计 6 个不同品牌街区入口，邀请嘉宾自行选择，以

国际超模刘雯成为全球首位“万豪国际黑卡”持卡人

路径上零碎的品牌特色设计作为线索，嘉宾逐渐进入各品牌店铺。

品牌迷宫：通过各酒店品牌积累的品牌特色设计元素，制作出 6 条迷宫并最终通向 6 个不同品牌店铺，邀请宾客自行选择通过。嘉宾选自己喜爱的元素，选最迎合自己的设计风格，最终步入所选择的品牌店铺。

品牌店铺实体街景化：用街景化的视觉呈现来强调品牌的特色以及本次活动重点。不断加深宾客对品牌认知，且通过酷炫的霓虹灯等道具来鼓励宾客拍照，继而帮助线上二次传播该活动。

六大品牌店铺：嘉宾穿梭于万豪国际旗下六大品牌屋，感受美食美酒、音乐、运动、艺术等品牌激情元素……不同的品牌特性汇聚在一起，让宾客在体验中形成对不同品牌特色的认知，加深品牌印象。

“场景代入式”表演：融合六大品牌经典元素，构思符合品牌调性的题材与情景，精心打造沉浸式表演。用直观的场景、角色，再一次加深各品牌独特的魅力。最终，体现了万豪品牌的强大阵容和对各类消费者的包容性。

国际名模刘雯——深挖品牌与明星的共同属性：万豪国际联手刘雯，不仅是倾心于她本身脱俗时尚的个人气质以及热爱旅行的天性，更是将刘雯当作时下中国精英阶层追求美好生活的标志性符号。她是旅行者，她是朋友，她拥有

自己的旅行节目，她是“万豪旅享家”。刘雯是活动的代言人，获得了首张黑卡，同时与现场的旅行伙伴畅谈旅行心得，完成了一场专属体验。

项目评估

第一阶段，通过在全球范围内发布 Liu Wen's Marriott Black Card（刘雯的万豪国际黑卡）体验预告片和互动型 H5，在一周内就产生了 351 万次视频播放量，以及 34242 次互动。

第二阶段，超过 100 名精心挑选的网络意见领袖参加活动，并产出 620 份深度媒体报道，总共创造广告价值 1271105 美元，公关价值 3813322 美元。

最后，天猫的产品也以惊人的速度销售。8张限量黑卡在1分钟内售罄，“超级品牌日”期间其他产品交易总额达到 2100 万元。

项目亮点

（1）开创旅游业先河，携手国内最大电商平台天猫打造“超级品牌日”。

（2）找寻明星与产品间的情感契合点，选择刘雯合作，其以“万豪旅享家”的身份助阵“超级品牌日”。

（3）推出高规格限量黑卡产品，并让产品与刘雯建立联系，引爆传播热点，达到品牌认知度的提升与销售量的转换。

（4）利用沉浸式体验将品牌特点完美呈现。利用沉浸式的现场设置来完美呈现万豪国际为旅游者带来的体验与服务，让嘉宾进一步深度了解品牌文化。

亲历者说 李淦　北京嘉盈广拓文化传播有限公司项目总监

如何能够帮助品牌在电商平台脱颖而出并达成销售转化，我们一直在不断探索。当消费者面对很多虚拟产品或者提供服务的品牌，在电商平台露出的方式和传播手段将极大地影响传播效率和销售转化。本次活动，我们前期以明星（刘雯）作为流量和曝光驱动，推出限量黑卡产品，作为平台的定制专属产品，在8月8号这一天（也就是“天猫超级品牌日”），利用全平台的资源来推广万豪国际的酒店产品（全品牌房券），通过打造全民狂欢的节日气氛来增加平台端口流量，同时，作为全中国酒店业和电商平台间的碰撞，我们在线下极具创意地打造了一场酒店品牌的天猫商铺实景化发布会，把各酒店品牌特色用街景店铺的方式呈现，直观地展现各品牌特性差异，给予消费者沉浸式的消费体验。从本次活动的曝光量、销售量来看，这是一次非常成功的试水。品牌联动基于互惠互利的原则，而背靠电商平台的优势，最大化地引流消费者对品牌产生兴趣，进行消费行为，进一步打造品牌黏性，是我们作为该活动设计和传播方引以为豪的地方，也是我们为品牌服务的宗旨。

案例点评

点评专家：赵晓光　奥美整合行销集团北京经营合伙人

注重线下体验感受的产品如何通过线上渠道推广，多样的线上线下活动如何形成合力，一直都是困扰线下品牌、线上渠道、营销公司三方的整合营销难题。万豪国际携手天猫平台打造“超级品牌日”，为解决这些难题提供了一次难得的参考范例。企业通过先线上、后线下、再线上的三步节奏，充分发挥了线上平台大、流量广覆盖的优势，获得受众关注，继而在线下活动中以特色街区的形式充分展现实体体验的感受，并继续将感受在线上分享，最终引领销售平台。该案例形成了清晰的传播节奏，充分发挥线上线下渠道的固有优势并相互影响和渗透。同时，在丰富的线上线下活动中，企业始终强调品质体验的品牌核心信息，做到形散而神不散，使从各个流量入口进入项目的受众都获得统一的信息强化，让品牌信息在整个传播过程中贯穿始终。明星代言与活动专属产品（黑卡）的加入，让整体活动有了集中发力点，迅速形成活动记忆点，并带动整体销售。

汉印科技创新大会①

执行时间：2019 年 3 月—2019 年 6 月

企业名称：厦门汉印电子技术有限公司

品牌名称：汉印

代理公司：美格国际公关顾问（北京）有限公司

获奖类别：金旗奖——2019 最具公众影响力公关活动大奖

项目概述

2019 年，汉印于上海启动首届汉印科技创新大会。大会以“汉印小镇”形象集中展示针对智能制造、仓储物流等多个行业的解决方案，让原本专业、冰冷的 B2B（企业对企业）科技品牌变得有温度，惊艳地呈现给媒体、经销商、行业及大众。

项目调研

1. 背景

作为中国民族自主科技品牌企业，厦门汉印电子技术有限公司专注于打印技术的创新，在国际和国内市场表现突出。2019 年汉印全面启动中国市场的品牌战略，打造在打印领域内的科技领先的民族品牌。但是，由于汉印产品大多针对 B2B 市场，距离大众生活场景较远。汉印需要拉近与用户、经销商的距离，

① 本文中所涉及的图片，美格国际公关顾问（北京）有限公司均已得到被拍摄者的使用许可。

让 B2B 品牌为人所知、为人所解，树立汉印民族打印品牌的领导地位，赢得市场先机。

2. 项目机会

随着“中国制造”到“中国智造”的升级，中国民族企业成为领先者，国民对于中国自主科技品牌的支持度和友好度越来越高。并且在物联网发展过程中，打印机是一个重要的技术工具，汉印的出现满足了用户实现数据信息可视化的需求。

项目策划

1. 目标

借助品牌和解决方案的全新发布，奠定汉印在 B2B、B2C 领域的影响力，塑造民族科技品牌领跑者品牌形象。

2. 受众

媒体、国内外经销商、用户、员工及广泛的大众人群。

3. 策略与创意

基于汉印“品牌—产品—渠道—市场—用户”进行多维度整合串联，代理公司抛弃了以产品展示为核心的发布会形式，将新品融入“汉印小镇”场景中，打造以体验为核心的综合应用场景。借助场景化营销手段吸引参观者零距离体验，从而增强用户对汉印品牌和产品的理解认同，实现品牌美誉度提升的同时刺激销售转化。

项目执行

整个项目按照三个阶段层层推进，提升传播力和品牌力。

1. 第一阶段：预热启动

发布会前，线上官方微博发起热话题 # 没有打印机的日子 #，与“粉丝”们一起探讨万物互联时代下打印的重要性，号召“粉丝”们一起分享关于打印的不同的生活应用场景。随后发布倒计时海报，让用户、经销商及大众形成期待。

发布会前，发送“汉印小镇”护照邀请函，邀请媒体走进汉印营造的打印世界，感受汉印科技带来的创新工作和生活方式。“汉印小镇”护照巧妙地串联了

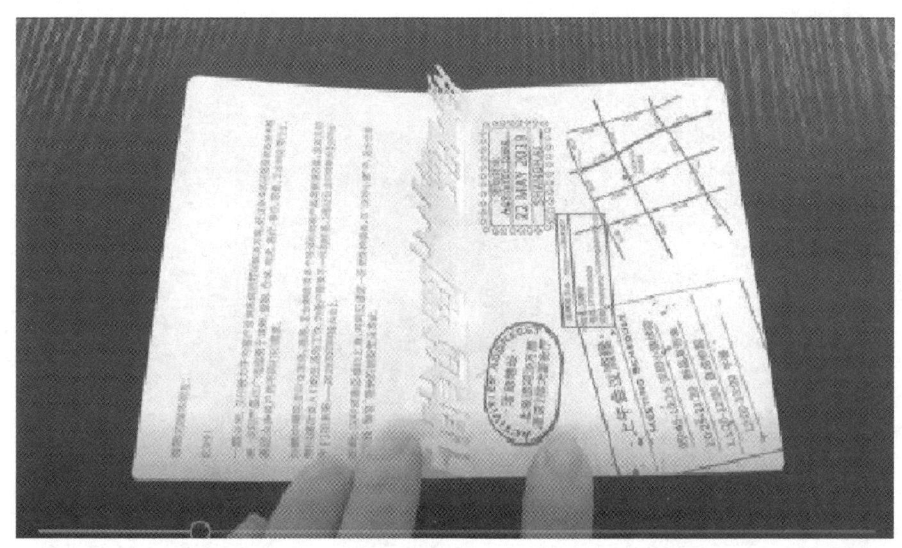

“汉印小镇”护照邀请函

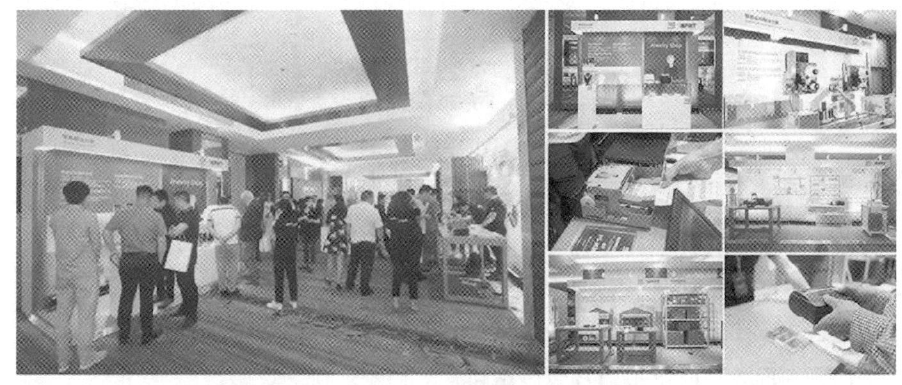

“汉印小镇”以八大应用场景构建智能生活

线上与线下两种预热传播形式，在全国媒体记者群体中引起了广泛关注与期待。

2. 第二阶段：隆重发布

（1）“汉印小镇”创意展示和体验。

“汉印小镇”以珠宝店、奶茶店、家居客厅等八大应用场景，将商业、工业、家用三大领域的 20 多款新品融入近 30 个解决方案中，全面覆盖智能制造、仓储物流、智慧医疗等多个行业，构建智能的生活及工作场景。借助场景化营销手段，汉印将参观者置入体验场景，提供场景中需要的产品和服务，满足消费者的场景价值需求。

汉印科技创新大会收获了大量媒体的集中报道

（2）多种形式的直播。

依托四大 IT 门户网站进行图文直播，同时借助微博、微信、抖音等新媒体平台，进行实时在线直播报道，获得优秀的传播效果。

3. 第三阶段：广泛报道及深度解读

会后两周内，大量网络媒体、新闻 App、自媒体等进行了集中报道，形成报道风暴。随后，多家财经和行业媒体主动约高层采访，并给予大版面的报道。媒体从不同角度阐释民族打印科技的魅力及希望，既迎合了当前的国家主题，又确立了汉印在行业中的地位。

项目评估

本次汉印品牌及产品发布引发了权威媒体的关注，新华社、北京卫视、东方卫视等权威媒体进行了深度报道，对汉印给予了高度肯定。线上传播覆盖超

过 1.4 亿人次，百度指数上升了 13 倍，“科技大会、创新”成了汉印的关键词，# 创印世界 打印未来 # 成了微博热门话题，一周阅读量超 77 万次。

亲历者说 **丁香雨　美格国际公关顾问（北京）有限公司客户总监**

对于我们来讲，这个项目既要展现产品，又要展现情景化的营销模式，更要为现场嘉宾展现汉印为消费者提供的产品解决方案。这些课题对于我们来说，是从产品本身到消费者本身的延伸。汉印在国内有着不错的消费者基础，近几年来国内的打印机行业竞争激烈，该类企业不断地更新着自己的技术和专利，而我们本着打造一场技术大会的核心点来开展本次新品发布会，而不是简单地将产品进行发布。我们从点到面，以技术带动产品，提高消费者信心，让消费者通过汉印的产品对中国创造更为坚定。同时感谢品牌方的信任，此次活动点亮了国产自主研发的信心，整体提升了品牌和产品的价值，获得了消费者的认可，这真的太棒了。

案例点评

点评专家：矫龙　大颜色科技创始人兼 CEO（首席执行官）

作为一场品牌公关活动，“汉印小镇”的创意让本来对普通消费者而言晦涩甚至无趣的品牌发布会变得亲切、有参与感和互动性，给受众创造了很好的场景体验，同时给参与者提供了可进行社交媒体传播的社交货币，让一个行业事件变得更加有大众传播性，汉印科技创新大会是在媒体环境下一个成功的品牌公关传播案例。

2019 最具公众影响力数字营销大奖

《蒙面唱将猜猜猜》哈弗 F 系借势营销

执行时间： 2018 年 11 月 16 日—2019 年 1 月 31 日

企业名称： 长城汽车股份有限公司徐水哈弗销售分公司

品牌名称： 哈弗汽车

代理公司： 爱创营销与传播

获奖类别： 金旗奖——2019 最具公众影响力数字营销大奖

项目概述

哈弗 F 系通过赞助《蒙面唱将猜猜猜第三季》，借势综艺扩大影响力，通过跨界开启哈弗 F 系的营销战役，利用大热综艺 IP 影响力和扩散力，传播哈弗 F 系年轻化、智能化、科技化的品牌形象，与广大“泛 90 后”实现兴趣互动和情感共鸣。

项目调研

（1）哈弗汽车品牌正处于年轻化转型时刻：哈弗 F 系将定义下一代 SUV，代表着哈弗汽车品牌向年轻化、智能化、科技化全面跃进。

（2）哈弗 F7 面临上市后的持续高曝光：作为 F 系第二款重磅车型，哈弗 F7 全新上市急需持续曝光，其肩负品牌转型重任。

（3）哈弗 F7 携手《蒙面唱将猜猜猜第三季》吹响跨界营销号角：哈弗 F7 全新上市，以“智能网联 SUV”产品定位立足 SUV 市场。为了进一步释放其“智

能网联”属性，提升产品曝光，以“AI 智能侠”身份现身《蒙面唱将猜猜猜第三季》，开展跨界营销。

项目策划

1. 目标

（1）品牌层面：借势大热综艺 IP 影响力和扩散力，通过营销类、跨界类媒体造势，打造哈弗 F 系年轻化、智能化、科技化的品牌形象。

（2）产品层面：利用专业汽车媒体深挖产品优势，强化哈弗 F7“颜值”在线，更精于智能 / 科技之道的非凡实力，通过栏目热度导流，为产品高关注度蓄力，助力终端销售。

2. 核心思考

针对如何借助综艺节目的热度、认可度，实现哈弗 F 系品牌、F7 产品的标签塑造进而实现哈弗 F 系销量提升、哈弗 F7 的市场高效导入的核心课题，全面借势节目热度及内容，将资源最大化利用，为用户整合更多关联信息，建立信任。

3. 传播策略

在整个项目的执行过程中，针对哈弗 F7 的产品优势、行业地位、情感共鸣达成传播结论输出。

（1）形成热议：以节目自身话题性为切入点，设计事件，将哈弗 F7 打造成网络热词，进行传播。

（2）实力问鼎：提炼产品卖点，行业解读深度挖掘 AI 智能优势，释放自学习、强拓展、超安全的产品信息点。

（3）冠军相：立高度，站在中国 SUV 发展的高度，诉说产品实力地位，夯实 SUV 新标准制订者定位。

（4）年轻感：年轻化营销，让产品贴近“泛 90 后”用户，与之产生情感共鸣，达成信任。

通过易读、易理解、易关注、易分享的形式，跟随年轻用户的沟通习惯，塑造年轻的风格。

项目执行

（1）利用行业 KOL 的话语权优势，分析哈弗 F7 携手《蒙面唱将猜猜猜第三季》背后的营销哲学，凸显品牌年轻化的创新独特性和双方精神层面的高度契合，为此次冠名合作最终定性定调。

（2）专业汽车自媒体利用节目素材、节目背后故事和哈弗 F7 高光时刻，通过“顾左右而言他”的传播模式，突出设计优势、科技含量等产品信息，潜移默化地影响更广的消费群体。

（3）借助网上车市、大众侃车、汽车葫芦圈联盟等强势平台的扩散力和渗透力，将优质内容进行渠道分发，达到覆盖最大化。

（4）营销、跨界类自媒体强力加持，拓宽传播维度，加深品牌年轻化印记，加强品牌在年轻消费群体中的号召力。

（5）整合现有节目产出素材和传播资源，在节目尾声和营销盘点期继续保持高声量，实现在一月初新闻淡季时也能“言之有物”，利用节目的余温造势传播，达到《蒙面唱将猜猜猜》哈弗 F 系借势营销效果和传播期最大化的目的。

营销策略

项目评估

（1）《蒙面唱将猜猜猜》哈弗 F 系借势营销项目共产出稿件 162 篇，累计发布 1709 次，实现超 6372 万次阅读量，25972 次点赞，达成约 1.26 亿次曝光。

（2）整体传播包含超过微信、今日头条、汽车之家、小红书、知乎、百度、搜狐、新浪等 20 多个主流平台，实现主流门户网站、专业汽车媒体、自媒体、跨界媒体等多维度覆盖，实现破亿人次的信息触达。

（3）项目期间，哈弗 F7 与节目的百度指数峰值出现节奏基本相同，通过借势节目热度，哈弗 F7 的百度搜索量得到提升。通过有节奏的传播，在节目播出期间，哈弗 F7 的热度多次超越节目本身。

（4）项目执行期间，借助节目热度及一系列多维度的优质内容产出，哈弗 F7 的微信搜索热度普遍高于节目搜索量。

项目传播成果汇总

亲历者说 李金鱼 爱创营销与传播高级客户总监

我们通过三大借势，将资源最大化利用，为用户整合更多关联信息，与其建立信任。

（1）借势高能平台：借助卫视大开口高能平台积淀优势，做产品信任背书，坐实哈弗 F7 产品优良形象。

（2）借势营销逻辑：好奇驱动打破壁垒，通过激发年轻人的好奇心，与年轻人一起创造更多的可能，呈现年轻新哈弗形象。

（3）借势热点：借势热点效应迅速发酵话题，“刷爆”用户朋友圈，自上而下带来围观效应，为哈弗 F7“圈粉”。

通过汽车、科技、时尚、营销等领域的头部媒体聚合使用，利用《蒙面唱将猜猜猜第三季》冠名合作资源，制造热点话题，保持目标人群高关注度，结合哈弗 F 系年轻化、智能化、科技化的品牌形象，产出多款阅读量超 10 万次的传播爆款，成功抢占用户心智。

案例点评

点评专家：沈健　迪思传媒高级副总裁，中国传媒大学客座教授

哈弗 F 系是哈弗汽车品牌年轻化转型的代表作，急需传递 F 系年轻化、智能化、科技化的品牌形象。在哈弗 F 系的传播中，企业巧妙利用了能引起目标受众情感共鸣的主流 IP 节目进行借势营销。借势营销的 IP 平台选择定位准确，企业在借势过程中强化了产品 AI 功能，提高了产品议价能力。

在主流 IP 营销同时，建立媒体矩阵，开展多媒体跨界营销，提高了整个哈弗 F 系的传播价值。另外巧妙利用了跨界 KOL，不断加快传播节奏。在媒体和 KOL 的应用上，媒体选择较为精准。既有适合年轻人的小红书，又有如汽车之家这样的专业媒体，还有高端时尚媒体“GQ”《智族》等，媒体覆盖范围较广。多位跨界博主涉及时尚、旅游、美食、摄影四大领域，并在职场、家庭、休闲、自驾等多个场景中进行了深度植入。在专业媒体的选择中，特别邀请了科技视频平台大咖博主 Zealer，由

王自如亲自出镜拍摄，增加了产品的科技感。

在整个借势营销活动中，以节目自身话题性为切入点，将哈弗 F7 打造成网络热词，树立起中国 SUV 的领导形象。此次营销活动贴近“泛 90 后”用户，并与之产生情感共鸣，整体营销活动取得较好成绩。

Kipling 行走的表情包[1]

执行时间： 2018 年 3 月

企业名称： VF Corporation（威富公司）

品牌名称： Kipling（凯浦林）

代理公司： 上海睿狮网络科技有限公司

获奖类别： 金旗奖——2019 最具公众影响力数字营销大奖

项目概述

Kipling 是世界著名服装公司 VF Corporation 旗下的时尚休闲包袋品牌，1987 年创建于比利时安特卫普。Kipling 传递着品牌快乐的精神，让世界充满正能量。2018 年其推出“Live.Light”作为 Kipling 品牌的核心战略，并将目标受众设定为千禧一代女性群体，鼓励她们即使生活再忙碌，都要放松身心，享受城市轻生活。为了了解并迎合年轻人的需求，Kipling 优化产品系列的多样性，从工作到娱乐休闲，城市人每天都要穿梭于不同的场合，Kipling 的产品都可以帮助其轻松顺畅地在不同场合之中无缝衔接。

在社交网络中，emoji（绘文字）极受年轻人喜爱，有趣可爱又充满感染力的图案，传递着快乐、轻松以及真实的自我情感。Kipling 此次与 emoji 合作推出 Kipling×emoji 亚洲独家联名合作设计系列，通过对中国全新目标用户群体深入洞察，发现“羞于表达”是当今年轻群体的一大关键词，而表情包是他

---

① 本文中所涉及的图片，上海睿狮网络科技有限公司均已得到被拍摄者的使用许可。

们日常社交中最常用于表达自我情绪的方式。借此次和 emoji 跨界合作的机会，Kipling 打造行走的表情包主题活动，通过主题曲创作、MV、“双微”平台内容发布及互动、创意 H5、线下轻松巴士快闪、美拍跨界合作，鼓励用户释放都市生活和工作中的压力和情感，真实表达自我。Kipling × emoji 跨界合作系列产品销售额占同期总销售额的 36%，店铺进店客流增长 26%。

项目调研

1. 不擅表达是当今中国年轻人标签之一

那些想说不敢说的话，都变成了转发；那些想留却未挽留的人，都变成了前任；那些不小心产生的误会，都拉成了仇恨；那些最难以抒发的情怀，都变成了沉默。其实不是你不善言辞，只是你不擅表达。表达这个简单的动作，蕴含着巨大的能量，它可以瞬间破冰释嫌、拉近距离，激发无限可能。

社交网络中，emoji 让原本干巴巴的文字沟通变得生动活泼起来。Kipling 鼓励年轻人在忙碌的生活旅途中，放慢步伐，自信向前。两者传递的概念不谋而合，相互结合必定产生趣味的火花，为年轻人的不擅表达提供解决方式。

2. 国内视频软件盛行，技术助力青年自我表达

凭借高颜值手机直播以及超火爆的原创视频，美拍 App 成为受当下女性用户喜爱的视频互动 App 之一。2018 年美拍正式上线供用户边看边学的线上舞蹈模仿学习功能——舞蹈跟拍器，旨在降低青年自我表达门槛，从而激发用户的内容生产与创作的热情，并掀起全民性的舞蹈热潮。Kipling 的主要目标用户群体为女性用户，而全新品牌战略需要吸引千禧一代年轻群体关注，美拍正是一个绝佳平台，利用平台优势及用户的行为习惯，品牌配合输出主题活动，自然能吸引目标群体的关注。

3. 城市人流聚集之地，必定掀起舆论关注

轻松巴士开往城市人流密集之地，用户可随时登上 Kipling 的轻松巴士，化身为行走的表情包，卸下伪装，勇敢表达自我。Kipling 轻松巴士以玩趣的方式，传递正能量，展现 Kipling × emoji 品牌共同秉持的快乐精神。轻松巴士设置多个互动专区，让用户随时登上，解放自我，拍摄自己的行走表情包。

通过互动机制的设立，Kipling 让参与快闪的人前往最近的门店领取品牌赠礼，线上活动与线下门店资源强势联动，形成体验闭环。

项目策划

1. 目标

Kipling×emoji“行走的表情包　点亮每一天”作为 Kipling 在全亚洲市场推广的口号，选择适合中国市场及消费者的需求，传递 Kipling 和 emoji 的品牌核心理念——尽情释放自己的情绪，真实地表达自我，将不伪装、轻松表达自己的文化传递给消费者，让他们被积极向上的精神所触动。

2. 策略

（1）超越包装等形式上的合作，立足双方品牌基因，打造真正的深度融合。

（2）基于中国传播环境，围绕产品核心卖点，选择国内年轻人喜爱的传播形式和阵地，力求传播效果最大化。

（3）对内整合平台资源，对外整合跨界资源，通过全方位的立体式传播打动用户。

3. 受众

（1）精准人群：千禧一代女性群体、emoji 已有“粉丝”群体。

（2）泛人群：旅行爱好者、时尚潮流用户。

4. 传播内容

（1）倾情打造“魔性”主题曲《行走吧！表情包》，全线预热。

“魔性”旋律轻松传唱，一镜到底 MV 还原国内年轻人生活中不敢表达自己的种种场景，行走的表情包向你展示生活的态度，教你甩掉羞涩，表达真我！

（2）轻松巴士全国巡展，传递快乐精神。

上海、南京、广州三城巡展，互动玩转行走表情包，完成轻松巴士所有体验即可获得徽章，前往店内兑换礼品，为门店形成引流。

（3）国内市场热门互动形式：互动 H5 深度结合，好友默契值一测便知。

“魔性”原创主题曲 MV《行走吧！表情包》

好友互动测试 H5，配合线下互动屏同步呈现

用户可通过 H5 轻松表达自己，看看其和好友是不是最佳拍档，更可免费申领 Kipling×emoji 跨界合作萌眼包。

（4）国内市场热门视频玩法：美拍定制滤镜，全民魔性 Battle（比拼）。

美拍主题活动专区，魔性舞蹈 Battle 大赛开启，趁机跳出真我、放飞自我，表情包也可以跳出来！全面扩大活动触及圈层。

（5）微信专属表情包：萌猴表情包上线，随时表达真我。

行走的表情包怎能只有 emoji？搭配 Kipling 萌猴专属表情包，实力打造互动传播素材，强化主题活动核心关键词。

5. 媒介策略

（1）微博平台围绕核心卖点，通过"腰部"KOL 从时尚生活、旅游、摄影、创意等多角度呈现传播内容，充分利用媒体资源的叠加效应，聚焦影响目标人群，圈层渗透，内容细分，快速推动销售转化，实现传播效果最大化。更结合当下热门综艺话题，邀请《中国好声音》成员吴木蓝进行歌曲二次创作及演绎，拍摄创意 MV，勇敢表达，做真实的自己，实力演绎行走吧表情包，助力主题活动进一步传播。

美拍定制"Kipling 行走的表情包"滤镜

（2）微信平台为线下活动引流，根据快闪巡展城市现状，选择当地极具影响力大号进行活动推广，集中精准吸引当地用户关注及前往参与。

（3）美拍平台由舞蹈"头部"KOL 引领，借助 KOL 在平台的影响力，让平台用户关注到活动及品牌，掀起活动高潮。三大 KOL 使用主题滤镜，分别创造不同风格的专业表情包舞蹈，引导用户参与，提高用户参与的积极性。

（4）垂直时尚平台选择《YOHO!GIRL》杂志进行深度合作，通过潮流年轻 KOL，结合 Kipling×emoji 跨界产品展示不同风格搭配，进一步提升产品及品牌的"时尚潮流"属性，让年轻、潮流用户群体关注品牌，增加喜爱度，从而购买产品。

项目执行

1. 第一阶段：官方首发，蓄足新品热度

2 月 28 日，联名产品发布，率先露出合作艺人街拍，引发关注，时尚生活 KOL 倾情演绎。

3 月 13 日，《YOHO!GIRL》合作开启，潮酷达人演绎春日里行走的表情包。

2. 第二阶段：系列物料重磅引爆

3 月 14 日，原创“魔性”主题曲《行走吧！表情包》发布，“粉丝”好奇心爆棚，好友默契值测试互动 H5 同日发布，强势扩散话题热浪。

3 月 15 日，Kipling 轻松巴士三城巡展开启，上海港汇拉开帷幕。

3 月 16 日—4 月 12 日，美拍合作滤镜上线，活动热度瞬时爆发，美拍“头部”KOL 带头创作表情包舞蹈，引爆参与热度。

3 月 22 日—3 月 30 日，外围 KOL 接力，《中国好声音》选手进行“魔性”歌曲再创作，时尚舞蹈达人跟拍表情包舞蹈，掀起“魔性”表情包舞风潮。

3. 第三阶段：满分包上线，打造满分造型，Kipling × emoji 跨界满分收官

4 月 1 日—4 月 13 日，携手《YOHO!GIRL》助力草莓音乐节各界潮人，实力打造满分潮酷搭配。

4 月 14 日—4 月 30 日，时尚、旅行 KOL 展示满分宝出行穿搭和实用功能，通过时尚大片呈现效果，外围大号整合式传播。

项目评估

《行走吧！表情包》视频播放量超过 1 亿次，H5 浏览量均超过 20 万次，参与申领人数超 5000 人。

活动为官方微信账号带来“粉丝”增长超 3 万人，为官方微博账号带来“粉丝”增长超 2 万人，互动量超 6 万条。

关键 KOL 大量报道扩散，助力总话题互动量突破 1.3 亿次，整波活动深获消费者口碑好评，赞誉声更扬名亚太地区。

美拍 App 跨界合作打造《行走吧！表情包》专属滤镜及活动挑战专区，

总曝光量超1600万次。活动期间，美拍“头部”KOL助力推广，Kipling#行走吧！表情包#话题小站内吸引超过6万人次互动参与。参与用户集中在广东、浙江、江苏、北京、四川，参与者的女性比例非常高，滤镜可爱的效果引发了大量年轻女性和萌娃参与，甚至包括亲子KOL，成功吸引妈妈群体。

轻松巴士在上海、南京、广州三城进行快闪巡展，成功吸引了2500多名用户登上轻松巴士变身行走表情包。通过线下快闪互动为官方账号带来超4万名新增“粉丝”。Kipling×emoji跨界合作系列产品销售额占同期总销售额的36%，店铺进店客流增长26%。

项目亮点

（1）洞察目标用户群在如今的社交环境中不善言辞，不敢表达自己的现状，结合社交网络受欢迎、具表达概念的热门IP emoji，共同打造主题，鼓励用户通过Kipling×Emoji的产品及轻松生活态度，传递快乐，展示真实的自我情感。

（2）西方IP碰撞，形式之上主题制胜；“魔性主题曲+轻松巴士全国巡展+好友默契测试H5+美拍主题挑战赛”，360°诠释Kipling×emoji关于轻松表达自己的一切。

（3）热门社交软件精准合作：在微博、微信、美拍等年轻人常用的热门社交软件投入传播，利用社交软件的快速传播效果达成大范围的辐射影响。在美拍平台中，通过主题滤镜设计及挑战赛的打造，助力更多潜在用户在互动中轻松表达自己。

（4）携手受众喜欢的KOL，通过时尚街拍、旅行体验的方式创造目标用户群向往的轻松快乐的生活方式，让Kipling成为轻松表达的好帮手。

亲历者说 蒋雯盈 Kipling市场部副经理

这次传播其实意义非常大，是品牌正式开启年轻化传播的第一役。一直以来Kipling的包以质量和功能性著称，从线下门店和天猫数据来看，主力消费者集中在30~40岁，其甚至有个民间昵称叫“妈妈包”。随着千禧一代逐渐成为

消费主力，品牌年轻化势在必行。

从 IP 属性来说，emoji 并不是一个新的 IP，但是一个长久在人们生活中“润物细无声”般的存在。在各式网络表情包的夹击下，如何将这次跨界产品的传播做出亮点是我们面临的挑战。

在讨论创意过程中，除了对目标受众的心理进行深刻洞察，我们也得益于数字传播环境和大众娱乐环境的发展。美拍等 App 正火，新兴 AR（增强现实）技术的运营，包括《中国好声音》选手的人气，无一不是助力执行的关键。

在项目落地过程中，最令人欣慰的是消费者的互动。尤其在南京路演中，排队体验互动屏和登上巴士合影的消费者排起长龙，无论是妈妈和孩子，还是闺蜜朋友，都用 emoji 表达了自己的心情，同时给“双微”和门店带去了流量。

案例点评

点评专家：邵松岩　北京阶承传播顾问有限公司总经理

用符合千禧一代的语境、行为习惯的方式来做品牌推广，该案例做得很用心。通过产品和表情包的联手，拉近了产品和受众的距离；用舞蹈大赛、短视频、快闪等形式，让此次推广“活”起来了。方案的用心之处在于，充分调动受众的感官感受，有好听的，也有好看的，还有好玩的。好听、好看、好玩的东西，通过有效的互联网平台，实现放大效应。作为一个海外品牌，其能充分贴近中国消费者，并做到和消费者深度互动，可以看出该品牌在本地化进程中做出了可喜的成绩。

比亚迪元 EV535 微电影项目

执行时间：2019 年 4 月 15 日—2019 年 5 月 31 日

企业名称：比亚迪汽车有限公司

品牌名称：比亚迪

代理公司：北京播势品牌管理有限公司

获奖类别：金旗奖——2019 最具公众影响力数字营销大奖

项目概述

为配合比亚迪元 EV535 上市传播，打造一组“走心”微电影，围绕亲情、爱情、友情，聚焦目标受众的真实生活状态，让产品成为融入情感的载体，让受众在认知产品的同时产生对产品和品牌的喜好倾向，让产品获得高曝光和积极口碑。

项目调研

比亚迪 A0 级纯电 SUV 元 EV535 上市，长续航、超低使用成本的特性非常符合年轻人的需求，适合在一线城市奋斗的年轻群体。比亚迪希望以更加开放、多元的感性文化，影响新一代年轻购车消费主力，快速打开年轻市场。

项目策划

1. 传播目标

（1）广泛吸引关注，快速获取市场关注度。

（2）包装元 EV535 产品属性，将其塑造为年轻人积极乐观的态度代表，获取目标人群好感。

（3）让用户在情感共鸣中对产品形成良好认知，促进销售。

2. 受众洞察

数据显示，新能源车的消费人群日趋年轻化，20～30 岁青年群体占比大幅增加。

在一线城市打拼的年轻人，在生活压力之外，还要面对情感取舍，但他们依旧选择积极乐观地寻找解决方式。

元 EV535“长续航 + 超低使用成本”的特性，可以极大减轻他们的生活压力，带来生活的便利与乐趣。

3. 传播策略——系列微电影情感营销

（1）从一线城市年轻人的真实生活情景出发，制造强烈代入感。

（2）从普世的情感出发，激发消费者共鸣。

（3）整合年轻人舆论阵地，进行矩阵式扩散传播。

4. 传播方法——抛出话题，悬念预热，逐层递进，引人入胜

（1）情感话题引入：预热期发布海报，引导社会话题讨论，唤起用户情感需求。

（2）悬念故事吸引关注：中期释放悬念预热片，充分利用用户好奇心，引爆关注。

（3）走心故事打动：正片发布后，视频平台、新闻信息流、KOL 同步分享、跟评形成闭环，将产品亮点逐步种在用户心中，刺激年轻消费市场。

5. 传播内容——拒绝贩卖焦虑，贴近年轻人的思维，积极乐观地解决问题

微电影选取爱情、亲情、梦想角度，分别设置有冲突、有反转的情节，将产品核心卖点“每公里 7 分钱”等毫无痕迹地植入故事中，不以“鸡汤”的方式贩卖焦虑、空喊口号，而是积极为年轻人提供解决方案。

《副驾》——主人公立新奖金被扣又不想辜负爱人的海岛游，谎称加班，实际上开顺风车攒钱，令爱人生疑。真相大白后，他又成为她的专属司机。元 EV535 长续航加低成本成为故事的关键条件。

《天伦之痛》——主人公建雄把在家乡独守的父亲接到城里尽孝，但这似乎不是父亲想要的，最后父亲回到老家重新找回属于他的生活乐趣。省钱又安全的元 EV535 则作为儿子另一种陪伴的方式。

《北京方向》——主人公晓晓在河北燕郊合租，每天起早贪黑挤公交，省吃俭用，受到朋友不解。当她终于拥有属于自己的车时，她离梦想又近了一步。元 EV535 的超低成本为她减轻不少生活的压力。

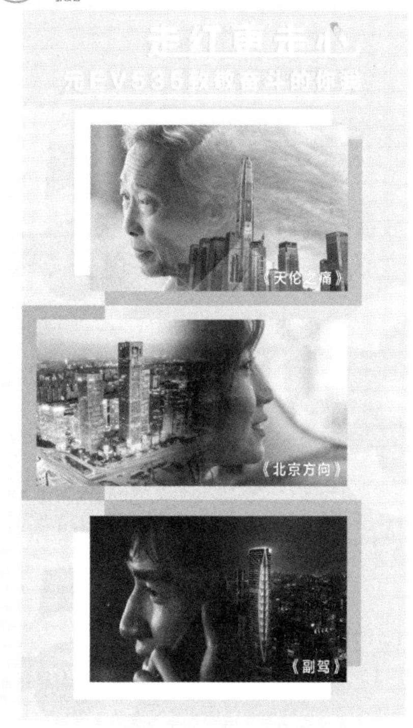

比亚迪元 EV535“走心”微电影

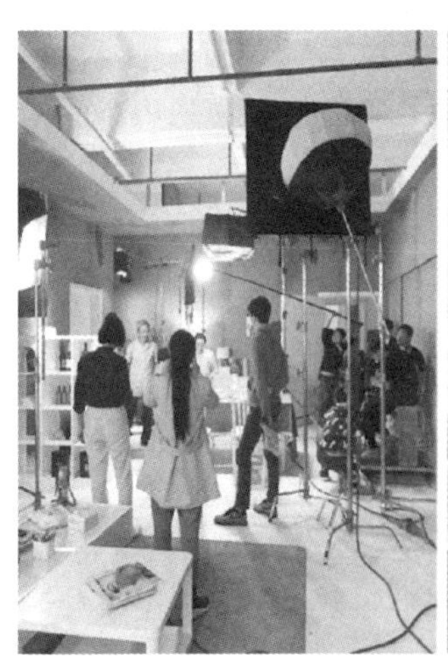

拍摄现场

项目执行

（1）微电影剧本经过三个月反复修改、细节确认以及台词打磨，最终呈现被观众评价为“走心”的作品。

（2）产品是故事中的重要线索而并非生硬植入，所以即使最终产品在视频中呈现时间不长，却令人印象深刻。

（3）为了还原受众的真实生存状态，视频拍摄从场景选择、道具到演员选择上都非常认真，最终以真实的代入感打动观众。

项目评估

（1）元 EV535 微电影上线以来，累计曝光量 17466.01 万次，阅读量 2059.1 万次，视频播放量超 2076 万次，内容触达精准，引发年轻人的热烈讨论，网友反馈“走心”了。

（2）借助微电影，元 EV535 成为年轻人奋斗路上的伙伴和见证者，长续航、超低使用成本的特性得到快速传播，产品特性深入人心，收获目标消费群体好感和市场关注度，成为上市当月销量冠军。

（3）相比于传统的图文，元 EV535 微电影传达了更丰富的内容，也更契合目标群体的情感需求。基于真实动人的故事和更贴近年轻人的思维，产品和用户的情感关联点直接触动用户的心，在价值观上形成认同。

（4）短视频中对元 EV535 赋予的感性形象和情感注入，让冰冷理性的汽车变得更温暖感性，使产品快速占领消费者心智，影响消费者购买决策。

亲历者说 吕宛芯 北京播势品牌管理有限公司 VP（副总经理）

微电影营销的概念看似简单，想要作出真正契合品牌、贴近消费者的“走心”内容却并不易。早期的故事创意，就要来源于扎实的产品研究和潜在消费者定位，了解产品特色、精准用户群体，才能换位思考，找到情感切入点，让故事顺理成章服务于产品并打动消费者，而不出现牵强附会的尴尬。此外，拍摄执行的高品质同样重要，我们启用资深的专业电影团队，坚持每个细节都精益求精，呈现优质作品。最后，经过精准的推广，我们抓住年轻用户喜爱的“两微一抖”平台，先用情感类“大V”引爆话题再顺势炒作，使每个微作品都收获了网友的爆款口碑。看得见的是数千万次的播放量，而背后是每一位工作人员无数次的沟通和讨论、踏实严谨的付出和努力。

案例点评

点评专家：彭焕萍　河北大学新闻传播学院副院长、教授

情感是数字时代最为宝贵的元素，情感诉求是数字营销的有效手段之一。比亚迪元EV535微电影项目的最大亮点就是对亲情、爱情、友情等情感元素巧妙运用，通过一个个颇具现代都市气息的小故事，将元EV535塑造成为年轻人直面压力、积极乐观、生活向上的态度代表，在上市环节打了一场漂亮的营销传播战役。

项目采用极具代入感的场景化设置，以一线城市年轻人真实生存状态为出发点，抛开对产品性能的浅层次描绘，将产品人性化地融入年轻奋斗者的工作、生活以及家庭等场景，通过年轻人的生活工作日常情景制造强烈的代入感，以此来吸引年轻的消费群体。

在故事讲述中能够紧紧围绕目标用户的情感需求，通过情感来激发消费者共鸣。故事讲述技巧高超，巧妙的冲突设置和反转情节形成流畅但不平淡的叙事风格，比较符合年轻人的心理诉求，尤其是在将产品内化于故事方面处理得自然无痕。“走心”的故事设定和价值传递，更易赢得年轻消费群体的好感。

项目在渠道运用方面有意识选择年轻人易于接受的媒介渠道和舆论阵地，在传播方法上采用话题引入、悬念预热、分享跟评等逐级推进策略，通过视频平台、微信公众号等平台整合，实现矩阵式扩散传播效果。

力度伸“来点抵抗力”网络营销

执行时间： 2018 年 10 月 22 日—2018 年 12 月 31 日

企业名称： 拜耳医药保健有限公司（简称拜耳）

品牌名称： 力度伸

代理公司： 上海奥观市场营销策划有限公司

获奖类别： 金旗奖——2019 最具公众影响力数字营销大奖

项目概述

基于对年轻群体的洞察，力度伸发起“来点抵抗力”的活动，号召大家在日常生活中提升抵抗力，来对抗各种“不给力”状态。其联手重量级媒体，并在社交平台通过一系列 KOL 进行宣传，为“抵抗力”这个偏医药的概念，赋予全新的玩法，让年轻人产生共鸣。

项目调研

伴随新生代人群轻养生观念的崛起和国家政策的扶持，保健品市场正处于高速飞涨期，年轻消费者对保健品的关注度和消费意识也在快速增长。

力度伸洞察到“85 后”“90 后”人群正处于职业上升期，家庭也需要得到兼顾，双重压力之下，更需要来点抵抗力来提升身体状态。同时，他们需要情感宣泄和共鸣，他们是网络时代原住民，依赖网络，熟知各类网络语言，关注娱乐与轻吐槽，热衷个性表达，更易在网络上进行分享和沟通。

对于话题营销，新生代人群自带扩散传播属性。因此找到“能引发共鸣的内容创意 + 紧密关联的日常场景 + 激发参与感的互动话题”，是与他们进行有效沟通，加强传播效果的方式。

项目策划

1. 目标

提升品牌知晓度，完成固有认知转变；吸引年轻消费群体，为品牌注入新活力，最终实现“流量 + 销量”双重转化。

抵抗力金句海报

2. 策略

策略一：沟通社交化。用年轻社交群体的语言和方式来建立沟通，在他们熟知的场景下进行对话，将“抵抗力”这种偏医药的概念玩出新维度。

策略二：产品场景化。功能反哺：将力度伸维生素 C 泡腾片向“泛生活化”延伸，将产品融入目标消费者的生活和职场场景。

策略三：品牌立体化。将力度伸品牌从之前偏医药品类的形象，向更年轻化、更生活化的方向进行立体打造。为品牌赋能，注入全新活力。

3. 受众

“85 后”“90 后”人群是品牌希望触及的主要受众。

4. 传播内容

联手网易，燃动 2018 暖冬

（1）从职场和生活中抓取一系列年轻消费者遭遇抵抗力不足的场景，打造金句海报。

（2）联手网易，发起“缺少抵抗力，别总怪水逆”的活动，将两派对于抵抗力的不同观点以辩论的形式进行传播，并将优质 UGC 落地线下。

（3）联合热门综艺节目《奇葩说》旗下新媒体账号“东七门”，以年轻人喜爱的轻娱乐方式聊聊抵抗力。联手新媒体账号“新世相”，以心灵小鸡汤的方式

爆款金句落地线下

进行暖心沟通。通过一系列 KOL 从不同角度诠释抵抗力，用全新的概念来和年轻人沟通，引发共鸣。

5. 媒介策略“1+2+N”

1——一大强势主流媒体：线上网易引爆热度，线下声浪计划二次发酵。

2——两大 KOL：从两大社交场景发起话题讨论，集合 UGC，引发二次传播。

N——N 家多元化新媒体：微博和微信 KOL、门户垂直类网站多维度助推话题，全方位触动目标消费者痛点，进一步发酵扩散。

项目执行

（1）2018 年 10 月 22 日项目上线，力度伸在网易跟帖频道发起“缺少抵抗力，别总怪水逆”的活动，将“佛系随缘派”VS“鸡血抵抗派”两种观点以辩论的形式进行传播。历经半个月，收获大量优质 UGC。最终这些金句精选于 11 月 21 日落地上海人民广场地铁站，引发二次传播。

（2）一系列的金句抵抗力海报也随之在社交平台传播。联合“东七门”在 10 月 25 日发布推文“水逆青年：这世界存在的意义就是给我添堵”获得一系列热爱轻娱乐群体的积极反响，而“新世相”11 月 28 日发布的推文“这句话害惨了多少年轻人：谁也别依靠，除了自己”，更是收获了一众年轻人的深夜共鸣。

（3）除此之外，品牌联手不同类型的 KOL 发布自己的抵抗力内容，比如微信公众号 4A 广告门、半仙幺幺、飞飞是大王、笨鸟文摘、小野妹纸学吐槽、英国报姐等从职场和生活两个社交场景多形式多维度扩散抵抗力，引发网友共情。

（4）多个重量级门户垂直网站集中扩散发酵，从媒体、品牌、事件三个角度进行传播，进一步扩大影响力。

项目评估

1. 效果综述

项目总覆盖超 1.5 亿人次，互动量超 9.5 万次。

2. 受众反应

网易页面上线后，共获得网友超 6 万张投票，以及超 2 万次的网友互动和点赞，其中也有大量的 UGC 产生，KOL 推送总阅读量超 70 万人次，互动量超 1.1 万次。根据线上收获的用户互动留言，获得大量消费者优质反馈。

3. 媒体统计

30 个门户垂直网站集中扩散发酵，从媒体、品牌、事件三个角度发布新闻稿，为内容做二次扩散，浏览量超 230 万人次，进一步扩大影响力。

亲历者说 王润苗　上海奥观市场营销策划有限公司客户总监

因拜耳的强大背书和科研实力，力度伸的维 C 产品深入人心。但是因近年来新晋品牌增多加剧了竞争，品牌形象老化，更多的消费者只在秋冬季节抵御流感时联想到该产品，而品牌则更希望力度伸能够成为日常用品。

借助本次项目，力度伸和年轻消费群体做了深度的沟通和互动。在项目的执行过程中，网易活动上线的首日就收获了一票网友的热烈参与并积极分享；“新世相”内容推送当日，更收获了满满的消费者参与热情，其中大量的金句留言让我们看到了来自年轻消费群体的共鸣和真诚分享；“东七门”的内容角度则更为年轻，从“水逆”角度和读者做深度沟通，唤起了更多的共鸣。

案例点评

点评专家：陈小桃　海南大学政治与公共管理学院公共关系学系教授

潮文化、潮沟通、潮传播，是该案例最大的特点。为迎合“85 后”“90 后”群体的需求，该项目选择受年轻人喜欢的网易、《奇葩说》、“新世相”等社会化传播媒体，采用流行的产品“场景化”沟通模式，使用新潮的话语表达，但是又选择了能打动“85后”“90后”潮人痛点的传播内容——亚健康、增强抵抗力。这是针对年轻人独有的、非常时尚的传播模式。传播口号“缺少抵抗力，别总怪水逆”文案视觉化，直接击中职场潮人的痛点，非常具有冲击力，让抵抗力这个健康话题的宣传不再是以往老年人严肃的说教或者温情的提醒告知，而是为年轻人打造了一个情绪出口，在共鸣中延伸发酵，形成二次传播。总的来说，该数字营销活动让人感觉充满年轻活力，创意十足，这是一次新潮的、独特的公共关系活动。

同道大叔 × 亚朵星座酒店

执行时间： 2018 年 8 月 13 日

企业名称： 深圳市同道大叔文化传播有限公司

品牌名称： 同道大叔

代理公司： 深圳市同道大叔文化传播有限公司

获奖类别： 金旗奖——2019 最具公众影响力数字营销大奖

项目概述

星座话题受众不被人群属性局限，与主题式酒店不谋而合。双方合作找到一个都市人的现实痛点进行心理疏导并将其与星座文化进行结合，“慢一点”是抓住都市人产生共鸣的核心。本次合作不仅仅是空间赋能升级，更是双方价值观和精神理念的一次深度融合。同道大叔及其 12 星座的 IP 形象已经拥有众多的“粉丝”，IP 的赋能价值得到了全面的升华，与亚朵合作的主题酒店是同道大叔向线下沉浸式场景体验延伸的一次成功实践。从单一合作到多场景渗透，从线上原生内容、流量入口到强势赋能线下消费场景，本次合作为亚朵和同道大叔都做了一次积极的品牌跨步升级。

项目调研

同道大叔自 2015 年成立至今，一直探索更多的商业模式，涵盖了 IP 运营、IP 授权、IP 衍生、IP 电商、IP 社群、IP 赋能、IP 跨界、IP 数字整合营销等业务，在逐步完善 IP 体系的各个环节的过程中，其希望能渗透“粉丝”衣食住行用等日常场景，而同道大叔与酒店或住宿公寓的跨界合作将完善同道大叔 IP 生态圈，完成从单一合作到多场景渗透，从线上原生内容、流量入口到线下消费场景的沉淀。同道大叔 × 亚朵星座酒店的合作，不是单一维度的合作，而是做了空间赋能的升级，同时进行价值观和精神理念的深度融合，打造一次双赢的传播活动。

项目策划

1. 策略

同道大叔提取“水逆”作为关键词，也正中年轻人群内心，以“水逆”“慢生活”这些心理共鸣的玩法，实现双方价值观和精神理念的深度融合，而亚朵作为极受欢迎的人文酒店之一，倡导轻生活。

最终，首家星座减压酒店应运而生。同道大叔 × 亚朵的“慢一点”星座酒店希望成为大家前行路上的休息区，让大家可以慢下来，享受生活。

2. 设计创意

以感官为营销创意点，以味觉、嗅觉、视觉、听觉、触觉为核心，设计了五大创意公区（包含艺术装置与互动体验），进行五感全方位减压，同时加入 12 间星座主题房，种类繁多的创意物料，融入多处星座视觉元素与星座内容，营造星座主题氛围。

项目执行

1. 充分利用同道大叔自媒体优势，借势“水逆”热点，打造趣味事件引关注

（1）借势“水逆”热点，创建微博话题 # 水逆假期 #，阅读量超 1784 万次，微博矩阵联动，持续制造悬念引发网友关注。

（2）吸引众多“粉丝”围观并持续关注，通过创意营销打法而非硬性广告形式告知合作信息，循序渐进，更具话题性。

2.“微信微博矩阵 + 社群 +KOL”，多维度推广传播，利用优势资源，达到传播最大化

（1）微信、微博充分调动社群“粉丝”积极性，招募有影响力的社群 KOL 作为星座减压体验官参与发布会。

（2）时尚圈、影视圈等百万博主，在微信、微博、爱奇艺泡泡圈等多渠道扩散传播，仅社群传播就达百万级影响力。

3. 线上线下联动，打造创意发布会

（1）打破传统意义上的正式发布会，结合减压主题打造首个躺着开的发布会，打造差异化形象，符合同道大叔品牌调性。

（2）“非正式发布会环节 + 互动体验”，创新模式带来高关注度和话题性，吸引现场住客进行关注与参与。

项目评估

网易、新浪、今日头条、搜狐、腾讯等网络媒体纷纷进行了报道，三声、界面新闻、钛媒体、4A 广告提案网等多家资深媒体也进行了深度剖析。酒店在开放预订后深受喜爱，几乎是“一房难求”。从亚朵酒店的反馈来看，与亚朵酒店合作过的众多 IP 中，同道大叔的市场效果尤为明显。

项目亮点

同道大叔 × 亚朵星座酒店是以 IP 为核心的一次合作，从线下的主题酒店硬装到酒店内饰、软装都采用了同道大叔的 IP 元素，酒店传达的概念也以慢下来享受生活为主题，将酒店从工具性层面推向了品牌传达价值主张的层面，而同道大叔作为一个网生的内容 IP，可以为品牌主做到 IP 形象赋能，同时通过线下的主题发布会以及社会化的传播手段打造了声势浩大的营销活动，而同道大叔更通过强势内容原创能力，在线上大力助推，让整个活动形成了线上推动线下、线下反哺线上的闭环，将同道大叔这个 IP 的价值发挥到了极致。

亲历者说 朱艳 深圳市同道大叔文化传播有限公司品牌总监

这是同道大叔非常成功的整合营销案例，很多人对于同道大叔的认知仅仅停留在表层，对于同道大叔的了解还是在基础的星座 KOL、微博微信的“大 V”“流量主”关键词上，事实上我们从 2015 年开始搭建 IP 的构架，雕琢 IP 的形象，选择 IP 的定位，在几年的时间中，我们不断丰富自身 IP 的内容，扩充 IP 的图库，发展 IP 的广度、深度，尝试与各行各业的品牌、产品合作，开展更多的跨界玩法，多维度地去发散同道大叔 IP 的影响力，与亚朵酒店的合作，我们从规划到执行历时一年多，中间有很多让我们难以忘记的经历，作为亲历者，我很开心参与这样有意义的项目，也期待未来同道大叔能与更多伙伴擦出不一样的火花。

案例点评

点评专家：李明德 西安交通大学新闻与新媒体学院院长、教授、博士生导师

同道大叔 × 亚朵星座酒店数字营销案例是一个成功的跨界合作案例。同道大叔以搞笑星座分析著称，12 星座 IP 形象深入人心，在自媒体领域“粉丝”众多，同时线下推出了周边产品。亚朵是极受欢迎的人文酒店，尤其是亚朵倡导轻生活态度，在酒店行业独树一帜。案例选择了“水逆”“慢生活”这些心理共鸣的玩法，实现精神理念的深度融合，让双方的“粉丝”倍感亲切，使得二者合作毫无违和感，达到了 1+1 > 2 的效果。

同时，项目借助同道大叔在自媒体领域的流量和影响力，大力推广二者的跨界合作，提升曝光度和话题热度，吸引众多年轻人前来体验。针对二者受众群，具体采用微博矩阵和线下创意推广活动，快速在城市

引爆项目。通过强势原创内容在线上大力助推，让整个活动形成了线上推动线下、线下反哺线上的闭环，发挥同道大叔 IP 的价值，同时提升了亚朵酒店的知名度和美誉度，达到营销的目的。

综上所述，同道大叔 × 亚朵星座酒店的数字营销项目是一场双赢、效果翻倍的营销活动，值得作为实践教学案例学习推广。

广州 K11 事件宣传线上推广

执行时间： 2018 年 3 月

企业名称： 广州 K11 购物艺术中心（简称广州 K11）

品牌名称： K11

代理公司： 青岛小漾互动信息科技有限公司

获奖类别： 金旗奖——2019 最具公众影响力数字营销大奖

项目概述

K11 是全球首个把艺术、人文、自然三大核心元素融合的全球性原创品牌。首创的“艺术 + 商业”模式，定位独特，形象鲜明，在此基础上形成了一个打通线上线下、全方位渗透都市潮流年轻人生活的生态圈。

在这个购物中心里，艺术品展览、都市人的生态梦，以及各种艺术演出，成为主要内容，弱化传统商场“贩卖商品”的刻板形象。

广州 K11 事件宣传线上推广 1

广州 K11 是全球第 4 座 K11（前三座分别位于香港、上海、武汉）。广州 K11 共 10 层，包括地上 8 层，地下 2 层，总面积约 7 万平方米，将为广州带来首创的艺术馆零售概念。

项目调研

1. 背景

作为一个人口超过 2000 万人，常住人口超过 1400 万人的现代化都市，广州的人口吸引力指数位列 2017 年百度全国城市人口吸引力排行榜第二位，超过北京与上海，仅低于深圳，是一个充满都市活力，极具前沿文化及品牌消费力的南方中国门户城市。（数据来源：《广州蓝皮书：2018 年中国广州社会形势分析与预测》）

2. 竞品项目

（1）都市休闲消费综合体——太古汇：位于广州市天河中央商务区核心地段，由一个大型购物商场、两座甲级办公楼、广州首家文华东方酒店及酒店式服务住宅、一个文化中心构成，云集逾 180 家知名品牌，其中 70% 为国际品牌，30% 为国内品牌，逾 70 个品牌为第一次进驻广州，多个国际知名品牌在此设立旗舰店或概念店。

（2）世界顶级品牌 T 台——丽柏广场：坐落于广州黄金商圈越秀区，汇聚全球各大顶级品牌，是华南地区世界名牌十分集中的高级购物广场之一。丽柏广场致力于营造华南地区超凡高雅的购物环境，打造精英荟萃之所，以顶级服务吸引高端消费群体。

（3）新城中轴的休闲殿堂——正佳广场：坐落于繁华的商业圣地广州市天河区，横跨新城市中轴线，与珠江新城未来商务中心区一体贯通，并配套香港直通车等外部设施。其中购物中心面积 30 万平方米，同时拥有超五星级酒店及超甲级写字楼，集零售、娱乐、餐饮、会展、康体、休闲、旅游、商务于一体。

项目策划

1. 目标

在商业项目高密度聚集区，树立精准、独特的传播态度，从众多商业大鳄中脱颖而出，俘获精准受众的关注和认知，是本次创意所关注的核心营销目标。定位于“购物艺术中心”的 K11 落地广州，希望赋予其一种“艺术乐园”的文化，创造充满活力和舞台般的购物体验，将革命性的博物馆零售概念融入购物场景，使艺术和商业以有趣的方式彼此融合。

2. 策略

广州的夜晚，有一种诱惑力。夜生活的常态化生动体现了这座城市年轻人口密度大、交通网络便利、社区生活丰富等特点。“你今晚去边”，这句话来源于广州年轻人平常的问候，也道出了年轻人对城市夜生活的期待与想象。而K11 的回答是：去有光的地方。

K11 认为，光代表着艺术和未来，艺术在消费者心中有着“高冷”、难懂的认识，而艺术展常贴上“高端生活”的标签，很难形成热点事件，一般人即使想参与也无从得知信息。K11 以艺术 IP“C 位出道”，在广州的夜空中像是一道闪亮的光。而光的存在，也吸引着渴望光的人，吸引着那群大胆尝试、对未来充满渴望的潮流年轻人群，以及渴望提升自我品味、接受艺术熏陶的商务人士。

3. 受众

广州 K11 所在区域依托天河 CBD 的区域优势，南邻珠江新城，近距离辐射珠江新城和二沙岛高端住宅区，区域交通便捷，高端商务中心、商业综合体、Shopping Mall（大型购物中心）林立，商业氛围成熟，辐射大量年轻群体、高知群体及中产群体。

4. 传播内容

一部手绘视频、一部 3D 建模视频和一个赛博朋克风格的线上售票 H5。

广州 K11 事件宣传线上推广 2

5. 媒介策略

除图片及 H5、视频作品制作外，基于项目的目标客群，K11 选择了更加精准且直达的传播矩阵。传播渠道包括民生、网红类广州本地 KOL 公众号，生活、展览类微博 KOL，线下到场探展、时尚类小红书大咖等及其他销售类线下渠道，并以前期“抖音 + 朋友圈”预埋、中期微博造势、活动前官宣发声、后期网红探展的矩阵闭环，实行不间断的线上打法。

项目执行

K11 制作了一部手绘视频，展现光亮在城市穿梭的场景，光穿过街道小巷，点亮城市的标志性建筑物，如广州塔、博物馆等，最终汇聚到 K11，整个 K11 化为城市之光，照亮市民见识的边界，照亮整个广州。

K11 作为广州耀眼的城市之光，敢想敢做，不拘泥于任何一种身份和定位，极具艺术活力的空间和创意丰富的活动，让 K11 在试营业期间成为备受欢迎的艺术生活时尚目的地。在带来超乎寻常的艺术体验的同时，K11 创造了一个妙不可言的未来世界，实现与潮流年轻人群多维度深入沟通，共同畅想未来城市生活图景。

在此基础之上，K11 通过建模的技术手法，以一支广州惊现神秘超体的视频，为

广州 K11 事件宣传线上推广 3

K11 正式营业预热，展现未来世界的科技以及人们对未知世界的探索，为目标受众与 K11 之间搭建了强烈的关联情感，也为 K11 正式开张提供了可持续的关注动力。与此同时，K11 制作了线上售票 H5 为正式开业的线下艺术展引流。最终通过线上线下的联动，K11 不仅在互动与体验中传达了品牌精神，更引起线下到线上的极大反响。

项目评估

1. 效果综述

此次活动，结合线上线下的联动，整合各大社交平台和媒体资源，在线上进行全面传播，引起极大的反响。从“你今晚去边？去有光的地方”话题开始，在年轻人群体中引起关注，最终赢得了市场和消费者的高度认同。

2. 现场效果

K11 开业两天线下到访人数达到 12 万人，现场艺术展观展人数 5000 余人，为消费者打造了只有身临其境才能感受到的沉浸式购物艺术体验，被媒体称为不得不去的打卡热门地点。

3. 受众反应

基于对品牌受众的“High 点”洞察及切入，企业通过品牌活动话题导入与事件传播，清晰地向市场传达了广州 K11 的定位，线上收割了全网流量，线下成功打造了 K11 是广州消费者，尤其是年轻潮流消费群体心中“艺术潮流圣地”的特质。

4. 市场反应

经过线上事件炒作及互动传播，K11 在商业大鳄云集的广州成功跳脱出来，全面输出了 K11 与当地其他商业项目的差异化理念，并且用革命性的购物体验及艺术文化场景的打造，制造城市级事件的话题度和影响力，为广州 K11 的盛大开业以及艺术展活动带来了巨大客流。

5. 媒体统计

在广州 K11 开业线上传播及互动的营销周期内，达成了客户所要求的 KPI（关键绩效指标），包括：净增微信“粉丝”数 7000 人，净增微博“粉丝”数 1.5 万人，整体曝光量 500 万次（包括但不限于广州 K11 微博微信阅读量、KOL 曝光量、视频点击数等）。

项目亮点

本次广州 K11 事件宣传线上推广最大的亮点是，塑造 K11 定位的同时吸引了线下大量受众来访，通过两个视频一个 H5，吸引了十几万的线下受众来访，让大家对这个新产品的定位有一个清楚了解，实现传播实效和经济实效。

亲历者说 孙志勇 青岛小漾互动信息科技有限公司创意总监

艺术在消费者心中有着“高冷”、难懂的距离感，对于大众群体来说，艺术概念也许并不容易形成具象的表达，进行泛化的传播。

我们认为，光代表着希望、未来和聚焦，也代表着 K11 以艺术商业 IP 的定位“C 位出道”——一道光芒闪现城市，是我们对 K11 落地的一种具象比喻。我们发掘到广州这座城市的开放、潮流概念，并将项目对目标客群的定位，与 K11 独特的商业理念融入创意，以更新潮和更引人注目的方式吸引广泛的目标受众，同时以组合性的传播渠道达到流量最大化。

案例点评

点评专家：孙瑞祥 天津师范大学新闻传播学院原院长、教授，天津师范大学舆情与社会治理研究中心主任

本项目能赢得“金旗奖——2019 最具公众影响力数字营销大奖”，关键在于以下几个方面。

（1）项目前期调研充分，对竞品市场分析到位。在广州商业项目高密度聚集区，让后起之秀 K11 脱颖而出，充分展现其作为全球性原创品牌的独特气质，是该项目的推广要义。为达此目的，项目的前期调研准备充分，特别是对竞品市场的分析细致到位，做到了知己知彼。

（2）营销目标清晰，用户画像精准。该项目的成功在于其传播策划建立在清晰的营销目标把握和精准的用户画像基础之上。项目实施聚焦于年轻群体、高知群体及中高端消费群体，既准确阐释了 K11 与当地其他商业项目的差异化理念，又契合了目标用户的心理体验和消费预期。

（3）媒介策略打出组合拳，造势成功。该项目运用建模技术等手段，以“抖音 + 朋友圈”预埋、中期微博造势、活动前官宣发声、后期网红探展的矩阵闭环，实行不间断的线上打法，为这一艺术、人文、自然三大核心元素融为一体的原创品牌推广，量身定制了媒介推广组合拳，在目标受众与 K11 之间搭建了强烈的情感关联，为广州 K11 正式开张提供了可持续的关注动力。

“4 · 18”小度 AI 购物节整合营销

执行时间： 2019 年 4 月 9 日—2019 年 4 月 22 日

企业名称： 百度公司

品牌名称： 小度

代理公司： 新动力（北京）文化传媒有限责任公司

获奖类别： 金旗奖——2019 最具公众影响力数字营销大奖

项目概述

小度是百度公司旗下人工智能硬件品牌。本次项目旨在围绕“造节”促销的着力点，以整合营销传播手段，力求短时间内引爆销售转化，实现产品知名度跃升。此次项目最终实现曝光突破 2.4 亿次，销量 KPI 达成 172%，超额完成 KPI。

项目调研

1. 无转化，不营销

电商与品牌轮番“造节”时代，花式“造节”总在为消费者制造出无数购买理由。而 4 月电商节日相对匮乏，成为小度品牌造势发力的好时机。“结果导向，销量为王”，销量已成为品牌方最为关注的核心指标。传播向着“打通营销全链路，实现快速转化销售”的方向迈进。

2.“造节”背后：让大数据驱动营销

“造节”促销屡见不鲜，但如何才能让小度购物节脱颖而出？如今，大数据、智能营销和内容成为"后流量时代"品牌效益增长背后重要的三股力量。营销云平台及自动化营销技术的运用日臻成熟，打通各渠道数据，实现内容精准投放、流量精准获取、营销传播高效转化。

项目策划

1. 目标

通过打造"4·18"小度 AI 购物节，提升小度全系列产品关注度与销量，同时完成小度新品宣发，打造网红爆款。

2. 策略

打造"4·18"小度 AI 购物节，以 #AI 生活，想购就 GO# 为营销传播主题，突出产品 AI 特性和促销氛围。通过"优质创意内容 + 多平台矩阵带货"创造"诱饵"，分节奏、有重点地普及产品价值认知，扩散该购物节促销节点及利益点；利用电商平台站内、社交圈层精准传播，同时配合什么值得买、返利网、柚宝宝、美柚等多领域垂直平台合作，构建"传播—营销—转化"最短路径，打造矩阵式一体化营销网络。

"4·18"小度 AI 购物节

3. 受众

人工智能音箱有 AI"黑科技"加持，自然对 3C 产品（计算机类、通信类、消费类电子产品）爱好者等泛年轻群体有着天然的

"带娃神器"——小度智能音箱

吸引力。同时，其支持海量娱乐内容资源且极具性价比，对小镇青年群体具有很大潜在吸引力。小度内设独有的儿童模式及首创的带屏智能音箱，自有"带娃神器"的光环，亲子人群亦是此次传播重点受众。

4. 传播内容

（1）社交平台、京东、淘宝全域内容营销，实现全网引爆与电商平台高效引流。

进行全渠道物料统一覆盖，打造品牌节日的辨识度。基于产品的功能卖点及购物节期间的促销利益点，围绕用户使用场景制作易传播、能裂变、重促销的海报、视频、直播等内容，分节奏、有重点地通过微博"粉丝"活动及热门话题打造，抖音、快手等平台优质趣味性短视频，两场大型综艺型电商PGC（专业生产内容）直播及达人 UGC 直播快速曝光提高销量，引爆不同阶段重点产品销售。

（2）与美柚、柚宝宝、什么值得买、返利网等平台合作，扩宽引流通路，提升转化效果。

与美柚、柚宝宝平台展开合作，利用打卡任务、红包、社区活动、达人推荐等多维站内玩法，有效带动产品销量。与什么值得买、返利网的深度内容合作亦起到销售转化效果。

5. 媒介策略

在资源投放的方面，利用百度系渠道（百度 App、百度地图、百度网盘等）开屏、Banner（横幅广告）及信息流精准推广广告位等资源位；在平台合作方面，借助什么值得买、返利网、美柚、柚宝宝等平台活动与内容合作，配合站内信与资源位推广，实现精准受众人群转化；在社交传播方面，通过微信社群裂变扩散，微博、一直播、抖音、快手等 KOL 及网红达人的“种草”及带货，实现各渠道短路径转化及精准转化收割。

项目执行

1. 实施细节

项目前期，针对已有用户数据，通过营销云平台大数据分析及尝试性内容测试，精准确定用户人群及画像，为推广内容设定及渠道 KOL 达人选择提供决策参考。

针对小度产品多元化现状（小度智能音箱、语音车载支架、小度在家 1S）及为期 14 天的营销时长，项目执行划分为 4 个阶段，即预热期、单品促销期、全品爆发期和返场期。执行节奏同步美柚、柚宝宝等平台的营销与广告投放。部分重点内容如下。

（1）预热期：AI 购物节造势。

利用百度系及美柚等 App 开屏首页及跨界品牌微博联动活动，什么值得买、微信、社群、朋友圈等渠道传播节日主 KV，同步启动柚宝宝“粉丝”福利活动，为整体阶段促销节点和整体节日造势。

（2）单品促销期。

针对促销产品不同卖点及价格政策，利用微博、直播等 KOL 带货，精准社群海量海报导购，抖音、快手创意短视频内容引流，短信精准营销，返利分享裂变等形式，提升曝光度，促进产品售卖。

（3）全品爆发期。

淘宝站内两场重量级综艺型电商 PGC 直播，一直播、淘宝平台达人直播，利用带货达人及网红“粉丝”效应，配合福利活动打造狂欢盛宴。社交平台同步发力扩散促销信息，进一步扩大影响力，带动销量。

项目评估

在推广期间，小度智能硬件的产品力得到了充分释放，公众对百度 AI 产品能力广泛认可。新生的“4·18”小度 AI 购物节在获得追捧同时，通过自动化营销技术运用，实现精准传播高效获客，带动销量高效增长。

项目亮点

“4·18”小度 AI 购物节最大亮点在于对用户数据的有效利用，包括前期用户精准定位，指导促销内容针对性产出及渠道选择。根据数字化平台孵化出的潜在用户人群，定向微信推送新品预售信息，24 小时完成 5000 台预约量，“4·18”当日 2 小时全网 1 万台新品售罄。

“4·18”话题微博持续在榜时长超过 10 小时，让新生的“4·18”小度 AI 购物节一炮而红，带动品牌及产品声量，更促进产品直接销售，从而降低流量获取成本，提高营销效率。

亲历者说 **何哲　新动力（北京）文化传媒有限责任公司总监**

（1）不同于以往的营销传播项目，此次项目同时带有品牌传播与销售转化指标，且时间紧任务重，数字化营销平台及之前消费者用户沉淀、积累，为项目顺利完成起到核心作用。同时，在流量日益碎片化的当下，其为渠道的选择、内容的产出甚至活动的策划指明了方向，我们也因此，积攒了更丰富的用户数据资产。

（2）短视频及直播达人、社群、朋友圈等渠道营销带货的能力在此次项目中，得到客户充分认可，这也是未来营销重点发力的方向。

案例点评

点评专家：陈凯　北京汉诺睿雅公关顾问有限公司董事长

每一个活在节日里的人，都在感受着节日带来的快乐。

一个品牌要打造一个属于自己的节日，首先要找到从节日里获得快乐的人。所以，对于时下兴起的购物节来说，商家首先要想到的是这是谁的节日和谁将感到快乐。

“4·18”小度AI购物节虽然说是以销售和转化为初衷目标，但是，我认为更加重要的是这个节日将影响到哪些人，企业如何和这些人进行连接，是否能够给这些人带来快乐，是否可以制造对下一届节日的期待。

首先是要影响哪些人，我们可以看到这个购物节，利用了营销云平台和用户数据分析来精准定位了用户，打通自有数据与外部社交平台站内数据，更加精准地找到自己要沟通的用户并开始实现转化，找到了小镇青年群体和亲子人群等目标受众。

其次是如何和这些人建立连接，购物节通过社群裂变、“PGC+UGC”带货直播、多元“种草”和垂直App等精准用户渠道，以及不同波段、层次的信息触点布局，实现了与受众的多元、多点连接。

再次是给节日里的人带来什么样的快乐。购物节通过优质的创意内容和“黑科技”产品以及福利活动打造了一场狂欢盛宴。在这场盛宴里我们可以看到登顶微博话题榜榜首和2小时售罄1万台的狂欢，它们奠定了节日的快乐基因。

最后我们要衡量的就是对于下一届的期待，也就是节日用户的自我属性认同。在这里我们可以通过曝光热度、销售超预期的效果初步评估受众对“4·18”小度AI购物节的期待是超越预期的。

化繁为简，优衣库打通线上线下无缝服务体验

执行时间：2018 年 10 月 31 日—2019 年 5 月 31 日

企业名称：迅销（中国）商贸有限公司

品牌名称：优衣库（UNIQLO）

代理公司：电通公共关系顾问（北京）有限公司

获奖类别：金旗奖——2019 最具公众影响力数字营销大奖

项目概述

优衣库发现：消费者在门店网店购物时呈现全新需求趋势，对 O2O（线上到线下）零售升级服务体验提出更高的要求与期待。基于此，优衣库透过数字化平台工具，为消费者带来线上线下无缝链接的商品服务与购物体验，使产品随手可得。

项目调研

1. 项目背景

（1）在实体零售受到数字化及新零售浪潮冲击下，优衣库如何洞察消费者在数字化时代的生活需求，为他们提供化繁为简、随手可得的解决方案？

（2）作为一个服饰零售品牌，优衣库希望不只是售卖产品，而是透过数字化平台工具为消费者带来线上线下无缝链接的商品服务与购物体验，从而打造

并引领“Life Wear（服适人生）”新生活方式，真正满足消费者需求。

2. 消费者洞察

基于对中国市场与消费者的调研，优衣库发现消费者越来越知道自己需要怎样的产品或服务，消费者的注意力变得越来越稀缺，他们渴望随手可得的购物体验。

项目策划

1. 项目目标

优衣库透过品牌自有数字平台、掌上旗舰店服务、优衣库门店增值服务及旗舰店消费体验升级，实现线上线下无缝的用户服务与体验价值，满足顾客对全渠道购物的体验需求，“Life Wear（服适人生）”持续引领品牌和零售顾客服务体验创新。

掌上旗舰店

2. 传播策略

（1）通过优衣库品牌自有数字平台，分享丰富商品信息和活动资讯。

（2）掌上旗舰店，打通线上线下无缝链接的商

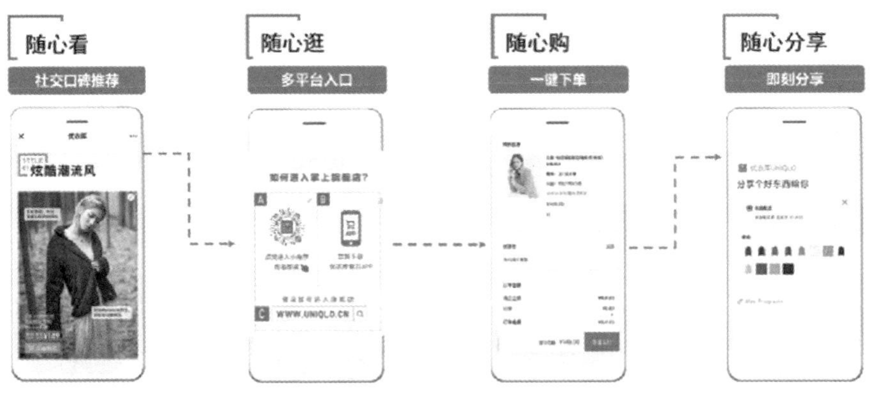

即看即买一键购

品服务与体验价值，满足顾客随手可得的购物诉求。

（3）门店自提等个性增值服务，切实解决消费者购物困扰。

（4）店铺体验升级，连接消费者购物需求和生活场景，引领新生活方式。

项目执行

微博、微信、小程序等数字平台提供丰富商品信息和活动资讯，满足消费者购物社交化需求和口碑推荐需要。优衣库品牌自有数字平台，每个月产生超过 2.5 亿次 UV（独立访客）的“粉丝”阅读流量，每天陪伴消费者“粉丝”和顾客创造美好生活。

（1）优衣库线上线下无缝链接的商品店铺体验与服务，满足顾客随手可得的购物诉求。优衣库洞察顾客线上线下购物痛点，推出掌上旗舰店，一键随心购，打通所有门店网店，提供全平台商品与服务体验，消费者可随时随地感受“Life Wear（服适人生）”优质的商品、便捷完整的会员个性服务。

（2）优衣库门店增值服务，网店下单最快 1 小时备货发货，切实解决消费者购物、物流困扰。

（3）优衣库全球旗舰店购物体验全新升级，连接消费者购物需求和生活场景，引领新生活方式。

项目评估

1. 数字新零售传播效果

（1）掌上旗舰店全新功能与门店增值新零售服务联动，店铺销售火爆，消费者对线上线下无缝的购物体验表示喜欢及支持。

（2）2018 年“双十一”期间，优衣库掌上旗舰店及天猫旗舰店销售额 35 秒破亿元，“双十一”天猫旗舰店男女装排名双第一。相关媒体报道曝光量近 3 亿次，阅读、互动数量达 3.8 亿人次。

2018 年“双十一”35 秒破亿元

2. 店铺体验活动传播效果

（1）销量：平均每月带动主力商品销售增长 140%。

（2）媒体效果：通过各方资源，沟通旗舰店品牌故事，强化宣传，单项活动整体曝光超 1000 万次。

亲历者说 董春芳 优衣库中国区公关总监

通过消费者洞察，我们希望用数字化平台工具为消费者带来线上线下无缝链接的商品服务与购物体验，真正满足消费者需求。

在策略方面，我们运用自有数字平台向消费者提供咨询服务，自建掌上旗舰店，打通线上线下渠道，用门店自提、门店急送等服务解决物流困扰。

通过这个项目，我们实现了门店、网店销售双火爆。在品牌理念传播方面，我们提升了消费者对优衣库“Life Wear（服适人生）”品牌理念的认可，强化了“Life Wear（服适人生）”的价值。

案例点评

点评专家：张明新　华中科技大学新闻与信息传播学院教授、博士生导师

在移动互联时代，消费者的消费场景变得更加多样化，几乎可以说是无处不在、无时不在。在服装品牌方面，消费者对购物体验的要求，无疑在提高。消费者往往在自己感觉相对便利的生活或工作场景中，需要随手可得的服务，并希望拥有个性化的增值服务（如本案例中的门店自提、门店急送、门店换货等），这种增值服务主要指向提供便利，为消费者节省时间和精力。优衣库通过自有数字平台、掌上旗舰店服务和门店增值服务，成功打通了线上和线下渠道，创新了零售顾客服务体验，对许多品牌的营销具有较好的借鉴意义。

在其中有三个关键性的要素：一是通过线上平台的运营，为消费者提供丰富多样的品牌资讯，为消费者的购买决策提供关键性的信息；二是通过线下的个性化增值服务，为消费者的购买提供便捷的解决方案，使得其购买能随时随地实现；三是在持续的品牌营销活动中，传播自身的品牌理念，强化消费者对其品牌价值的认可，并以高质量的服务为这种理念和价值提供支撑。

2019 最具公众影响力内容营销大奖

冷酸灵火锅牙膏跨界营销

执行时间：2019 年 4 月—2019 年 5 月

企业名称：重庆登康口腔护理用品股份有限公司

品牌名称：冷酸灵

代理公司：重庆尚诚同力数字营销策划有限公司

获奖类别：金旗奖——2019 最具公众影响力内容营销大奖

项目概述

火锅牙膏——借国潮之力，树国民品牌。

冷酸灵，国民牙膏品牌，“冷热酸甜，想吃就吃”这句广告语深入人心。借国潮跨界之风，冷酸灵用火锅场景连接消费者，以“冷热酸甜”中的“热”唤醒品牌记忆。

项目调研

年轻用户在冷酸灵“双微”留言想要口味新奇的牙膏，冷酸灵为满足“90 后”“00 后”追求个性、彰显自我的需求，结合品牌内涵，大胆跨界，玩出新花样。

项目策划

1. 目标

依靠火锅和牙膏这一颠覆传统的 IP 合作模式，玩出高度，拉进品牌与消费者之间的距离，让品牌焕然一新。借势天猫 # 国潮来了 #，在众多跨界品牌中玩出彩，为品牌口碑带来相应的回报也是此次传播的目标。

2. 策略

以小博大，四两拨千斤。从种子人群向外围人群扩散，以达到声量爆发。

（1）精准定位消费者，不断迭代打造品牌影响力。

（2）场景连接消费者，创新跨界唤醒消费者品牌记忆。

（3）深入圈层，以小博大，热点传播，出圈转化。

3. 受众

爱吃爱玩、喜欢尝鲜的“90 后”“00 后”。

4. 传播内容

（1）微博预热，制造悬念。冷酸灵和小龙坎在愚人节的一句玩笑话引发一个品牌事件。

（2）官方“互撩”，配合宣传。官方“互撩”，一步一步揭开产品神秘面纱。美食类、生活类“大 V”助力传播，培养种子用户，引发 UGC 产出。

活动海报

（3）内容引爆，传播扩散。瞄准时机，引爆传播。小红书测评、街头采访、测试视频、大号“种草”、天猫优惠等多种方式联合出击，火力全开，直击目标人群。预售阶段电商直播带货，天猫流量带动消费者传播，声量逐渐扩散。外围“大 V”、红人自发进入传播矩阵，持续扩大声量。

（4）周边开售，畅玩不停。发售相关周边产品。

冷酸灵火锅牙膏系列手机壳

（5）全民狂欢，完成出圈。天猫＃国潮来了＃大流量加持，引爆＃火锅牙膏＃话题，各类抖音红人、微博“大 V”、小红书红人自发传播，地方自媒体以及 CCTV-2、新华社等权威媒体纷纷报道，传播正式完成出圈。

（6）官方发声，宣传拔高。新华社、《中国财经报道》、《中国日报》，大批量权威媒体采访报道，正式将火锅牙膏由网络话题转变为社会风潮。

项目执行

1. 官微“互撩”，制造悬念

预热阶段：4 月 1 日—4 月 30 日。

4 月 1 日，官微发布愚人节海报，一句愚人节的玩笑引出火锅牙膏的概念。

4 月 9 日，冷酸灵和小龙坎官微正式发声，确认新产品开发。

4 月 12 日，官微发布新产品线稿，悬念继续，持续吸引网友及各类媒体关注。

4 月 18 日，产品设计稿正式面市，逐步揭开神秘面纱，同步推出独家限量手机壳。

4 月 30 日，天猫商城开启火锅牙膏预售，正式引爆话题，众多“大 V”转发，网民抢购。

2. 瞄准引爆点，密集“轰炸”

宣发阶段：5 月 1 日—5 月 9 日。

5 月 5 日，火锅牙膏街头采访视频正式发布，抖音“大 V”视频传播扩散，百度搜索指数暴增，网友讨论热度增加，第一波买家秀上线，吊足胃口。

5 月 8 日：火锅牙膏冲上微博热搜榜，微博、微信、小红书“大 V”自发“种草”。

3. 全网狂欢，推波助流

爆发期：5 月 10 日—5 月 12 日。

5 月 10 日，冷酸灵火锅牙膏预售阶段即被抢购一空，应广大“粉丝”请求，加售 200 套，在 11 秒内被抢光。

5 月 10 日：天猫“国潮来了”开启，火锅牙膏声量进一步爆发，“大 V”再次扩散相关信息。

5 月 11 日：咸鱼、淘宝二手上，产品价格飙升。

4. 官方报道，品牌焕新

长尾期：5 月 13 日—5 月 20 日。

5 月 13 日：火锅牙膏挑战视频、采访视频发布。

5 月 14 日：老品牌创新之路文章在权威媒体发布。

5 月 15 日：新华社、中央电视台财经频道等媒体采访报道。

相关报道

项目评估

火锅牙膏累计曝光量保守估计超5亿次；商品在天猫商城上线4000套被秒抢，上线即售罄。微博数百位“大V”自发转载，曝光量超5000万次，讨论量超200万次，数十位“蓝V”大号自主转发，曝光量超9500万次，讨论量超1000万次。

新华社、《中国日报》、《朝日新闻》权威媒体跟进报道，声量冲出国门。产品引全网热议，被网友称为史上最“硬核”的牙膏，火锅牙膏销量口碑双丰收。这是花小钱办大事的营销案例代表。

亲历者说 陈华 重庆尚诚同力数字营销策划有限公司市场部部长（项目负责人）

火锅牙膏爆红，间接反映了社会文化的发展趋势，消费者对民族（饮食）文化的钟爱进一步增强。贴近消费者情感，满足细分场景需求也可以让品牌受益。越来越多的消费者开始关注自己个性的表达和精神追求，品牌传递出的个性化精神内涵能增加与消费者之间的黏性。

不同圈层拥有自己专属的文化，营销能够聚焦在某个圈层、场景，出圈就能创造大声量。从火锅牙膏的火爆可以看出，个性化的需求不可小觑。

冷酸灵作为国民老品牌，也面临着消费者迭代、用户年龄老化等问题。如何真实连接年轻消费者，从场景、功能、情感上打动消费者？冷酸灵正是基于对此类群体的深刻洞察，用火锅牙膏的这一“硬核”产品，唤起更多年轻人对国民老品牌的记忆，以饮食文化场景去连接年轻圈层，使品牌年轻化，最终实现品牌升级。

案例点评

点评专家：樊传果　江苏师范大学文化创意产业研究院院长、广告研究所所长，传媒与影视学院教授、硕士生导师

这是一个让老品牌焕发新活力的精彩案例。

现实中，有很多老品牌，虽然历史悠久，属于市场知名品牌、老字号品牌，但消费群体主要是中老年人，品牌老化现象严重，衰退期症状明显。如何让老品牌重新焕发市场活力，赢得年轻消费者的喜爱，并成为“国潮”品牌？冷酸灵牙膏与成都知名火锅品牌小龙坎的跨界合作，成功诠释了老品牌只要深刻洞察年轻人消费心理，用年轻人喜爱的话语和场景开展营销传播，就能引发年轻人的关注，占领年轻人的心智，进而赢得年轻人的喜爱。

该案例也精彩诠释了在注意力日渐稀缺的网络时代，品牌营销的关键是做好品牌传播，即让品牌成为社群媒体传播的热点、年轻消费者关注的热点，甚至成为“国潮”品牌。无疑，冷酸灵牙膏与小龙坎火锅合作推出的火锅牙膏，借助国潮品牌盛行的跨界合作之风，成功运用了场景营销、社群媒体营销、内容营销之术，从愚人节小范围开启话题，到与小龙坎双方合作“互撩”，利用“大 V”扩散，再到高潮期，全网布局，“双微一抖”、小红书全面传播，通过小众圈层的传播引起了大众共鸣，从自媒体传播到权威媒体发声，用较小的投入换来了较好的营销传播效果。

7 腾讯地图2019年春节社会化传播

执行时间： 2019年1月27日—2019年2月12日

企业名称： 深圳市腾讯计算机系统有限公司

品牌名称： 腾讯地图

代理公司： 艾迪沃思国际传媒广告（北京）有限公司（简称艾迪沃思）

获奖类别： 金旗奖——2019最具公众影响力内容营销大奖

项目概述

2019年春节前夕，腾讯地图依托自身产品功能“报平安”，以可实时向亲友分享自己的位置的特点，拉近了受众春节回家时与父母的距离，缓解了父母等待焦虑感，将“暖心相伴　平安到家”的活动主题完美体现。

活动海报

项目调研

在品牌营销集中爆发的春节期间，如何找到用户与品牌自身强关联的契合点从而脱颖而出，如何用低预算撬动高声量?

艾迪沃思帮助品牌洞察到，春节期间人们在回家途中的焦虑情绪。归程的游子与等待的父母有着同样期待、盼望、担忧的心情。

而在春节营销集中爆发的大环境下，常规性暖心营销已经过于丰富，用户早已审美疲劳，难以被打动。

为了突出品牌差异化，在营销节点脱颖而出，腾讯地图以自身功能属性为基点，对准春节期间私家车主、顺风拼车回家人群、摩托车大军等，打造“母亲唠叨 Rap（说唱）”版《儿子，你到哪了》“魔性”视频，以搞笑、有趣的形式，在抓准用户节日痛点的同时，为用户留下了全新体验和深刻印象，塑造了品牌亲和力与趣味形象。

项目策划

1. 项目目标

借势春运，以腾讯地图语音操作“报平安”功能，作为漂泊在外的人回家过节的情感纽带，传播产品功能，体现品牌传播差异化、提升腾讯地图品牌影响力。

2. 项目受众洞察

春运归家人群：18～35 岁，社交平台的主力军。他们对回家翘首以盼，对回家抱有焦虑、期待、渴望的心理和情绪。期盼早点到家（有急切见父母、见孩子、见伴侣的心情），期望安全、顺利归家。

等待亲友归家人群：父母、孩子、妻子、丈夫热忱盼归，在家人回家这一天，容易集中性爆发关心。

3. 传播策略

（1）放大用户归家焦虑心理，引起大众共鸣。针对春运中的私家车主等自驾返乡人群与家人之间的情感联系，洞察家人等待用户归家的焦虑心理，制造

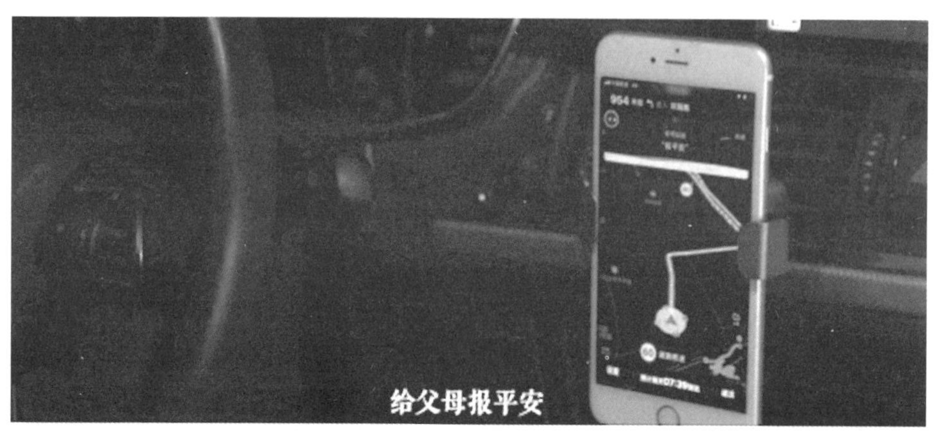

腾讯地图“报平安”功能

情感冲突，引发大众情感共鸣。

（2）事件营销，引起社会话题。结合时下大众心理，洞察传播品牌主张，策划视频，制造社会话题及事件，抢占舆论热点。

（3）产品功能创意展现，引发用户关注。结合场景植入产品，支撑品牌主张，引导用户功能使用。

4. 媒介策略

各大权威媒体、门户网站带动品牌社会影响力；社交媒体触达目标用户，助力品牌传播。

以四大卫视、搜狐、新浪、腾讯新闻、一点资讯等主流媒体，建立整体活动高度。

借助社交平台红人博主、“蓝V”品牌社交媒体渠道，百度贴吧，各大论坛进行传播投放，触达目标人群。

借势明星自身流量，深度剖析“粉丝”自传播属性，借助“粉丝”群体在社交平台的力量，助力内容传播。

项目执行

1. 执行时间

2019年1月27日—2019年2月12日。

2. 执行细节

（1）预热期：以网友投稿 KOL 形式，制造老妈焦虑式关心 # 你到哪了 # 话题，多个 KOL 相互转发炒热事件，腾讯地图官方微博现身评论，推荐产品功能，引流腾讯地图 App 端内，进行活动预热。

（2）爆发期：创建 # 暖心相伴　平安到家 # 话题，发布《儿子，你到哪了》"魔性"视频、海报，吸引多家地方交通机构、10 家品牌"蓝 V"、多个社交平台"大 V"自发传播，扩散话题声量；腾讯地图 App 上线张艺兴、奚梦瑶、范丞丞等 10 位明星语音祝福，联合 23 家明星"粉丝"站，打造互动活动，辅助话题传播，引流端内。

（3）收尾期：大数据、强媒体辅助传播，扩大活动影响力，深化腾讯地图品牌暖心形象。

项目评估

1. 效果综述

整个项目全网总曝光量达到 7556.5 万次，其中以微博平台表现最为亮眼，两个话题阅读量达到 4636.1 万次；四大卫视、新闻客户端、门户网站总曝光量超 900 万次。项目传播效果超出预期，用低预算创造高收益。

2. 受众反应

（1）# 你到哪了 # 话题营销获得网友良好口碑。

你到哪了 # 话题传播和视频传播深受网友喜爱，广告形式趣味、"走心"，引发用户带入自身情感，自发传播扩散。

（2）明星开屏活动引发网友热情参与。

腾讯地图携手 10 位明星开展有奖互动活动，收获"粉丝"热情参与，为话题带流量造势，共同助力 # 暖心相伴　平安到家 # 话题传播。

3. 媒体统计

（1）投放媒体。北京卫视、东方卫视、广东卫视、深圳卫视四大卫视，腾讯新闻、一点资讯、搜狐、新浪等主流媒体。

（2）自发性媒体。931 郑州经济广播、平安盐城、德州高速交警、松原市出入境管理支队、郑州交通等地域性交通相关机构官方微博。

亲历者说 张鑫鑫 艾迪沃思腾讯地图项目组客户经理

当母亲的唠叨以 Rap 的形式被唱出来，你还会觉得反感吗？

在本次项目传播中，最大的亮点就是核心素材《儿子，你到哪了》“魔性”视频。

我们将腾讯地图语音“报平安”功能，打造成春节归家人群与父母之间的情感纽带，将父母的唠叨重新包装，通过 Rap 的形式，加强整个宣传视频的戏剧性和趣味性。在凸显父母对子女关爱的同时，让人不觉得沉闷，成功在春节营销大战中打出差异化，从而脱颖而出。

同时我们联动了大量的媒体、社交平台“大 V”、明星及“粉丝”群体，共同呼吁大家重新审视漂泊在外的我们与父母之间的关系，使用户在春节营销市场中感到耳目一新，加深了用户对产品功能的印象，树立了别具一格的品牌形象。

案例点评

点评专家：王晓晖 国际关系学院文化与传播系副教授

春节是中国人最重要的传统节日，也是品牌营销的盛宴。要想在春节期间开足马力狂刷存在感的各路品牌中脱颖而出，必须准确洞察受众的痛点并找到品牌与其关联的契合点。

回家是春节永恒的主题，一年一度的“大迁徙”也成为神州大地上一道独特的风景线。作为服务人们出行需求的电子地图，找到产品与春节的关联点并不难——无非是帮助人们安全到家。但腾讯地图并未止步于此，而是进一步观照到家中盼归的亲人的心理需求，由此提炼出“你到哪了”作为内容的抓手，简简单单，但是场景感十足，看到、听到这句话的人脑海中不由自主浮现出关切的亲人不断追问自己“你到哪了”的情景。因此，腾讯地图制造的“回家路上，怎么才能治好老妈‘你到哪了’子弹连问焦虑症”这一“灵魂发问”迅速成为热门话题；而腾讯地图在网友们的热议和积极讨论中，通过官博和 KOL 的转发评论，带出腾讯地图“报平安”功能，也就显得较为自然且不招人反感。网友们广为转发的“魔性”Rap 视频《儿子，你到哪了》，不仅植入了腾讯地图的产品功能，更透露出腾讯地图的品牌温度。

社会化传播取得成功的关键在于内容的打造。腾讯地图正是通过“走心”的内容设计收获了公众的“心”。

荣耀 20 Pro 夜探切尔诺贝利

执行时间：2019 年 6 月 13 日—2019 年 6 月 27 日

企业名称：华为技术有限公司

品牌名称：荣耀手机

代理公司：智者同行品牌管理顾问（北京）股份有限公司

获奖类别：金旗奖——2019 最具公众影响力内容营销大奖

项目概述

为了展现荣耀 20 Pro 强大的夜拍功能，以及借势实时热点，代理公司决定沟通梨视频旗下的国际拍客夜探切尔诺贝利，一方面让用户感受手机强大的产品力，另一方面希望人们看到灾难后的切尔诺贝利，珍惜生命，保持敬畏。

荣耀 20 Pro 夜探切尔诺贝利

项目调研

HBO（美国家庭影院频道）新剧《切尔诺贝利》的热播，使切尔诺贝利成了很多人想去的“死亡之城”，但随着到达切尔诺贝利人数的不断增加，这个地方逐渐演变成一个网红打卡地，许多年轻人为了寻找刺激，在这里拍照，并且上传社交媒体，吸引关注。

但如今的切尔诺贝利依旧是这个世界上污染严重的地方之一，通过娱乐的形式呈现这个地方就已经失去对这个地方的尊重以及敬畏。所以，拍摄一个视频去唤醒年轻人的敬畏之心势在必行，代理公司做了如下调查：切尔诺贝利地处国外，在预算有限的情况下如何完成拍摄；切尔诺贝利当地状况特殊，是否可以进入；手机如何给到拍摄人手中；荣耀 20 系列手机夜拍功能是否支持当地极黑环境拍摄。

项目策划

1. 目标

让受众感受荣耀 20 Pro 强大的夜拍能力，对生命保持敬畏，珍惜生命。

2. 策略

荣耀 20 系列手机主打夜拍功能，但普通的夜拍照片已经很难吸引用户，所以，代理公司从整合营销以及热点借势的角度，推出了荣耀 20 Pro 手机夜探系列，除夜探切尔诺贝利之外，还有重阳节发布的夜探汨罗江以及后续与火星营地合作的夜探火星营地，均通过热点事件以及实时事件，直观表现了产品强大的夜拍能力。

3. 受众

年轻手机用户群体。

4. 传播内容

（1）用影像记录切尔诺贝利是什么样子，同时传达对生命的敬畏之心，猎奇不应该成为当下年轻人娱乐生活的标签，年轻人应该通过历史对过去和未来进行反思，珍惜当下。

（2）展现荣耀 20 Pro 强大的夜拍功能，凸显其“夜视仪”特点。

5. 媒介投放

荣耀手机传播矩阵（荣耀手机官方微博 + 荣耀官方微信）以及视频矩阵（梨视频官方微博 +App+ 秒拍 + 哔哩哔哩 + 腾讯视频等），多平台多渠道集中投放，直接将事件带向高潮。

项目执行

（1）6 月 13 日—6 月 20 日，安排手机，以及国际拍客踩点进行拍摄。

（2）6 月 20 日—6 月 24 日，平面素材以及视频素材的剪辑与调整。

（3）6 月 26 日，开始传播。8:00 梨视频全渠道上线完整版视频，9:30 荣耀手机官方微博发布 1 分钟剪切视频，9:30 以后，微博安排电影类、段子类等 KOL 扩散视频，15:00 荣耀手机官方微博转发完整版视频，20:00 荣耀手机官方微信发布相关稿件，同时向外围扩散。

项目评估

1. 效果综述

总播放量 1051.7 万次，总转发 3391 次，总评论 658 次，总点赞 5403 次。

（1）App 端首页头条固定第五条：播放量 36.2 万次。

（2）App 端世界频道不固定位：播放量 17.9 万次。

（3）梨视频微博：播放量 519 万次，转发 646 次，评论 349 次，点赞 2448 次。

（4）荣耀手机微博：播放量 200 万次，转发 2745 次，评论 129 次，点赞 2955 次。

（5）梨视频秒拍：播放量 243.5 万次，评论 180 次。

（6）梨视频腾讯视频号：播放量 23.5 万次。

（7）梨视频百家号：播放量 11 万次。

（8）哔哩哔哩梨视频号：播放量 6451 次。

项目亮点

通过平面以及视频，能够让用户直面切尔诺贝利的现状，保持对生命的敬畏之心，同时，更好展现了荣耀 20 Pro 强大的夜拍功能，并且为夜探系列增加浓墨重彩的一笔。

亲历者说 刘亚明 智者同行品牌管理顾问（北京）股份有限公司客户经理

我们希望做好的内容，通过好的内容让用户得到一些思考，一些回味。对于整个内容传播，我们欠缺的还是更深层次的思考，在以后的过程中，我们应该拥有更多的思考。

案例点评

点评专家：常濯非 派合传播董事兼总裁

荣耀 20 Pro 夜探切尔诺贝利是个非常聚焦的内容营销项目。虽然该产品的目标人群是年轻人，但是其没有选用常规的娱乐化的内容策划，反而以理性、有责任感的态度策划了此次内容营销。这是对华为品牌精神的一种良好诠释。在落地执行过程中企业也克服了一些困难，包括执行点在国外不好把控、无法事先勘场等，最终完美执行。传播的效果也是不错的。从这个案例可以看出，即使目标群体一样，也要选择目标群体与产品品牌精神契合的标签进行策划，不能一看到“90 后”就是年轻无极限、娱乐激情，其实每个群体都是多面而立体的，选择哪些标签与目标群体进行沟通，需要结合产品的特点、品牌的调性和精神，这个项目就是个很好的案例。

来益“关机一小时”①

执行时间：2015 年—2019 年历年春节时期

企业名称：上海维艾乐健康管理有限公司

品牌名称：来益

代理公司：上海典众文化传播有限公司

获奖类别：金旗奖——2019 最具公众影响力内容营销大奖

项目概述

自 2015 年以来，来益已连续五年在春节期间开展以“关机一小时”为主题的大型公益项目。通过各种传播介质，来益不断扩大其影响力，呼吁人们减少对电子产品的过度依赖，从而达到远离蓝光、回归亲情的目的。

项目调研

中国工业和信息化部（MIIT）的统计数据显示，截至 2018 年 3 月，中国手机使用数量飙升到 14.4 亿台。中国国内的总人口大约为 13.4 亿人，即每个中国人平均拥有约 1.07 台手机。可见近几年科技高速发展，大众对于手机的依赖和需求度也正逐日提升。

360 调查数据显示：超过七成的人春节假期玩手机的时间比平时要多，平

① 本文中所涉及的照片，上海典众文化传播有限公司均已得到被拍摄者的使用许可。

活动海报 1

均每人每天大约 4.6 小时。本该欢聚一堂、庆祝团圆的佳节，却因为手机等互联网设备，人们变得疏于沟通，忽视身边人的感受。

来益在春节期间连续五年发起“关机一小时”活动，通过活动持续呼吁社会大众在春节回家聚会时放下手机，陪伴最挚爱的亲人，共度温情时光；也提醒人们需要注意春节期间的用眼安全，保护眼睛。

项目策划

1. 目标

对于“关机一小时”这项公益活动，代理公司共树立了三大目标：从品牌角度，通过公关活动，明确受众对品牌认知，使品牌与受众产生情感关联；从渠道角度，通过公关活动，与渠道进行深度绑定，优化渠道资源；从社会影响力角度，通过系列的公关活动，强化来益“关机一小时”公益IP绑定形象，提升品牌在社会大众以及行业内的影响力，打造品牌正面公益形象。并通过专家背书、药店渠道深度绑定及专业媒体合作、邀请明星达人助阵，提高专业性、权威性及公信力。

2. 策略

通过与社会名人以及药店合作及KOL共同影响，呼吁社会大众在春节回家聚会时，为了保护眼睛、用心感受陪伴的重要，学会放下手机，共度温情时光。

（1）打造公益呼吁海报，以人像拍摄的写实手法增加海报震撼力。设计上运用现实画面和虚拟线条勾勒形成鲜明对比，同一画面充分彰显出相隔千里的无力感，配合“你不在吗？”简单文字，直击大众心灵。

活动海报 2

（2）以明星呼吁为主线，穿插企业领导、药店渠道等齐齐呼吁，拍摄“关机一小时”公益主题视频，呼吁“关机一小时，关EYE全天候”。配合多种视频传播资源，增加视频浏览量，扩大覆盖人群。

3. 受众

所有中国社会大众，尤其是长期使用手机而忽略情感交流的“低头族”们。

4. 传播内容

（1）专业层面：呼吁别让蓝光毁了你的眼。长时间注视电子屏幕，会对眼睛带来极大的负面影响。从专家、医生的角度指出蓝光的极大危害，并对叶黄素的正面作用进行品牌背书，提高品类及产品的影响力。最后，以专业人士的角度呼吁“关机”，响应 2019 年“关机一小时，关 EYE 全天候”的主题。

（2）情感层面：别让手机分割了你的爱。通过看手机与陪伴父母、孩子在中国人一生中所占用的时间长短对比，由情感学家描述关爱、陪伴的概念及目前手机所占用大家时间之多。特别是临近春节这样的传统佳节，提出情感层面的呼吁：响应“关机一小时”。从而引出 2019 年主题“关机一小时，关 EYE 全天候”。

5. 媒介策略

配合事件传播，全程除了通过社交媒体、达人合作发声之外，在传统媒体及权威媒体进行受众沟通，实现品牌传播的全方位、多平台式覆盖，更联合两大网络媒体——腾讯健康、新浪微博爱问医生共同发声。

项目执行

2018 年 11 月—2018 年 12 月：视频脚本撰写与确认；视频拍摄及后期制作；海报设计制作。

2019 年 1 月：系列海报上线，陆续发布；公益视频发布；KOL 响应造势；# 关机一小时，关 EYE 全天候 # 话题建设；媒体深度合作；线下启动仪式；部分媒体发布新闻稿。

2019 年 2 月：后续新闻稿发布，持续话题热度。

项目评估

1. 效果综述

不仅获得了大量的品牌曝光率，更获得了消费者、渠道、行业的一致好评。

2. 受众反应

受众反应良好，获得了大量的良好互动：线上互动中，微博话题 # 年夜饭关机一小时，关 EYE 全天候 #，共取得了 1537.2 万次阅读量和 17.3 万次讨论量；200 位素人 KOL 通过朋友圈发布本次公益内容，共赢得了 4319 位好友点赞互动。

3. 市场反应

通过情感沟通、直击内心的内容，引发情感共鸣互动，从而潜移默化地注入品牌信息。微博话题 # 年夜饭关机一小时，关 EYE 全天候 # 还得到了诸多“蓝V”官微的主动转发助阵，积极扩大了本次公益活动在社会层面的影响力。

4. 媒体统计

截至 2019 年 2 月 13 日，新闻稿发布共计 51 篇、社交媒体阅读量高达 2845 万次、网友互动（评论、点赞）量高达 21 万次、视频播放量超 360 万次。

亲历者说 张辰 上海典众文化传播有限公司副客户总监

在今年的项目中，让我记忆尤深的是那位参与拍摄“你不在吗？”系列公益海报的老人。

当我们初次与他提起拍摄合作时，他对这事并不感兴趣，权当是一次普通的商务合作。随着沟通逐渐深入，他对我们的态度逐渐改变了。这是因为项目的公益性质及倡导的主旨，他坦言自己也体会过家人玩手机时的冷漠以及内心的孤独。近年来，手机仿佛成了人与人间无形的墙，阻隔了亲情、爱情、友情，这样的呼吁，对于社会是格外有意义的，而对于这样正能量的传递他更是不遗余力。

后续的合作过程中，这位老人十分配合。在下雨的冬季，他主动脱掉外套、放下雨伞。我们对此忧心忡忡，怕他感冒，而他却毫无怨言，并反复叮嘱最后的海报一定记得发给他，他要分享给身边更多人看看，让孩子们都能放下手机，真正陪伴关爱、家人。这让我们十分欣慰，这是对于我们多年来努力的肯定，也坚定了我们继续在公益之路上走下去的信心。

案例点评

点评专家：吴志远　华中师范大学新闻传播学院传播系主任、副教授

品牌利用公益事件来进行营销，主要是看中公益事件在建立社会认同感方面的作用。来益“关机一小时”大型公益项目遵循如下逻辑：利用公益事件吸引更多用户，并在用户中间建立认同感，关注的人越多，认同感越强；在认同感建立的同时，引导用户意识到潜在需求；潜在需求被激发之后，将企业的产品作为解决方案。

具体到来益“关机一小时”公益项目，就是通过提倡“关机一小时”，让消费者去追溯这样做的原因：手机依赖症的潜在危害很大，尤其是对眼睛的危害。这会让消费者去正视手机过度使用对眼睛的影响，从而产生新的需求：保护日益受损的眼睛。接下来，来益叶黄素这一护眼产品及时、恰当地露出，为解决问题，提供了答案。

来益“关机一小时”公益营销的基本逻辑是合理、顺畅的。在执行上，也可圈可点，包括持续 5 年的活动以及利用目标人群（主要是年轻人）对其偶像的好感，强化对公益主题的认同。

7 Melitta× 曼联数字营销

执行时间：2019 年 2 月 18 日—2019 年 3 月 5 日
企业名称：美乐家咖啡（上海）有限公司
品牌名称：Melitta（德国美乐家咖啡）
代理公司：海栋创意机构（MADSEA）
获奖类别：金旗奖——2019 最具公众影响力内容营销大奖

项目概述

这是一场曼联球迷会与 Melitta 品牌的合作活动。ILOVEUNITED 是曼联官方认可球迷会。Melitta 是曼联唯一指定咖啡合作品牌。由于进入中国市场晚，知名度不高，品牌急需一场营销推广，让更多的人了解 Melitta。

项目调研

ILOVEUNITED 球迷活动在广州场之前已在北京举办过，且获得成功，参与者皆为精准的曼联“粉丝”，由于得到曼联官方的支持，现场会有曼联传奇球星参与开幕活动。在品牌植入方面，ILOVEUNITED 将为与曼联合作的企业提供场地，以便进行品牌宣传。因为属于曼联品牌活动，入驻的企业必须是与曼联有合作的企业，这也使得现场不会出现其他相关的竞品。在合作的配合度上，代理公司与曼联“粉丝”会进行洽谈，进行推广宣传，在创意层面保证了更大的可行性与值得尝试的机会。代理公司利用如西瓜、星榜等第三方监测软件，

Melitta——曼联官方咖啡合作伙伴

对活动的口碑和舆论进行评估监测，同时收集了 ILOVEUNITED 此前的网络声量情况进行剖析，从而制订了完整的 O2O 传播方案。

项目策划

1. 目标

在线推广造势 Melitta 联合曼联“粉丝”会举办的 ILOVEUNITED 活动，线下活动中通过 Melitta 咖啡体验馆与曼联球迷“粉丝”互动，让更多的人知晓 Melitta 咖啡品牌与曼联指定咖啡合作伙伴的身份。

2. 策略

如何利用曼联这个品牌背书，如何利用曼联在国内球迷心目中的影响力来推广 Melitta 咖啡品牌，是本次传播案件的核心，因此在制订传播内容前，代理公司进行了事前工作。

（1）分析平台，寻找曼联“粉丝”聚集地，确定传播渠道。

（2）与优质的曼联“粉丝”俱乐部取得联系，深度访谈，了解人群属性。

（3）为曼联“粉丝”量身设计一个感兴趣的话题，引发他们的关注和讨论。

（4）让媒介经理选择精准的投放渠道和排期规划。

（5）ILOVEUNITED 现场互动，让网络“粉丝”感受到现场的热情。

代理公司将整个传播置为六个阶段。分别为早期预热、线上互动、倒计时、前瞻爆料、活动当天、后续发酵。

3. 受众

通过与曼联“粉丝”社群的深度访谈，品牌发现，曼联“粉丝”对曼联赛事有关的活动以及传奇球星们的话题非常热衷，并希望有机会能与偶像见面互动，ILOVEUNITED 的现场门票需求也空前高涨，这在传播内容上为品牌提供了灵感。

4. 传播内容

在此期间，曼联英超联赛正迎来了第七场胜利，红魔“粉丝”热情空前高涨，他们认为曼联是不可战胜的，让下一个对手也尝尝曼联的滋味吧！代理公司借此热点，建立话题 # 啡尝曼联 # 作为本次主题，让曼联成为一种味觉联想，而 Melitta 咖啡就是这种联想的承载。

2 月 19 日、2 月 24 日、2 月 28 日这三天，持续在官方微博上放出竞猜比分的活动，奖品为 ILOVEUNITED 现场门票一张。代理公司特别制作了 H5 互动邀请函精准投放曼联球迷，在 H5 中他们收到科尔的微信留言，“粉丝”可以与科尔微信互动，了解一些球迷才知道的小秘密，最后科尔邀请“粉丝”前往 ILOVEUNITED 现场，在 Melitta 咖啡展台，他将与“粉丝”见面，亲自冲一杯咖啡招待“粉丝”并且聊聊他的足球故事。

企业在 2 月 23 日—2 月 25 日，陆续在 Melitta 咖啡官方微博上放出了三张传奇球星的态度海报，并联合众多曼联球迷俱乐部转发微博及朋友圈，爆出第二位曼联传奇球星韦斯布朗将参加活动。

3 月 1 日代理公司抵达广州，约到了传奇球星安迪科尔、韦斯布朗一同进行了一场深度的访谈，诸多问题来自品牌微博话题“粉丝”的留言互动，球星现场中文大声表白“我爱 Melitta 咖啡”。

3 月 2 日 ILOVEUNITED 活动现场，Melitta 搭建了一个小型体验馆以展示它的百年历史和经典产品，和球星签名的咖啡机。随后球星亲临 Melitta 展台，与“粉丝”互动，并为“粉丝”们冲了一大杯手冲咖啡，与大家一起分享喜悦，期待曼联比赛直播。代理公司邀约了广州当地拥有 145 万多名“粉丝”的 KOL 进行直播，弥补没有去现场的曼联“粉丝”的遗憾。

项目执行

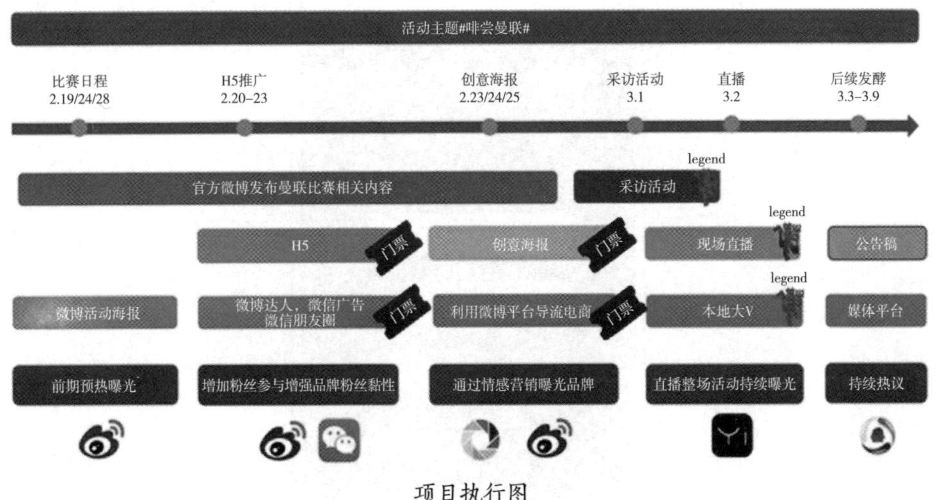

项目执行图

项目评估

本次传播活动，品牌在线上及线下均取得了非常好的品牌曝光。

安迪科尔的 H5 邀请函的阅读曝光量超过了 1.05 万次，微博的 # 啡尝曼联 # 话题曝光超过 34.70 万次。精准“粉丝”参与互动超过 7000 人，4644 人填写报名信息。现场球迷体验馆互动超过 1500 次，视频直播播放量超过 164.7 万次。近 20 篇品牌新闻稿网络收录，媒体价值 58 万元，PR 价值超过 120 万元。

项目亮点

（1）安迪科尔的 H5 邀请函，以模拟球星对话的互动方式拉近球迷与球星的距离，球迷从而对 Melitta 广告产生好感，最终 H5 通过“粉丝”通精准投放获得了 105 万次的曝光。赠送活动门票的互动机制也让微信用户能更方便地参与，并传播这次广告到微信朋友圈，使品牌方收集报名人的数据同时，加深网络用户对曼联与 Melitta 合作事件的印象，最终获得 4644 人的数据信息。

活动 H5 截图

（2）紧跟曼联战绩的热点话题与比分竞猜活动，# 啡尝曼联 # 让百万“粉丝”的曼联球迷俱乐部 @ManUtdspot 与 @ 曼联新闻纷纷转发参与互动。

（3）广州本地百万 KOL 主播现场直播，视频播放量过百万次。深度品牌互动，为曼联“粉丝”带去咖啡体验的同时，让“粉丝”深化了品牌印象。

亲历者说 苏心悦　海栋创意机构市场总监

虽然本次传播的预算有限，且需层层审批，但 MADSEA 大胆的创意与快速的执行力与反应，让这次传播非常成功，得到了德国总部的一致好评，通过本次活动，我们收获了大量球迷“粉丝”转化的咖啡用户，同比 2018 年的综艺冠名等传播数据，这次品牌声量有着巨大的提升，更重要的是也为我们的产品经销商建立了信心和用户好评。

案例点评

点评专家：吴伟农　艾尔建中国区企业事务部总经理

说起英超，一般人会联想到酒吧、啤酒。一家咖啡企业选择去赞助曼彻斯特联队，是需要热情和智慧的。

而且，Melitta 作为曼联赞助商，并非赞助曼联队球星与中国球迷见面会的唯一企业，但它充分利用曼联球星的中国之行，抓住了在中国市场提升品牌美誉度的机会。

这是一个典型的短平快类活动营销与自媒体传播相结合的案例。

其难度在于创造曝光机会。首先，活动策划与执行非常重要，在“粉丝”球迷会上设计一个咖啡体验馆，并让曼联球星亲手为球迷调制咖啡，这个创意非常简单，但是有效。

其次，传播平台很重要。以公司官方微博微信为核心，以球迷“粉丝”会为发散渠道，再依靠球迷网红自带流量的直播，构成了宣传主渠道，并将其他媒体报道作为补充。对于这样一场活动，这种媒介策略是以我为主、双管齐下、高举高打，同样简单、有效。

因为网络传播平台存在无限空间，受众人群分层较为明确，在多个赞助商存在的活动中，可以做到你做你的宣传、我做我的传播，实现各自品牌价值推广的目标。Melitta× 曼联数字营销，便是个实例。

7 蒙娜丽莎“微笑节”

执行时间： 2019 年 8 月

企业名称： 蒙娜丽莎集团股份有限公司

品牌名称： 蒙娜丽莎

代理公司： 无

获奖类别： 金旗奖——2019 最具公众影响力内容营销大奖

项目概述

蒙娜丽莎“微笑节”是蒙娜丽莎瓷砖品牌每年 8 月 8 日—8 月 28 日举办的回馈消费者的嘉年华活动，用消费回馈、欧洲游学之旅、主题展览等与消费者、用户连接情感，进而提升品牌影响力。

蒙娜丽莎“微笑节”海报

项目调研

近些年，陶瓷行业传统的以价格为主的促销，已不能从根本上解决对消费者吸引力下降这一现实问题。与此同时，在同质化严重的红海中，常规传播方式难以突围而出，唯有塑造具有差异化的品牌形象，与潜在用户产生共鸣，才有机会在消费者心中占一席之地。而蒙娜丽莎品牌拥有无形的文化价值，若把文化财富转化成差异化的竞争优势，将会使得品牌在激烈的市场竞争中保持强大的生命力。

于是，2009 年蒙娜丽莎以品牌文化传播为核心设立“微笑节”，在每年的 8 月定期开展，打造集文化、艺术、娱乐、促销、品牌实力展现于一体的大型品牌嘉年华活动，在炎热的淡季实现了“全力破冰”，有效地抢占了市场销售份额。

项目策划

蒙娜丽莎“微笑节”一直以“每个家都值得拥有蒙娜丽莎”作为核心理念，用许多具象的线下体验，为消费者开启一场充满活力的嘉年华。

（1）创意延展：以多形式内容沟通触达受众。每一届“微笑节”都以不同的创意点实现线上线下覆盖，在全国超过 200 个城市展开，2000 多家终端门店推出巨额优惠、免单大奖等，除此之外，企业举办一系列具有人文情怀的活动，以及利用“互联网 +”思维和操作方式，推出一系列创意营销活动，在传递品牌声量的同时与消费者互动交流。

（2）整合传播策略，形成媒体矩阵化平台。通过多渠道、大范围的宣传攻势，建立起“节日营销 + 场景营销 + 情感营销 + 直播营销”的模式，定制蒙娜丽莎“微笑节”专属传播矩阵，收割“微笑节”流量。与全国多家主流新闻媒体合作，打通网络端、移动端；与此同时，全国各省市地县 2000 多家门店联动特惠，各种促销惊喜大奖持续引爆市场；通过“双微一抖”话题造势、“微笑能量家”Vlog 引流、品牌主题微电影内容沉淀、终端大型活动引爆等形式进行传播。

项目执行

1. 以文化营销为主线，多渠道打造热门 IP

从第一届蒙娜丽莎“微笑节”起，企业确立了以文化营销为“微笑节”活动主线，为“微笑节”定制了标准化 VI（视觉识别）体系及主题形象。同时，在终端活动互动方面，以消费者广泛参与的“微笑天使评选”“购砖免单”“欧洲游文化体验之旅”等系列活动为主线和宣传落脚点，实现线上线下同步开展。

2. 借力热门节点，扩散活动知名度

第二届蒙娜丽莎“微笑节”增加了“我的世博最精彩”“祝福世博”等当年系列热点活动，特别是在网络媒体造势方面成为行业舆论大事件，并获得当年“中国建陶行业营销创新奖”的殊荣。

3. 全国统一方案，集中落地

实现全国 2000 余家专卖店统一方案、统一落地执行，拉动销售，覆盖千万级潜在消费顾客，持续引流到店面，店面定位精准，流量下沉至三、四线城市市场，让蒙娜丽莎“微笑节”活动在全国掀起家装市场“飓风”。

4. “1 + N”的营销模式，寻找营销突破点

从第五届蒙娜丽莎“微笑节”开始，采用“1+N”的组合方式，最大限度整合品牌、营销、策划、产品、促销、推广资源来实现“微笑节”的集中传

“微笑研究所”线下快闪店

播。以“微笑能量 +”为主题的第十一届蒙娜丽莎“微笑节”在 2019 年 8 月 8 日—2019 年 8 月 28 日举行，企业在全国 2000 多家终端门店推出 99 元微笑卡、4999 元超级免单、欧洲游学之旅等多重惊喜好礼。在营销方式上，企业利用“互联网 +”思维和操作方式，借助移动智能端开发手机互动专题：微笑活动 H5、朋友圈广告、幸运大抽奖、“丽莎别生气”线上小游戏、《我的超人太太》微电影、品牌主题曲《蒙娜丽莎》等。此外，第十一届“微笑节”将以“微笑能量”为创意核心，“微笑研究所”线下快闪落地到全国热门商圈，在传递品牌声量的同时与消费者互动交流。

项目评估

作为一个持续 11 年的品牌营销活动，在国内任何一个行业都是少见的，蒙娜丽莎“微笑节”开展至今，活动参与商家从首届的 20% 增长至 98%，官网参与活动抽奖的人次增长近 10 倍，活动单月销售额年年创历史新高。线下活动以年度最大力度的优惠和 10 项“全免”服务为消费者提供消费保障，并在超过 200 个城市组织集中开展，取得良好效果。每一届营销活动服务消费者人数和成交数双双实现两位数增长。“微笑节”在行业和消费者有了一定的积淀，有的老业主会介绍自己的朋友特意在“微笑节”期间选购蒙娜丽莎的产品。可以说，“微笑节”已经成为蒙娜丽莎的一个品牌符号。

亲历者说 杨晓林　蒙娜丽莎集团股份有限公司企划总监

蒙娜丽莎“微笑节”作为单一品牌的促销节日，每一年定点定时启动，且影响的人群越来越多，每一年的优惠力度越来越大，形成了一大批“微笑节”“粉丝”，发展了消费文化。

随着蒙娜丽莎“微笑节”的持续推进，“微笑节”越来越有新意，体现在两个方面：一是优惠范围大、形式越来越多样，与消费者的沟通也更充分，从各方面提升消费者的消费体验；二是在营销方面越来越有创意，每年都利用新兴的营销工具如“双微一抖”、Vlog 等促进与消费者的互动交流。

案例点评

点评专家：尚恒志　河南工业大学新闻传播学院院长、硕士生导师

蒙娜丽莎通过富有创意的线上、线下推广进行营销，将蒙娜丽莎“微笑节”营造成节日性的庆典活动，塑造了良好的组织形象，提高了品牌的认知度、美誉度、和谐度。以下几点可供参考。

（1）合理使用组合传播方式。以“互联网 +”思维下的“文化营销”为主，微电影、主题列车、“双微一抖”、Vlog、线上小游戏、品牌主题曲、H5 等，再加上多家主流新闻媒体的强推和各地市县的线下活动，深度打造了蒙娜丽莎“微笑节”这一热门 IP。

（2）公关广告富有成效。微电影等“软性”推广，既有艺术性，又富有人文关怀，拉近了和公众的距离，增进了公众对组织的整体了解，赢得了公众对组织的喜爱和支持。

（3）活动注重情感共鸣。蒙娜丽莎“微笑节”公关活动从用户的情感角度切入，升级品牌形象，强调情感联结和共鸣，抓住了受众的心理，利用流行心理定式、情感效应吸引受众参与蒙娜丽莎“微笑节”，比如“包机亲临雅加达亚运会开幕式”“欧洲游学之旅”“寻找最美的微笑面孔”等，进而将更多的人转化为消费者。

美赞臣港版 Enfa“京婴联赛”

执行时间：2019 年 5 月 3 日—2019 年 6 月 13 日

企业名称：Mead Johnson Nutrition

品牌名称：美赞臣港版 Enfa

代理公司：高诚美恒（上海）市场咨询有限公司

获奖类别：金旗奖——2019 最具公众影响力内容营销大奖

项目概述

深入洞察美赞臣港版 Enfa 现有用户及潜在用户画像，从宝宝的需求出发，通过运动会形式唤醒妈妈对于宝宝黄金 1000 天智、动、情、语的关注，多维度场景营销，打造超级 IP“精婴 Discovery”，增强品牌记忆点，实现平台导流。

项目调研

（1）深入洞察美赞臣港版 Enfa 现有用户资产及潜在用户画像，从宝宝真正的需求出发展示美赞臣世界级别的营养加持是如何助力“精婴”发育，用好物让宝宝的肌肉发展快人一步，从而穿透品牌优势认知，提升品牌竞争力，打造奶粉标杆品牌，增长更多店铺“粉丝”，增强品牌黏度，提升销售额。

（2）多维度场景营销，打造超级 IP“精婴 Discovery”，增强品牌记忆点，实现平台导流。

（3）提升消费者平台忠诚度，增进潜在消费者转化：固“老粉”，提高平台忠诚度；吸“新粉”，增进潜在“粉丝”转化；提高路人缘，提升平台消费者形象。

项目策划

1. 目标

帮助美赞臣港版 Enfa 与京东海囤，打造一场品牌与平台品效合一的双赢营销活动。

2. 策略

（1）内容策略：通过品牌美赞臣港版 Enfa、京东 BCP 平台（中国商务信用平台）、品牌自有资产“精婴 Discovery”强 IP 结合，撬动对运动“精婴”的向往，探索运动“精婴”的奥秘，给宝宝一个赛道，守护宝宝领先成长。

（2）传播策略：深入洞察激发母婴圈层的晒娃心理，在微博、微信建立晒娃阵地；挖掘京东系导流链，多种渠道引流站内。

从引起关注到深入奶粉营养的专业内容，选用能说服妈妈们的 KOL，进行共计两个波次的整合递进传播，增加两次触发机会，通过深入人群洞察母婴圈层触媒习惯、京东小程序以及站外资源的合理利用、KOL 的专业“种草”，形成妈妈圈层语言。

3. 受众

对购物感兴趣且愿意花更多的钱来提高宝宝护理质量的“85 后”“90 后”妈妈，放手让孩子自由成长的妈妈们。

4. 传播内容

传播内容

传播阶段	活动时间	传播内容	传播平台
第一波次	5 月 3 日	京婴宝宝天生爱运动海报	微信、头条
	5 月 4 日	评论向“种草”文章	微信
	5 月 5 日—5 月 6 日	科普向“种草”文章	微信
	5 月 3 日—5 月 6 日	京婴宝宝天生爱运动 60 秒短视频	微博、抖音
	5 月 7 日	朋友圈信息流广告	微信

续表

传播阶段	活动时间	传播内容	传播平台
第二波次	5 月 8 日—5 月 17 日	科普向“种草”文章	微信
	5 月 19 日—5 月 20 日	Vlog	微博
	5 月 21 日	盘点“种草”Vlog	微信
	5 月 21 日	第二波次总结稿	微信
	5 月 21 日	垂直朋友圈扩散内容	微信
爆发	6 月 9 日—6 月 13 日	PR 稿件	门户网站

5. 媒介策略

母婴圈层触媒习惯洞察（将微博、抖音等主要的晒娃阵地作为第一波媒介穿透阵地）、京东内外资源合理利用（关注京东超品日导流渠道，微社群、朋友圈、微信信息流广告）、奶粉在母婴品类中成熟的品类教育（互动性、趣味性的落地下沉，增强内容可信度及专业度，打造具有美赞臣港版 Enfa 奶粉品牌 IP 特色的传播策略）。

项目执行

1. 实施细节

（1）结合微博、微信、抖音、其他网络媒体四大渠道进行组合传播。

（2）根据人群触媒习惯，分渠道、分波次传播，并结合品牌自媒体力量，提升传播效果。

（3）在有限的传播资源内，对内容进行分级，对重点内容集中优质资源多点爆发。

2. 项目进度

（1）构建“精婴 Discovery”IP，针对京东平台进行 IP 领域延展，增强品牌深度，强化品牌记忆。

（2）针对不同波次传播目标，精选母婴品类下不同领域账号，品牌信息在圈层内不同角度多次触达。

第一波次：先声夺人，打响京婴运动会品牌活动声量。

第二波次：内容下沉，评论科普，增加产品内容深度。

爆发期：事件总结，发布总结稿，提升品牌力。

微博、抖音双平台精准投放种子视频，引发母婴圈层晒娃欲，品牌活动声量打响。

微信端信息流广告投放，实现“精准投放 + 快速跳转”。

内容下沉，母婴运动营养专家、达人专业化 Vlog 背书，强效带货。

专业内容站内延展，母婴 KOL 直播“种草”，提升“粉丝”信任，快速转化。

项目评估

本次美赞臣港版 Enfa“京婴联赛”，以核心视频、“种草”长图、抖音挑战赛为载体，辅以微信端信息流广告，真正意义上实现了品效双收。项目历时一个多月，跨微信、微博、抖音、其他网络媒体四大渠道，传播覆盖总计 97443479 人次。

微信端：12 个 KOL 总阅读量 477760 次，互动量（转评赞）2096 次。

微博端：24 个 KOL 总曝光量 8986.6 万次；互动量（转评赞）10.43 万次。

抖音端：8 个 KOL 曝光量达 582.1 万人次；互动量（转评赞）47088 次。

其他网络媒体端：曝光量达 1957326 次。

活动海报

亲历者说 **方楠　高诚美恒（上海）市场咨询有限公司 GAD（客户群总监）**

（1）好的洞察让传播事半功倍，“走心”的内容更易触动受众内心。

（2）碎片化时代，场景化营销为王。

（3）好的传播不止于内容的自传播性，也需要巧妙借助外界资源。

（4）让对的人做对的事，给优质 KOL 足够的创作空间。

（5）内容分级，传播集中，是针对传播诸多局限的突破之道。

案例点评

点评专家：张晋升　暨南大学新闻与传播学院副院长、教授、博士生导师

有效的品牌营销不是把产品推向消费者或者让消费者被动接受产品的过程，而是让消费者认同产品定位、共享品牌消费意义的过程。鉴于营销主体和消费者在营销目标上具有同一性和共生性，二者并不是简单的买卖关系，而是通过沟通互动形成的利益共同体。正是基于这种理念，美赞臣港版 Enfa“京婴联赛”，以关系营销洞察目标消费者的消费心理，通过社交媒体构建信息和情感沟通的公共空间，运用电商平台导流来拓展消费者对产品的认知，在关键节点触发目标消费者内在的消费动机和愿望，实现了预期的营销效果。

美赞臣港版 Enfa“京婴联赛”的可取之处在于以下几个方面。一是本着消费者利益至上的原则，以初心赢得消费者信任。母亲与孩子之间天然的亲情，决定了母亲对婴儿无微不至、处处用心。特别是“85 后”“90 后”的母亲群体，愿意花更多的钱来提高宝宝的护理质量，美赞臣港版 Enfa 的品质正好做到了让母亲安心、放心。二是善用社交平台营造氛围，拓展交流空间。针对母婴圈层的晒娃心理，在微博、微信建立晒娃阵地，营造多样化的沟通场景，形成在互动中寻求共识的追随和感染效应。三是借关键意见领袖的影响力做好说服示范，有效发挥KOL的带货功能和“种草”效应，进一步提高消费者对品牌的信任度和产品附加值。

《破冰行动》内容营销

执行时间： 2019 年 5 月 5 日—2019 年 6 月 2 日

企业名称： 北京爱奇艺科技有限公司

品牌名称： 爱奇艺

代理公司： 北京众行互动数字文化传媒有限公司

获奖类别： 金旗奖——2019 最具公众影响力内容营销大奖

项目概述

由黄景瑜、吴刚主演的禁毒题材片《破冰行动》在爱奇艺和 CCTV-8（中国中央电视台电视剧频道）同步上线，爱奇艺作为网络独播平台，对其进行内容营销。

播出期间，全国公安警务号、央视矩阵、《人民日报》等集体为其发声，传播正能量，使其成为现象级爆款电视剧。

项目调研

（1）原型案件震撼人心。《破冰行动》取材自 2013 年广东开展“雷霆扫毒”系列行动中的陆丰扫毒、歼灭“亚洲制毒第一村——博社村”这一真实事件。

（2）老戏骨和新硬汉的搭配。《破冰行动》是由傅东育、刘璋牧执导的缉毒题材悬疑刑侦剧，由黄景瑜、吴刚、王劲松、任达华等主演。

（3）致敬缉毒警察符合社会主旋律。该剧向奋斗在缉毒一线的公安干警致敬，向每一个过着马赛克人生的警察致敬。

项目策划

1. 目标

将《破冰行动》打造成口碑和收视双丰收的五月剧王。

2. 策略

通过看片，代理公司分析《破冰行动》具有以下几个特点：根据真实案件改编，真实缉毒类题材，具有社会讨论价值；剧情烧脑悬疑，仿佛在玩狼人杀；群戏架构，老戏骨互飙演技。

得出结论:《破冰行动》是具有社会讨论价值的烧脑硬核男人剧，正能量、主旋律、强传播、深入人心、引发共鸣，传播策略为打造“高口碑搭配强情节，沉浸式观剧体验”。

3. 受众

以男性群体为基础，向大众圈层过渡。

4. 传播内容

（1）将《破冰行动》高口碑打造为破圈社交货币。

清明节致敬缉毒警，唤醒刑侦剧市场。

破冰原型传播，引爆全网话题讨论。

豆瓣开分 8.6 分，获年度国产剧高分。

（2）将《破冰行动》核心剧情作为传播切入点，带动“剧粉”沉浸式观剧。

打造剧版狼人杀，引全网热议角色属性。

（3）打造破冰男演员群像，打造黄金配角，将播中爆发点转移至配色群像。

针对剧中老戏骨演技重点刻画，结合剧情截取戏骨演技亮点内容，在微博、抖音等多个渠道重点扩散。

强化剧中戏骨“硬核”演技标签，打造《破冰行动》品质剧形象；强化林宗辉人设标签，

《破冰行动》豆瓣页面

公磊演技征服全网。

（4）将社会讨论从聚焦致敬延展至人性讨论等有争议的社会价值讨论点。

以心疼蔡永强为出发点，打造社会议题。

5. 媒介策略

针对重点渠道虎扑和豆瓣精准投放内容。

项目执行

在传播中，重点针对舆情进行监测，实时根据市场反应，调整传播策略。

黄景瑜、任达华转发《破冰行动》官微致敬缉毒英雄微博；众多警方“蓝 V”、头条新闻发布致敬缉毒警微博。

通过微博、虎扑、豆瓣、抖音等渠道，进行全网传播扩散，扩大受众人群。

以豆瓣开分 8.6 分为破冰口碑的基本切入点，通过微博 KOL、豆瓣等渠道进行扩散传播，引导网友对于豆瓣分数的讨论，立住《破冰行动》的口碑，奠定了该剧为年度国产良心剧的良好印象。

制作破冰狼人杀 H5，话题 # 破冰行动狼人杀 # 登上热门话题 TOP1、电视剧话题榜 TOP1、话题总榜 TOP5。

针对剧中老戏骨演技重点刻画。结合剧情截取戏骨演技亮点内容，在微博、抖音等多个渠道重点扩散。

在微博、豆瓣、虎扑等渠道扩散，将对蔡永强的讨论延伸至对缉毒警职业的讨论，打造社会议题。

项目评估

《破冰行动》播出期间爱奇艺站内热度达 9490，收视全网第一，《破冰行动》播出期间共 41 个热词登上话题热搜榜，100 多个微博话题登陆微博话题榜，微信指数达 1977 万，横扫全网热门榜单，成为五月当之无愧的剧王。

播出期间全国刮起破冰热，虎扑、豆瓣等论坛影视讨论 TOP1，热门搜索 TOP1。

播出期间全国公安警务官方微博账号转发赞美，央视矩阵实力加持，各方媒体集体为《破冰行动》发声。

亲历者说 原继红 北京众行互动数字文化传媒有限公司项目经理

（1）传播节奏比铺量更重要，要根据实时舆情反馈调整传播内容，抓住受众讨论点。

（2）多渠道同时扩散，有利于内容发酵，形成闭环传播。

（3）传播范围可从“粉丝”圈层受众到大众圈层受众，层层递进。

（4）正能量、主旋律经过传播仍能引发关注。

案例点评

点评专家：李兴国 中共中央党校（国家行政学院）教授，中国公共关系协会常务副会长

该案例有以下几个特点。

（1）传播对象选择好。以真实案例为基础，弘扬主旋律，传播正能量。缉毒警察带有一定的神秘性，易引起公众兴趣。企业对宣传对象把握准确，研究透彻，为策划成功奠定了基础。

（2）策划目标高。追求口碑和收视双丰收，这是一个挑战。公关以传播管理、形象塑造为天职，收视率受多重因素制约，对传播对象没有深刻的把握和信心就不敢提出这样目标。而这样的目标往往是甲方所期盼的。只要有可能，每个公关团队都应该追求双赢、多赢目标。

（3）传播策略新颖。这是典型的互联网融媒体和公关活动结合的整合传播，成功策划了互动性传播活动，特别是演员黄景瑜、任达华也参与互动，使传播活动更加立体，更有人情味儿，比公关媒体单独进行宣

传效果好。

（4）传播多点开花，持续发酵。针对舆情、市场进行监测，及时调整传播策略，知己知彼，实事求是。多点传播，不仅手段多种多样，引爆点也多样，不仅凸显主角，对发生转变的反面人物林宗辉也进行了强化，从聚焦向缉毒警察致敬延展至人性讨论，使传播层次更加丰富。

（5）效果显著。《破冰行动》在爱奇艺和 CCTV-8 同步上线，成为现象级爆款电视剧，成功经验值得推广仿效。

《乐队的夏天》特约赞助别克内容营销

执行时间：2019 年 5 月—2019 年 8 月

企业名称：上海通用汽车有限公司

品牌名称：别克

代理公司：红卡合一（北京）文化传媒有限公司

获奖类别：金旗奖——2019 最具公众影响力内容营销大奖

项目概述

别克作为黑马综艺《乐队的夏天》首席特约赞助商，在节目播出期间分别植入了两款车型。代理公司在此次别克品牌内容营销中巩固本身品牌特点，强势有效引流，加强认知度与记忆点，提升目标受众对品牌的好感度。

活动海报 1

项目调研

项目统筹阶段，代理公司通过分析调研得出：《乐队的夏天》会火，但它的火不是“横空出世”，而是需要时间酝酿。这一结论也影响到代理公司在此次内容

营销上使用的策略与传播节奏。节目前三期，观众尚且处于接受阶段，而经过第一轮比拼，重点乐队才会逐渐凸显，因此在这一阶段主要凸显别克 VELITE 6 与节目的关联度。从节目第四期开始，第一轮海选已结束，部分重点乐队也凭借音乐作品的传播获得了大众喜爱，节目的口碑逐渐上升，别克也借势推出番外节目《乐队下一站》，邀请人气乐队乘坐别克汽车出发前往独特的舞台，并用时下流行的 Vlog 形式，通过展示乐手们私下真实的一面，吸引更多观众观看，由此将品牌理念、车型功能点进行更具体、更广泛的传播。

项目策划

汽车品类的综艺娱乐营销，最常见的方式莫过于“场景植入”。但近年来车内空间和户外驾驶风光的植入形式司空见惯，收效渐微，再加上受到节目时长、篇幅甚至题材圈层等多方面的限制，娱乐资源的营销价值并未被充分挖掘。此次针对别克与《乐队的夏天》的内容营销，以更具裂变传播力的内容，力求在综艺节目中品牌营销效应的最大化。从被露出到被讨论，植入也可以花式传播；打破综艺内容边界，短视频节目延展 IP 影响力；这次营销从内容和 IP 两个维度，在节目内外齐发力，实现了品牌营销效应扩大化。与此同时，代理公司透过微博、微信、抖音、B 站等多维渠道进行传播，进一步扩展了传播的广度。

项目执行

1. 紧跟官方：节目同视觉体系物料实时跟进

（1）跟进节目赛点、主题，以“官方角度”发声，做不是节目官方，胜似官方的赞助商。

（2）节目露出体现实时传播，选秀现场实时开车，植入场景。

2. 创意突围：“话题向 + 品牌向”系列衍生节目双向出击

（1）竖屏衍生小片《绑架乐评人》，突破传统物料制作模式，深度合作节目乐评人，节目争议性强话题、高频车辆功能点露出，引爆社交话题的同时提升品牌露出效果。

活动海报 2

《乐队下一站》海报

（2）大热 Vlog 形式番外节目《乐队下一站》挖掘不同乐队特性，提炼乐队文化与别克精神共性。

3. 渠道组合拳掷地有声获全网大声量，话题口碑双收

（1）微博、微信主导话题制造、“粉丝”收割、口碑奠定。

（2）衍生小片多渠道上线，在 B 站、抖音、微博触及受众。

（3）用朋友圈广告精准定位品牌受众。

（4）门户网站品牌信息全网铺散。

（5）媒体人朋友圈营销口碑业内认可。

项目评估

截至 2019 年 8 月 8 日，此次内容营销在新浪微博的话题总阅读量已超 3.7 亿次，引发 70.8 万人次讨论，《乐队的夏天》与别克累计双体积总互动量超 40

万次，登上话题榜共计 12 次，其中在综艺榜、音乐榜都曾登顶。别克 VELITE 6 与昂科拉 GX 的百度指数整体环比增长近 400%，微信指数多次峰值日环比增幅超 100%。番外节目《乐队下一站》七期节目全网播放量累计超过 2860 万次，衍生微综艺《绑架乐评人》累计播放量超过 1364 万次。艾瑞数据显示，节目开播后，别克 VELITE 6 认知、喜爱、推荐度均大幅提升，提升度均大于 15%。别克昂科拉 GX 品牌资产提升指数高达 116，领先行业均值。大众认知、喜爱、推荐提升度均大于 20%。

亲历者说 聂珍珍 红卡合一（北京）文化传媒有限公司项目总监

传播层面：在单个综艺节目里植入两款车型，对于传播的挑战与要求都极高。通过此次品牌娱乐整合营销的升级探索，我们看到“后置”营销的更多可能性。

工作流程方面：在与其他专业团队沟通协作过程中，我们在本身立足的娱乐整合营销之外，积极吸收了其他公司的优点，完成了工作流程的进一步优化，完善的工作流程让团队更能接受大体量项目的考验。

案例点评

点评专家：于剑 雅诗兰黛中国区政府事务总监

消费者对待广告越来越挑剔，品牌植入、明星代言等方式已经越来越难以引起关注。汽车和音乐这两个行业如何跨界融合，能不能激起观众的兴趣？《乐队的夏天》和别克的合作充满了挑战。

在如今娱乐滥觞的大环境下，能够刺激消费者的创意越来越少，打造好的创意越来越困难，如果新媒体时代的品牌综艺植入广告不再求变，如果还是为了植入而植入，注定要失败。所以，让广告植入变得自然和精彩，非常考验策划团队的功力。品牌需要具备更多娱乐营销的思维和意识，在广告植入中多一些新鲜的玩法和创意性的做法，才能让高额综艺赞助费真正收获效果。

正是基于上面的分析和洞察，别克在营销方面特意根据《乐队的夏天》打造了一档番外节目《乐队下一站》，以此打造别样的品牌传播路径。

除了创意的广告植入外，别克利用了有趣的节目内容，引发媒体传播。所以，从广告创意的角度来看，这个策划是非常成功的。

2019 最具公众影响力
社群营销大奖

2019 谷粒多高校电竞社群营销

执行时间：2019 年 4 月—2019 年 6 日

企业名称：内蒙古伊利实业集团股份有限公司（简称伊利集团）

品牌名称：伊利谷粒多

代理公司：北京中诚宏远公关顾问有限公司

获奖类别：金旗奖——2019 最具公众影响力社群营销大奖

项目概述

基于谷粒多 ×LPL（《英雄联盟》职业联赛）电竞定制装上市契机，打造谷粒多 ×RNG（皇族电子竞技俱乐部）高校电竞节，以“决胜时刻　扛住饥饿”为主题，在全国十城举办热血电竞高校联赛。用电竞圈层人群喜爱的形式，进行战队赛，重点场次邀请 RNG 队员到场，最终在 RNG 主场进行决战。

活动海报 1

项目调研

谷粒多作为伊利集团的明星产品，其“国际扛饿大品牌”形象深入人心，此次代理公司在目标人群较为集中的校园渠道，进行圈层营

销，助力品牌辨识度的进一步提升。

《英雄联盟》是一款风靡全球的游戏，而 LPL 是中国大陆最高级别的《英雄联盟》职业比赛，用户年龄集中在 18～24 岁，且男性受众居多，与谷粒多的目标人群十分契合。

RNG 电子竞技俱乐部旗下的英雄联盟战队，在赛场上拼搏永不言弃，明星队员在国际赛事为国争光，受到大批“粉丝”喜爱，新浪微博电竞、2019 LPL 战队势力榜排名第一且遥遥领先。

基于此，谷粒多联合 LPL 超高人气战队 RNG，以电竞对话校园人群，用高校电竞节进行内容营销，持续输出符合谷粒多调性的原生内容，拉近了目标人群与品牌距离，提升品牌好感度。

项目策划

1. 目标

打造“电竞”+“扛饿”消费场景，聚焦校园渠道，占领校园人群心智，进行销售转化。

2. 策略

借势 RNG，共同合作举办高校电竞赛，针对校园人群制订调性契合的圈层营销内容，达到与校园人群深度互动的目标，提升品牌知名度与销量。

3. 传播内容

（1）赛事海报，十城发布。

效仿 LPL 赛事传统，在高校电竞节比赛阶段，根据赛程安排发布预热海报。

（2）主题长漫，走心校园。

勾画校园群像，以电竞为主题，讲述学生的日常以及参加赛事的故事，引发受众共鸣。

（3）线下素材，原生制作。

第一视角记录重点城市线下活动，“鬼畜”剪辑高光时刻，视频输出高校电竞节小细节、趣味“魔性”视频提升小趣味、弹幕文化进行小扩散。

谷粒多 ×RNG 高校电竞节宣传片，由 UP 主（上传文件者）积极转发。

活动海报 2

邀请知名 UP 主、KOL 参与活动，深度设定原生内容，在 B 站掀起一场高校电竞回忆杀，点燃 B 站“粉丝”关于电竞的那份独家记忆。

（4）金句引领，产品借势。

建立抖音话题页，诚邀线下参与“粉丝”手持产品，自制传播内容。

结合高校电竞节线下活动精彩点滴，卡点剪辑，借抖音热势 BGM（背景音乐），巧妙与产品结合，趣味输出。

项目执行

1. 4 月 21 日—5 月 19 日，十城之战

上海站揭幕 RNG 严君泽空降校园，花城广州 RNG 锅老师引爆现场。

2. 5 月 26 日，冠军之战

偶像歌手胡夏、龚俊现场带队。王者之师 RNG 召唤师峡谷相爱相杀。知名解说小苍、官总全方位解读赛况。

活动场地

3. 5 月 26 日—6 月 10 日，后续传播

官方微博、微信，深耕“粉丝”，花式互动。

项目评估

（1）微博话题 # 抱紧大腿 LPL 狂 Carry# 阅读量 1.1 亿次。

（2）占位电竞强关联平台和舆论话题阵地，全面曝光品牌与 LPL 合作信息，累计总曝光量超 3.9 亿次，总点击量超 849 万次。

（3）明星视频观看量达 244 万次，互动超 3.4 万次，话题 # 疑胡夏加盟电竞战队 # 阅读量超 8000 万次，讨论量超 4000 次。

（4）B 站话题页总曝光量超 85 万次，UP 主线下素材二次制作内容总曝光量超 660 万次，知名 UP 主动态转发内容总曝光量超 225.4 万次。

项目亮点

1.“双微”传播紧贴赛事，花式互动

制作十城之战城市海报、高校电竞系列主题漫画。

2. 抖音话题引领，产品借势

深度了解圈层“粉丝”，电竞话题页 # 只要哥哥打得好 # 粉丝 UGC，自发传播效果良好。

3. B 站原生内容制作，与 UP 主深度合作

重点城市 Vlog 记录点滴精彩并预埋彩蛋，互动量明显提升。知名 UP 主进行线下素材二次制作，广泛传播，另诚邀顶级游戏 UP 主亲身参加活动，带来别样的观感。

亲历者说 李男　北京中诚宏远公关顾问有限公司策划经理

4 月 21 日，上海，当天到场的嘉宾是 RNG 上单严君泽，那个时候他已经不上场很久了，正在调整心态。活动进行中突然下起了小雨，但“粉丝”们热情不减，在雨中继续支持着喜爱的队员，爱着这支战队。

5 月 19 日广州，RNG 锅老师空降校园，天气很热，汗水流过眼睛，他赶紧用纸巾擦拭。水友赛期间，太阳下落，刺眼的光打在锅老师的眼上，他低着头，靠着屏幕挡住阳光，继续认真操作着，因为目前局势处在劣势。

电竞最难以割舍的是什么？最难以割舍的是喜欢的战队，是为国争光的选手，是打出精妙配合的操作……最难以割舍的是一起“开黑”的人。每个人心中都会有不一样的答案，诸多情愫，最终成了我们难以割舍的独家记忆。

案例点评

点评专家：张勇　中国中车集团新闻处处长

在众多的社群营销中，2019 谷粒多高校电竞社群营销独树一帜，取得了极大成功。

其成功因素之一，是取得了营销活动与销售目标的诸多一致。首先，

活动主体与消费人群一致。其次，活动内容与消费人群心态一致。再次，活动空间与消费主体生存空间一致。最后，代言明星与消费主体认知一致。这正印证了营销不是改变什么而是适应什么的观点。

其成功因素之二，是提供了系列营销套餐，使得整个营销活动波澜起伏，层层递进。三个阶段中十城之战、冠军之战等使得整个活动体现出波澜感、节奏感、竞技感和戏剧性，自然能够吸引更多的人关注。

其成功因素之三，是深谙互联网营销之道，善用网言网语、潮言潮语，置身于年轻的大学生群体中，运用了大学生群体熟悉且容易接受的语言体系、活动规则和认同的理念行动，形成了极大共振。

《拜托了冰箱》第五季传播①

执行时间：2019 年 3 月—2019 年 7 月

企业名称：上海腾讯企鹅影视文化传播有限公司

品牌名称：腾讯视频

代理公司：北京华声信诺文化传媒有限公司

获奖类别：金旗奖——2019 最具公众影响力社群营销大奖

项目概述

《拜托了冰箱》第五季是腾讯视频出品的一档明星美食脱口秀节目。节目由何炅与王嘉尔一起担任主持，每期两位明星大咖和自己的冰箱一起来到节目现场，通过揭秘冰箱与 6 位性格各异的主厨畅聊美食生活、八卦趣事。

活动海报 1

项目调研

2019 年慢综艺大规模占领综艺市场，第二季度网络综艺扎堆上线，美食类节目有 8 个之多。整个综艺市场，谨慎有余、创新不足，中庸

① 本文中所涉及的照片，腾讯视频均已得到拍摄者的使用许可。

式推新、保守式发展。

随着时间的推移，综艺节目的关注度下滑是一个普遍规律，对于已经形成固定受众的“综N代”来说，突破革新，吸引更年轻的受众是节目目前需要思考的问题。

作为“综N代”节目，《拜托了冰箱》第五季从内容上力求突破革新，讲述年轻人的生活方式，提升节目年轻调性。

项目策划

1. 艺人娱乐话题强关联

前期预埋，引导艺人探讨年轻人的话题以及展现鲜明的个性，挖掘艺人有趣的多样生活习惯以及奇葩生活观点，增强趣味讨论度。

推出的话题以强娱乐性（八卦、猎奇）和年轻人的价值观（papi 酱婚恋观）为出发点，传达节目年轻升级的信息同时关注年轻人社会话题。

2. 年轻新鲜视角强切入

用年轻人的语态和表达习惯进行市场语言包装，结合时下受年轻人欢迎的话题延伸当下多样的生活价值观以及生活方式。

以年轻人熟知的语态为切入点进行沟通，结合当下年轻人共鸣点（车厘子自由、间歇式减肥、苏打水女孩、下饭男艺人）提供多样的话题，在官微开设 # 冰箱有温度 # 栏目，引发年轻人关于生活方式的探讨。

3. 年轻人生活观共情

引导年轻用户讨论关于亲情、友情、爱情、生活等共鸣话题，帮助他们用放大镜发现身边细微的美好之物，传递生活满足感。

以艺人提及的共鸣话题，如父母突然变老、过年时长辈的催婚催生、边减肥边吃夜宵等话题，通过与节目“粉丝”真诚沟通的方式互动讨论，引发“粉丝”自发倾诉故事，从而引起更大的共鸣以及热爱生活的态度。

4. 差异化辩论式价值观探讨

调动不同渠道不同用户群体的多样化观点，以豆瓣、微博与虎扑截然不同的用户群体为例，展现对同一生活方式的不同看法，实现多渠道差异化辩论式讨论。

活动海报 2

项目执行

1. 话题预埋

开播策划 # 拜冰回忆杀 # 艺人官宣等回归官宣内容，吸引大量节目“粉丝”及艺人“粉丝”关注；后期小武吐槽向视频外围传播。

2. 传播围绕三类话题，引发多平台关注

（1）未公开过的娱乐信息点，如李宇春教司机买菜等。

（2）符合年轻艺人个性的趣味内容，如毛不易想整头、沈月那颗舔不完的糖、池子冰箱造假等。

（3）由艺人引发讨论的当代年轻人观点，如 papi 酱婚恋观等。

3. 内容创意

（1）贴合年轻人的生活方式，打造多样网络人格标签，与 8 位明星嘉宾性格属性强联系，增加年轻用户分享欲，浏览量超 27 万次。

（2）联动 10 位艺人发布一人食视频，全平台征集下饭 Vlog，深入触达喜

爱美食的年轻受众，传递一个人也要寻找到令自己幸福的满足之物，热门视频收获 125 万人次收看。

（3）校园打卡：投放北京大学、中国人民大学、北京外国语大学、武汉大学、南京大学等全国 6 所高校食堂桌贴。节目为“粉丝”提供线下机会，同时传递了《拜托了冰箱》第五季好吃更好看的信息，激发大学生线下打卡认证的互动兴趣。

项目评估

在多渠道制造爆款话题，包括 # 李宇春教司机买菜 ## 毛不易想整头 ## 吴昕吐槽池子 ##papi 酱婚恋观 # 等，其中 #papi 酱婚恋观 # 微博相关话题阅读总数超 16 亿次，在微博建立的 PK 话题“结婚后，双方亲家一定要见面吗”

2019年5月7日 星期二 新京报

C03

《拜托了冰箱》第五季开播，新京报专访制片人揭秘幕后，“搬前拍照，尽量原貌复原”

艺人生活质量怎么样？看冰箱

明星美食类脱口秀节目《拜托了冰箱5》正在腾讯视频播出，由何炅、王嘉尔主持，通过明星嘉宾冰箱里的食材探索艺人不为大众所知的日常生活，被网友称为“下饭综艺”。明星的冰箱里的食物都是提前安排好的吗？冰箱是怎么搬运到现场的？厨师的菜单是提前设计好的吗？明星们的冰箱有哪些出人意料之处？新京报记者专访制片人多晓萌给出答案。

采写/新京报记者 武芝

媒体报道

吸引大量路人及 KOL 自发参与助力热搜，@《中国日报》、@ 每日经济新闻、@ 中国新闻周刊、@ 南方都市报等超过 30 个权威媒体官微参与 PK 话题，并引发多角度讨论，收获 28 万人次参与投票互动，助话题登总榜 TOP1。《光明日报》、《新京报》、《北京青年报》、《综艺报》、《齐鲁晚报》、《南方都市报》、新华网、澎湃新闻等多家媒体争相报道。

亲历者说 朱礼鹏　北京华声信诺文化传媒有限公司 SAM（公关活动）

让我印象最深刻的是在微博建立的两个 PK 话题，一个是节目内容引出的“彭昱畅 or 王嘉尔，谁是最下饭男艺人”，另一个是由 papi 酱婚恋观引出的“结婚后，双方亲家一定要见面吗”，特别是后者在节目播出当晚即达成了全网的讨论爆款，当周我身边的朋友也都有反馈他们的观点，这既在传播计划之内，也让我收获很多惊喜。

案例点评

点评专家：闫浩　JANUS 营销咨询创始人

《拜托了冰箱》是一部非常优秀的综艺节目，我们从《拜托了冰箱》第五季的部分渠道数据统计中也看到了一份不错的成绩单。在整个节目的传播运营中，有很多可圈可点的亮点，比如开播策划 #拜冰回忆杀# 艺人官宣内容，吸引大量节目“粉丝”及艺人“粉丝”关注，传播围绕未公开过的娱乐信息、符合年轻艺人个性的趣味内容、引发讨论的当代年轻人观点三类话题开展。内容创意上贴合年轻人的生活方式，打造多样网络人格标签，与 8 位明星嘉宾性格属性增强联系，联动 10 位艺人发布一人食视频，全平台征集下饭 Vlog，深入触达年轻美食受众。从这些动作中，我们可以看到将传播做到“沸点”，靠的绝对不是一个大事件、大创意，而是一连串的成功传播小动作。

在这些传播动作中，最值得点评的是在微博建立的 PK 话题，这种 PK 正好切中年轻人的想法，没有边界障碍，每个年轻人都可以参与进来。在传播中，越有争议，越有讨论性的话题就越具有传播力。微博建立 PK 话题恰恰符合了“争议传播”的方式，达到了一个令人惊喜的效果。

招行信用卡2018年“10元风暴”整合营销传播

执行时间：2018年11月25日—2019年1月5日

企业名称：招商银行信用卡中心

品牌名称：招商银行信用卡

代理公司：爱创营销与传播

获奖类别：金旗奖——2019最具公众影响力社群营销大奖

项目概述

2018年是招商银行信用卡品牌营销“招牌”活动——“10元风暴”的第8个年头，通过更加贴合年轻人喜好和潮流趋势的规则、玩法、传播，招商银行信用卡获得了千万级别用户关注，对于银行业而言，“10元风暴”已成为引领行业的标杆性营销活动。

项目调研

如何把活动的多趣味、轻娱乐、强互动内容传达给受众，提高用户的参与积极性，让“10元风暴”在银行业中保持引领地位的同时，在互联网圈层扩大冲击力与影响力，成为2018年“10元风暴”整合营销的最终诉求。

招商银行信用卡中心围绕10元及掌上生活展开思考，启动2018年“10元风暴”整合营销传播。一方面结合更开放的活动通过社会化传播，达成为掌上

生活 App 拉新、促活的目的；另一方面通过本次传播，强化“10 元风暴”IP 标签，形成“10 元风暴”与招行信用卡的强关联属性，提升用户黏性。

项目策划

1. 目标

（1）通过更开放的基础属性，吸引新用户。

（2）利用更具趣味性、多元化的参与方式及丰富的奖品设置，提升老用户活跃度，维系用户关系。

（3）强化“10 元风暴”IP 标签，形成“10 元风暴”与招行信用卡的强关联属性，增强用户黏性。

2. 策略

招商银行信用卡结合多趣味、轻娱乐、强互动的活动机制，通过娱乐化、本地化、视频化的传播思路，从内容出发，把“10 元风暴”塑造成辐射全网用户的年终消费盛会。

招商银行信用卡提出“来掌上生活，10 元抢好礼”的活动口号，简单直接地告诉用户“只要 10 元，就能把超级大礼带回家”的活动亮点。以娱乐化的内容，火爆社交媒体，借助本地化传播渠道，实现由大到小精准传递，通过视频强化用户感知，实现从主动到被动的信息获取，辐射全网用户群体。

3. 受众

活动的核心目标受众是 26～35 岁的年轻人，同时，一、二线城市以外受众占比逐渐增加。调研发现，目标用户的资讯消费呈高频化、碎片化特征，类型偏好泛娱乐内容且打发时间诉求强，更加喜欢图片、短视频、直播类的碎片化的娱乐化内容。

项目执行

1. 娱乐化内容覆盖

有趣的内容，是打造爆款的充分必要条件。活动尚未开始，招商银行信用卡聚焦活动内容，打造好玩有趣的动态海报为这场年终狂欢预热，成为线上传播的有效道具，成功吸引受众关注。

活动期内，招商银行信用卡发布32篇传播帖，结合活动节点，通过多图文、UGC等形式，发布官方攻略、活动提醒、阶段总结等内容，强调“注册用户即可参与”，提高用户的持续关注度，实现与用户高频互动。

2. 本地化传播渠道

（1）“10元风暴”席卷万达院线：结合本地化策略，在全国10个重点城市近百家万达影院进行物料展示，选取10个城市核心影院搭建定制堆头，在深度触达线下消费人群的同时，进行线上二次传播。

（2）制作本地化线下事件——小招喵探店奇遇：与本次活动人气礼品品牌联合，

“10元风暴”
——“来掌上生活，10元抢好礼”

小招喵探店奇遇

"10 元风暴"映前广告

以小招喵探店的形式，推荐"10 元风暴"同款礼品，通过线上线下的双向互动，实现品牌双赢。

（3）视频强化感知。上线"10 元风暴"映前广告：在四大核心城市和 39 个一级信用卡分部（招商银行信用卡内部名词，信用卡分部就是招商银行的分支机构）所在城市投放"10 元风暴"映前广告，并将视频作为活动传播物料进行了二次传播。

（4）上线活动攻略视频。李永乐《"10 元风暴"最优解》：与西瓜视频科普红人、科普狂人李永乐老师合作，从博弈论、概率学的角度，分析"10 元风暴"的竞拍活动机制，给参与活动的用户提供最优解建议，以数学科普的形式巧妙带出活动信息，吸引外部用户参与。

项目评估

1. 业务层面

2018 年"10 元风暴"，参与用户超 800 万人，超过 1 亿只小招喵被领取，拉新促活效果显著。

2. 传播层面

（1）招商银行信用卡官方渠道内容点击量达 500 万次。

（2）外部渠道总曝光量超过 6000 万次。

（3）李永乐《“10 元风暴”最优解》播放量超 10 万次。

亲历者说 张沛森 爱创营销与传播高级客户经理

与往年不同，“出喵”玩法变成了技术活，伴随着官方推出的活动攻略，民间大神们也纷纷现身教大家“薅羊毛”，我们邀请短视频网红李永乐老师用“接地气”的方式，通过贝叶斯纳什均衡给大家上了一课，来告诉用户如何用合适的“出喵”赚取心仪的奖品。

娱乐化、视频化的内容，线上线下全覆盖的传播，造就了“10 元风暴”持续火爆，多次刷屏社会化媒体。人气爆棚的背后是招商银行信用卡持续输出“10 元风暴”IP 的坚持，从 2017 年的“瓜 15 亿积分，抢 10 元好礼”持卡人年终回馈，到 2018 年的“来掌上生活，10 元抢好礼”1 亿只小招喵被领走，都见证着招商银行信用卡践行品质化营销道路上的每一步。

案例点评

点评专家：李志军 中央财经大学新传播研究中心联合主任

吸引办卡是各个银行永远的难点，一方面任务压力大，另一方面营销的方式乏善可陈。在新媒体环境下如何推陈出新，是每个银行都躲不过去的问题。招商银行信用卡似乎是其中的异类，持续输出“10 元风暴”IP，看似简单，却玩得风生水起，着实有研究的价值。

“吸自己的喵，让别人无喵可吸”，这就是招商银行信用卡娱乐趣味十足的“集喵”玩法，丰厚的“出喵”福利，以娱乐化内容、视频强化感知、线上线下联动持续发力“三步走”的方式，成功吸引了用户，在 2018 年岁末演绎了一场“集喵”大战。

有趣的内容，是打造爆款的充分必要条件，但知道有趣是什么更为关键。在预热阶段，聚焦活动内容，打造的好玩有趣的预热海报成了线上传播的有效道具，成功吸引了用户的关注，也预示了全民“集喵”大战开战在即。

与往年的奖励不同，2018 年的“出喵”玩法还变成了技术活，随着官方推出活动攻略，民间大神们也纷纷现身教大家怎样“薅羊毛”。玩儿出价值，玩儿出层次，玩儿出实惠，招商银行信用卡做到了。

首届中国（西湖）花园节

执行时间：2019 年 2 月 2 日—2019 年 4 月 22 日

企业名称：长城国际展览有限公司

品牌名称：长城国际展览

代理公司：杭州思库文化创意有限公司

获奖类别：金旗奖——2019 最具公众影响力社群营销大奖

项目概述

长城国际展览有限公司通过“精准社群 + 户外广告资源”，打造首届中国（西湖）花园节，实现了品牌传播和口碑沉淀。打造品牌形象，强化消费者认知，引流线下活动，促成票务转化。

项目背景

长城国际展览作为花卉园艺领域的领军者，不仅是多个国际知名花卉（植物）展中国区独家代理，还拥有近 20 年组织国内外花卉（植物）展览及相关活动的人脉、数据资源。2019 年，长城国际展览决定开拓 C 端市场，打造属于中国家庭园艺的原创 IP 中国花园节，因此首届中国（西湖）花园节长城国际展览携手拥有 40 万商家的淘宝极有家鲜花园艺一同把美好园艺生活的理念带给千家万户。

项目调研

1. 用户洞察

艾瑞咨询的数据显示，2018 年鲜花用户主要集中在 26～40 岁，其中 26～30 岁的用户占比 34.9%，成为消费的主力军。具有本科及以上学历的用户占 81.2%，个人月收入主要集中在 5001～10000 元，91.6% 为已婚或恋爱中人士。

2. 市场洞察

目前中国园艺产业发展呈上升趋势，家庭园艺普及度逐步提升。城市居民越发关注生活状态，强调品味和品质的商业形态正在中国壮大。

项目策划

1. 目标

让用户了解并认可首届中国（西湖）花园节所传递的“为热爱植物之人，办一场以家、生活为主题的，美感与实操双在线的原创花园节”的品牌态度。

2. 策略

通过圈层营销和限时事件打造，引发消费者对首届中国（西湖）花园节的好奇，进而吸引更多人前往参观，充分利用社交媒体扩大活动影响力，以参与互动、沉浸式体验来得到目标受众的认可，进行效果评估跟踪，确保影响最大化。

3. 受众

核心受众定位在 26～40 岁，追求生活品质，追求精神愉悦之人。

4. 媒介策略

（1）KOL 合作：与生活美学类、摄影美图类、打卡探店类的 KOL 合作输出图文、视频、音频等多元化内容，展现花这一特殊的载体，希望能有更多人借助它，将温暖的情感传递到生活的各个角落，激发“粉丝”对花的心理需求，进而引流首届中国（西湖）花园节。

（2）限时事件营销：通过线上发布限时召集令，以福利和兴趣为核心，根据条件筛选出百位汉服爱好者，统一前往首届中国（西湖）花园节赴一场花的盛宴。在游园的过程中，百人汉服既形成了一道独具韵味的风景，也增加了活动宣传力。

（3）社交圈层传播：特邀各大社交平台的“大 V”及其“粉丝”前来探展，由他们将各自感受在微博、抖音、小红书、微信等平台自主发布，以带动首届中国（西湖）花园节在社交圈层上的口碑传播，将事件营销影响力扩大化。

项目执行

项目包括话题预热、集中爆发、延伸报道三个阶段。

1. 第一阶段：话题预热

由于首届中国（西湖）花园节落地杭州市，企业在杭州核心的湖滨商圈以及西湖景区进行了户外广告的投放，为首届中国（西湖）花园节进行氛围烘托，并携手杭州本地的“大 V”一同发起“花心荡漾——首届中国（西湖）花园节百人汉服游园”召集令，引爆特定圈层用户。

2. 第二阶段：集中爆发

活动期间，分别设置 KOL 探展、百人游园会、媒体日等，使得首届中国（西湖）花园节在活动期间热度持续攀升，并成功被推荐到小红书等社交平台首页。

3. 第三阶段：延伸报道

活动后，各大主流门户及鲜花园艺等行业媒体、自媒体陆续报道了首届中国（西湖）花园节并给予高度评价。

项目评估

活动期间，首届中国（西湖）花园节迎来了超过 10 万人观展，最高单日观展人数突破 2 万人，社交媒体传播人数破 5000 万人。首届中国（西湖）花园节颠覆传统展会模式，成功打造了一次中国园艺花艺行业的 C 端大型展会。

项目亮点

1. 依托社交媒体“大 V”效应，实现线上线下闭环互动

携手生活美学类、摄影美图类、打卡探店类等领域的意见领袖一同为首届中

国（西湖）花园节的目标受众进行“种草”。首先，以各类社交媒体内的意见领袖受邀抢先探展并输出集图文、视频于一体的多元化主题内容为主，吸引关注、聚拢人气，以“粉丝”社群带动泛旅游消费客户群体；其次，以“粉丝”福利等互动方式，吸引“粉丝”前去探展并分享归来感悟，形成二次传播，助力内容再次发酵；最后，实现“线上声量助力线下体验，线下体验反哺线上声量”的闭环互动传播模式。

2. 打造“百人汉服同袍游园会”，带动社交圈层口碑传播

在线上报名的用户中选取符合活动需求的百位汉服 KOL，在同一时间进行游园，并根据各自感受在微博、抖音、小红书、微信等平台自主发布多篇深度游记和见闻感受，实时产出精品内容，带动首届中国（西湖）花园节在社交圈层上的口碑传播，扩大事件营销影响力。

亲历者说　刘影　杭州思库文化创意有限公司传播策略经理

花是一种极贴近生活的情感纽带，我们希望在忙碌的城市中，花香和花色可以将温暖传递到每一个角落。很有幸可以见证中国首个原创家庭园艺 IP 的诞生。在这个项目中，我们通过对用户进行洞察，然后提出能够满足其实际和潜在需求的关键信息，达到传播目标。我们坚信营销或任何的工作都应该以给用户带来明确的价值为核心，而不是为了营销而去打扰用户。

案例点评

点评专家：陶西　益海嘉里食品营销有限公司电子商务、数字化营销总监

曾几何时，社会化传播已成为新媒体营销的主流推广模式，但传播的核心点并没有变，如主题鲜明、人群精准、创意独特、有话题性。

首届中国（西湖）花园节，独辟蹊径，以社群营销精心打造家庭园艺的原创IP，成功吸引10万多名园艺爱好者观展。复盘案例，给我们带来如下借鉴和启发。

（1）定位清晰：首届中国（西湖）花园节，国内第一次园艺花艺行业的C端大型展会。

（2）人群精准：主打26～40岁讲究生活品质的鲜花用户；合作单位为拥有40万商家的淘宝极有家鲜花园艺。

（3）媒体聚焦：除现场户外广告外，主要通过社会化传播制造话题、扩造口碑、吸引参展。优选相关KOL、社交“大V”发布信息，带动“粉丝”观展后主动分享，形成圈层话题，扩大传播影响力。

（4）传播递进：巧妙策划“百人汉服同袍游园会”事件营销，形成围观热点，引发目标群打卡；巧妙设置“粉丝”福利等互动方式，激发“粉丝”游园探展并做社交分享，形成二次传播；组织各大主流门户及鲜花园艺行业媒体跟进报道，有效放大传播效果。

（5）成果量化：最高单日观展人数突破2万人，社交媒体传播人数破5000万人。

58 同城开工红包社会化营销①

执行时间： 2019 年 2 月 13 日—2019 年 2 月 17 日

企业名称： 北京五八信息技术有限公司

品牌名称： 58 同城

代理公司： 北京尚诚同力品牌管理股份有限公司

获奖类别： 金旗奖——2019 最具公众影响力社群营销大奖

项目概述

春节后开工如何才能“满血复活”？ 58 同城推出开工红包社会化营销项目。活动于春节开工后一周上线，企业借助明星、KOL 影响力，触及“粉丝”圈层，引导受众参与话题并在 58 同城 App 上领取开工红包。

项目调研

节后开工，许多职场人罹患“开工综合征”。

许多职场人在春节开工后都缺乏动力。此时一个“开工利事”（开工红包）就是一针职场强心剂。开工红包不仅是一份现金福利，还寓意开工好兆头，这与 58 同城贯彻的“让生活简单美好”的品牌理念一脉相承，受到职场人的欢迎。

58 同城抓住节后大规模求职浪潮，为 App 做引流与拉新。

① 本文中所涉及的图片，北京尚诚同力品牌管理股份有限公司均已得到被拍摄者的使用许可。

面对各行业就业压力激增及春节后传统求职高峰，58 同城希望抓住节后开工的营销时机，切中求职者关注的“开工大吉”，通过明星、“大 V”连环打 Call（加油）的方法，达到导流获客、宣传品牌的效果。

项目策划

1. 目标

（1）通过 # 开工利事有城意 # 话题讨论及开工红包派发，贯彻“让生活简单美好”的品牌理念。

（2）通过明星及 KOL“粉丝”群体发力，引导受众到 58 同城 App 领取红包，达到引流获客目的。

2. 策略

活动策略如下：

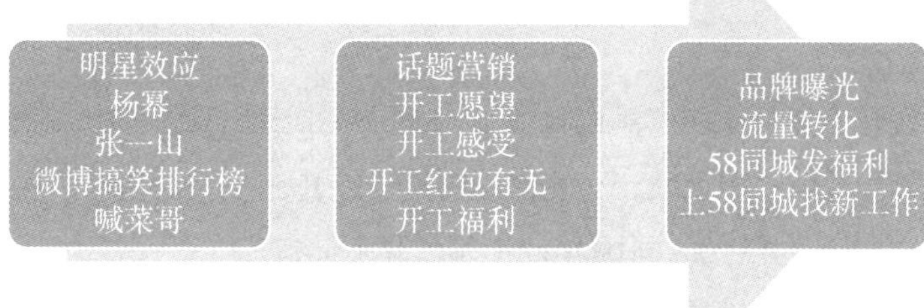

活动策略图

（1）社交营销路径：站外→站内。以微博、抖音和 58 同城 App 捆绑做跨场景互动，借助明星、KOL 的流量优势，打造流量入口，触及目标“粉丝”圈层，通过发红包互动话题将其导流至 58 同城站内，赋予 58 同城生活服务平台社交属性，为品牌发掘更多的营销触点。

（2）社交圈层玩法：“互动 + 引流”。微博主打明星效应，引发相应“粉丝”圈层参与讨论，并领取“Idol（偶像）”派发的 58 同城开工红包福利，实现“品牌曝光 + 流量转化”。

3. 受众

核心受众为明星及所选 KOL 的“粉丝”圈层，并触及其他年轻的泛互联网受众。

4. 传播内容

在选定杨幂、张一山等明星、KOL 后，巧借其名字特点，结合开工信息，定制特色的红包口令，如杨幂的红包口令“开工幂诀”、张一山的红包口令“开工见山”等，“粉丝”在 58 同城 App 搜索对应红包口令就能获得偶像送出的现金红包。

除开工红包活动外，每个明星、KOL 发布 开工话题，例如“你今年想盘什么”“老板有没有给你发开工红包”“你的开工愿望是什么”等，引发“粉丝”圈层参与。

5. 媒介策略

（1）社交明星、KOL 选择：大数据分析匹配圈层。企业在选用明星及 KOL 上，充分利用平台用户大数据，筛选营销的主要发力者。

（2）社交圈层投放逻辑：以“头部”带“腰部”，层层扩散。由大流量的明星作为红包活动的首发者，利用 KOL 进行“粉丝”圈层的渗透。

项目执行

（1）粉丝圈层排查及“Idol”口令定制（2019 年 1 月 15 日—2019 年 1 月 31 日）。

（2）沟通物料筹备（2019 年 2 月 13 日—2019 年 2 月 15 日）。

（3）杨幂等合作明星在其微博账号发出红包口令，引爆“粉丝”圈层（2019 年 2 月 16 日）。

杨幂作为大流量的明星，率先为“粉丝”派发专属红包口令，热度迅速上升。随后张一山、鄂靖文等明星也纷纷为“粉丝”派发红包。企业还联系各后援会，引爆“粉丝”圈层。

（4）华农兄弟等合作“头部”KOL 在其微博账号发出红包口令，引发“头部”KOL“粉丝”参与（2019 年 2 月 16 日晚）。

（5）喊菜哥等其他 KOL 借热发红包口令，再掀目标“粉丝”群体狂欢（2019 年 2 月 17 日）。

在明星热度的加持下，其他“腰部”KOL为“粉丝”派发红包，传播发酵至此达到高潮，“粉丝”开始自发晒领取红包的截图。

（6）营销KOL对此次营销进行复盘（2019年2月22日）。

项目评估

（1）全渠道的“粉丝”圈层向58同城产品引流约18万人次，为58同城开年运营活动赢得了良好的流量基础。其中，杨幂相关微博获得超73万次转发，23万多条评论。

（2）微博曝光。#开工利事有城意#微博话题阅读量1.6亿次，话题讨论量83.6万次，用户火爆参与。

项目亮点

1. 以“星粉”互动代替品牌沟通，优化触及圈层方式

通过明星、抖音达人、微博“大V”做内容捆绑，搭建“星粉”互动方式，代替品牌沟通。不仅实现了大量拉新导流，还极速提升了品牌好感度。

2. 跨平台玩转社交传播，花式跨界“圈粉”

利用社交媒体引发用户互动，让用户自然而然地使用58同城，实现导流和拉新。58同城通过社交行为做品牌传播。

3. 软硬结合，引流的同时不忘品牌曝光

采用软硬结合的方式，在微博和抖音平台上完成了足量、自然而有趣的品牌曝光，社交话题与福利引流，让受众边聊、边玩，在自己的内容中融入了58同城的品牌元素。

亲历者说 燕建伟 北京尚诚同力品牌管理股份有限公司项目经理

现在很多品牌营销被卷入品效合一的浪潮，社会化营销也不再是“玩花样”，而是“玩流量”。这个项目有效利用了明星、KOL影响力，“搅动”目标“粉

丝”圈层。在选定 KOL 后，我们特意为每个人定制了专属的特色口令，比如喊菜哥是一个提供做菜攻略的博主，我们想到了菜谱，于是产出了“开工有谱”这个词。我们设定特色口令，一方面调动“粉丝”积极性，另一方面想对带货效果做一个评估，为以后的传播提供参考。给“粉丝”发红包的是明星、KOL，58 同城并没有直接去和“粉丝”沟通，而是作为“美好”的提供者，把沟通主动权交给了明星及 KOL，将其对“粉丝”圈层的沟通效果扩大化，以此将活动扩散到泛互联网受众。

案例点评

点评专家：张桔洲　北京爱创天杰营销科技有限公司董事

58 同城开工红包社会化营销项目，以微博、抖音加上 58 同城 App，从“玩花样”到运营流量，为社群营销的标准打法提供了一个良好的范本。

我们知道，内容赋能、用户利益驱动、多场景组合、智能分发与流量运营、社交裂变，已经成为体系化的社群营销组合拳。

在本案例中，58 同城利用内部数据，筛选出杨幂、张一山等“头部”IP，并根据 IP 人设，创造出不同的“开工口令”，引发“粉丝”参与互动，进而利用“抖音挑战赛”，共创更多的 UGC。利益驱动方面，58 同城投入了“开工利事”红包，打开 58 同城 App，搜索“开工口令”，就有可能拿到“开工利事”。微博话题、抖音挑战、58 同城 App，组成跨平台的媒介场景。流量运营方面，本案例则主要运用 KOL 和话题引发的自然流量，获得了不错的流量效果。社交裂变也做得不错，微博话题讨论量超 80 万次，评论 23 万次，抖音 18 位“头部”KOL 自发参与，视频创作超过 6 万个。

2019 最具公众影响力
娱乐营销大奖

妙卡奥利奥 × 张艺兴“秀出你的内心戏”①

执行时间：2018 年 10 月—2019 年 2 月

企业名称：亿滋（中国）有限公司

品牌名称：妙卡奥利奥

代理公司：上海乐智广告传播有限公司

获奖类别：金旗奖——2019 最具公众影响力娱乐营销大奖

项目概述

企业携手代言人张艺兴，打造“妙卡奥利奥的 N 种内心戏”娱乐营销盛宴，将产品植入其专辑主打歌《NAMANANA》MV，全球滚动播出，衍生跨界合作限量礼盒，在“妙卡奥利奥内心戏小剧场”开幕之日于各大渠道发售，传递“融情有脆趣”的品牌内涵。

项目调研

以更年轻化的品牌内容为基准设定发展战略，亿滋集团将旗下两款颇受年轻人欢迎的单品进行跨界合作，推出了跨品类创新产品——妙卡奥利奥，通过差异化传播快速俘获年轻消费者。

“粉丝”经济逐渐成为中国娱乐产业的核心商业模式。代言人张艺兴作为中

① 本文中所涉及的照片，亿滋（中国）有限公司均已得到被拍摄者的使用许可。

国乐坛实力与人气兼具的超级偶像，在中国市场拥有庞大的“粉丝”基数，截至发稿前，仅微博一个平台就有 4900 多万“粉丝”，且“粉丝”消费力极强。

张艺兴第三张专辑将进军北美市场，不在国内发售实体专辑。因此，妙卡奥利奥不仅将产品植入了新专辑主打歌《NAMANANA》MV，更联名制作含产品、实体专辑、限量周边的限量礼盒，同步发售。也就是说，张艺兴的“粉丝”想要在国内购买实体专辑，唯有购买妙卡奥利奥限量礼盒。

活动海报

项目策划

1. 目标

快速获取市场关注度，加速品牌形象成长。全球范围内多渠道全平台曝光，凭借《NAMANANA》MV 中的产品呈现、线上线下的趣味互动，渗透更多消费者，提高产品新口味知名度，强化《NAMANANA》实体专辑国内获取渠道，引流购买。

2. 策略

用流量艺人打造品牌声量，提升年轻消费者对于现有品牌的认知，让他们提到“融情”“脆趣”等词时，都能第一时间想到妙卡奥利奥。

联名包装

3. 受众

爱吃零食的年轻群体，其中包含工作繁忙的白领、大学生等，他们可能外表冷漠，但“内心戏”丰富。

4. 传播内容

充分利用张艺兴流量影响力，从深度及广度打造巧克力届创新爆品并为销售导流。以植入代言人新专辑主打歌 MV、“妙卡奥利奥内心戏小剧场”快闪店与妙卡奥利奥限量礼盒为重要内容，匹配整合娱乐营销传播渠道，打造偶像与“粉丝”的情感对话，激发“粉丝”与品牌的情感共鸣，让“粉丝”自发参与品牌话题传播，以口碑营销的方式制造更大的声量和影响力。

（1）将妙卡奥利奥产品植入主打歌《NAMANANA》MV，在全网扩散，制造品牌及产品的超强曝光。

（2）线上助力由 MV 中舞蹈衍生而出的 # 张艺兴梦不落雨林 ## 霸王龙抖腿舞大赛 #，引发 54.6 亿次阅读关注，妙卡奥利奥产品借舞蹈片段在全网持续高频曝光。

（3）线下打造名为“妙卡奥利奥内心戏小剧场”的快闪店。用“小剧场”概念呈现妙卡奥利奥新口味，直观建立“内心戏”与产品之间的关联。由张艺兴直播探店，在每个场景演绎不同的“内心戏”，强化产品新口味信息，引发消费者在浏览各个场景的过程中，模拟自拍互动，触发社交分享，起到扩散传播效果。

（4）内含张艺兴实体专辑的妙卡奥利奥限量礼盒在电商平台售卖，活化“粉丝”资源、引流产品购买。

活动现场

5. 媒介策略

从线上到线下，从 KOL 到“粉丝”到消费者，通过 O2O 互动体验解锁各种有趣内容；从好奇到体验到用户 UGC 自主传播，以“内心戏”深入互动，深度“撩粉”，引爆社交媒体的口碑话题。

“妙卡奥利奥内心戏小剧场”同步京东等多平台直播，代言人张艺兴与人气主播在不同平台实力带货。顶级电商平台推荐位、Banner 广告、促销等全线配合，强势刺激购买。

项目评估

妙卡奥利奥不仅提升了全新口味系列的知名度，更是通过出色的娱乐营销迅速抓住了“95 后”“00 后”这些未来的核心消费群体，为品牌培养潜在的消费者。从创新巧克力到流量明星，企业从各个维度不断影响着潜在消费者，并不断渗透年轻消费群，更为娱乐营销开启了全新的行业范式，将妙卡奥利奥真正打造成为巧克力届的“融情有脆趣”的代名词。在市场上成功提升知名度的同时，其在电商平台上收获极佳的销量表现，限量礼盒开卖即售罄，口味单条装巧克力在京东等电商平台销售量相较于平日有显著提升。

项目期间，妙卡奥利奥产品植入的张艺兴新专辑《NAMANANA》销量近 300 万张，视频总播放量破 3000 万次，登上 50 个国家和地区 iTunes 专辑榜，占据美国、加拿大等 26 个国家和地区 iTunes 专辑 POP 榜第 1 名。

亲历者说 陈敏华 上海乐智广告传播有限公司客户部副总监

我们以娱乐营销的手法将品牌传播与产品销售结合，真正做到从“心”出发，演绎妙卡奥利奥的“内心戏”。在产品拟人化的基础上，我们通过设定各式各样的场景，赋予其更多心理活动，使消费者能产生共鸣，进而准确传递品牌理念。

在媒介资源分配上，我们覆盖了传统媒体、新媒体。线下传播方面，我们使用了时下流行的快闪店形式，引发到场观众自主传播，同时借助代言人张艺兴的知名度进一步引爆话题热度，扩大传播范围。

我们借力明星流量彻底活化“粉丝”，将产品特性与卖点融入传播话题与活动主题，辅以电商平台优惠礼包与明星爆款等销售策略，刺激消费者购买，使“人、货、场”策略落实，形成自洽闭环。

案例点评

点评专家：郑亚楠　黑龙江大学新闻传播学院院长、教授

妙卡奥利奥以娱乐营销的策略将品牌传播与产品销售结合，活化“粉丝”资源，既将妙卡奥利奥新口味成功打入市场，又传递了妙卡“融情有脆趣”的品牌内涵。该案例的创新之处体现在以下三个方面。

一是双重跨界合作。先是百年品牌妙卡巧克力与受中国年轻人喜欢的奥利奥饼干跨界合作，推出跨品类创新产品妙卡奥利奥，实现了产品的差异化；后是妙卡奥利奥与张艺兴跨界联名，推出含产品、实体专辑、限量周边的限量礼盒，吸引想获得张艺兴国内实体专辑的“粉丝”购买。

二是双方互利共赢。妙卡奥利奥将产品植入张艺兴新专辑主打歌《NAMANANA》的MV，扩大品牌曝光。同时，妙卡奥利奥限量礼盒成为在国内获取实体专辑的唯一渠道，引起年轻消费者对张艺兴新专辑的关注。妙卡奥利奥与张艺兴发挥各自优势制造话题，强势带货提升销量，达到了双方共赢。

三是双向深入互动。基于对爱吃零食的年轻群体外表冷漠但“内心戏”丰富的洞察，妙卡奥利奥打造“妙卡奥利奥内心戏小剧场”快闪店，通过互动体验解锁各种有趣内容，借力网络热词建立内心戏与产品口味之间的关联。同时，张艺兴直播探店掀起话题，吸引“粉丝”前往“打卡”，刺激“粉丝”自创作传播内容，触发社交分享，不断替品牌发声。

《我是唱作人》新媒体营销

执行时间： 2019 年 3 月 10 日—2019 年 7 月 1 日

企业名称： 北京爱奇艺科技有限公司

品牌名称：《我是唱作人》

代理公司： 北京众行互动数字文化传媒有限公司

获奖类别： 金旗奖——2019 最具公众影响力娱乐营销大奖

项目概述

面对华语乐坛“人荒”“歌荒”的困境，企业以重新唤醒大众对唱作人群体的关注切入，强化原创差异点与高门槛，聚焦华语唱作人生态。强势打造 2019“出圈”新歌，树立节目音乐唱作专业态度，强化艺人音乐标签和人设打造。累积口碑加深节目影响力，从而打破千篇一律的华语乐坛现状。

项目调研

（1）在各大翻唱节目盛行的时代，想要有一档纯原创、高门槛的节目，打出“唱作人”标签，聚焦华语唱作人生态，展示歌手创作背后的故事，打破观众固有认知，同时面对连续数季的《歌手》《中国好声音》等大 IP 竞品突出重围难上加难。

（2）节目播前以拍摄“求职视频”带出华语乐坛现状，邀请乐评人在不知道唱作人名字的前提下对其简历进行初步评价，最后揭露这些简历分别来自毛不易、王源、梁博等，记录评委反应，以此激发大众对华语乐坛现状的反思及对唱作人群体的新鲜认知，重新唤醒对唱作人的关注，主打华语唱作人生态。视频以多渠道铺设引发各大平台网友热议，视频播放量超600万次，成功引发大众反思，激发大众关注。

项目策划

1. 目标

聚焦华语唱作人生态，强势打造“出圈”歌曲，确立节目2019“新歌首发平台”定位，占领华语乐坛原创音乐的一席之地，加深节目影响力。

2. 策略

根据特殊节目形态，以“唱”“作”“人”三大维度为核心，以节目立意、看点、话题、内容及价值输出，夯实节目2019“新歌首发平台”的定位。“唱”——EP（迷你专辑）首发推歌，主立“新歌种草机”节目定位；“作”——多维度安利专业词汇，翻唱热潮引全民UGC，唱的同时挖掘唱作人的另一面，勇于直面华语乐坛真实唱作生态；“人”——针对艺人属性立标签，增加艺人及节目唱作专业度，输出看点吸引关注，勇于做“第一个吃螃蟹”的先锋者。

项目执行

项目执行过程中多种营销方式并行，自官方宣布以来覆盖多个社交平台，以唱作之声影响全网。分别以水果营销、话题营销、趣味营销、借势营销、“粉圈”营销、地域营销、线上线下配合等多种营销手段，助力《我是唱作人》成为2019开年关注度及影响力极高的网络综艺节目。

其中，借势营销需注意传播时效性，在第一时间结合节目推内容；“粉圈”营销与地域营销需针对不同受众推出不同传播角度，如地域营销以王源《吆不到台》的歌词“没有道明寺”与重庆地标建筑道明寺进行关联捆绑，强打地标性建筑趣味向推广，引发重庆共青团发博助力，王源亲自回应带动100余个地

方 KOL 和娱乐 KOL 矩阵发博跟进，推动 # 王源吆不到台 # 持续登微博话题总榜 TOP1，# 王源回应道明寺 # 成为微博热门话题 TOP3。

项目评估

自开播以来，节目强势攻占各平台榜单榜首，多渠道热度爆表，刷屏全网热搜榜破 350 次，微博热搜占 66 个，抖音热搜 15 个，覆盖权威榜单、音乐 App、资讯类 App、SNS（社交网络服务）App 等多个核心社交平台。

（1）92 首歌有 60 首歌登 QQ 音乐、酷我音乐、酷狗音乐 TOP20 榜近 100 次，微信音乐分享量达 140 万次；《我是唱作人》节目上线后持续 1 个月霸占微博话题总榜、综艺榜、网综实时榜 TOP1，阅读量达 52.8 亿次，讨论量达 5400.9 万次。

（2）各项指数领先，屡创 2019 开年新高：微信指数峰值 5642084，高于同期开播综艺，节目艺人王源微指数达 1495 万，创开年新高。

（3）口碑好评，豆瓣开分即 8.1 分。持续三个月豆瓣一周国内口碑综艺榜 TOP1，连续在榜 30 天，口碑综艺榜 TOP10 连续在榜 80 天。节目音乐屡次登顶 TME（腾讯音乐）人气榜、巅峰榜等 TOP1，开播各项数值沸腾。

节目中的歌曲登上多平台榜单榜首

项目亮点

1. 话题营销，“社交安利”打通圈层

有没有真正的感同身受 ## 成年人表达难过的方式 ## 对未来对象的三点要求 ## 音乐鄙视链 # 等，共计超过 10 个社会话题引发热议，曝光量超 5 亿次。坐实节目为“社会观察类综艺”，带动大众思考。

2. 水果营销，有水果的地方就有唱作人

以水果代替人物形象强化唱作人标签，打造前所未有的水果营销玩法。其中《博物》杂志亲自回应周笔畅佛手瓜事件，破圈层营销带动 # 给周笔畅 P 佛手瓜大赛 # 登热门话题 TOP5，逐步达到提到水果标签就能想到《我是唱作人》的效果。

亲历者说 耿萌萌 北京众行互动数字文化传媒有限公司客户经理

（1）痛点难点：音综审美疲劳，新节目难破局。

面对近年来多个竞技类音综，人们目前已经形成了一种审美疲劳，面对这种情况，我们改变对策，划分竞品属性，以宣传角度不断强化“唱作人”概念，强化原创概念力推歌曲，同时增强人物属性，提高节目“粉丝”兴趣，加深节目观众印象，打造更有趣的传播内容。

（2）危机公关：化危机为时机，将争议点转化为节目安利。

节目播出期间出现负面舆情，以及对节目原创、艺人专业实力的质疑声，我们第一时间借势控评，转移网友关注点，对负面舆情进行有效处理，增大节目曝光和关注度，多次成功危机公关，为节目引流。

（3）全维推歌：回归初心，好作品才是第一要领。

针对节目中流量明星、过气艺人、小众歌手等不同艺人属性，除“粉丝”成最大推手外，作品更是重中之重，我们根据不同作品属性配合线上线下全维推歌。同时下半季对比上半季阵容缺失，我们转而以风格、乐器等专业内容提高节目音乐性，拔高节目定位。

案例点评

点评专家：黄志湘　环球影业中国区对外事务副总裁

这是新媒体时代一个成功的典型案例。

在审美疲劳和竞品众多的挑战情况下，企业成功突围，将项目聚集群体从“歌手”提升至“唱作人”，跨越原有人设，并打造出提倡原创与专业精神的先进理念。

营销是影响力的传播。本案例精准定位年轻个性化的受众群体，巧妙融合当今各种主要的娱乐营销要素和新媒体玩法，利用微信、微博等社交平台传播路径和工具，多维度、有节奏地策划实施了明星艺人和 KOL 带动、“粉丝”互动、热词传播、热议话题发酵、金曲扩散等活动，渐进引爆网络传播，成功实现各种 KPI。

由于各种主体的介入，综艺营销对危机公关能力提出极大考验。本案例在相关危机事件中，顺势控评，巧妙化解引流。

金领冠 ×《妻子的浪漫旅行第二季》全域整合营销

执行时间： 2019 年 2 月 11 日—2019 年 5 月 28 日

企业名称： 内蒙古伊利实业集团股份有限公司金山分公司（简称伊利）

品牌名称： 金领冠

代理公司： 重庆灵狐科技股份有限公司

获奖类别： 金旗奖——2019 最具公众影响力娱乐营销大奖

项目概述

金领冠基于对社会现象的深刻洞察，独家冠名《妻子的浪漫旅行第二季》，深挖双方价值契合点，倡导宝宝释放天性，通过打通媒介、公关、终端、电商等多个板块，实现营销闭环，最终取得品牌声量和产品销量双赢的结果。

项目调研

作为全球八强、蝉联亚洲第一的乳业集团，伊利是中国规模大、产品线全的几大乳制品企业之一。金领冠是伊利旗下婴幼儿配方奶粉品牌，拥有十余年母乳研究历史，十余年专注中国母乳研究，实现蛋白与脂肪领域的双重创新。

伊利金领冠通过对社会现象的深刻洞察，了解到妈妈群体所面临的育儿压力与心理焦虑（源于华坤女性生活调查中心），精准冠名与品牌目标用户群体高度契合的栏目《妻子的浪漫旅行第二季》。撬动目标人群的情感共鸣，让她们自愿为品

牌发声，同时将节目的流量转化为产品的销量，是本次整合营销的两大核心挑战。

项目策划

1. 目标

品牌层面：借势“头部”IP，深度捆绑流量和明星，实现品牌曝光。

产品层面：赋能产品网红属性，打通线下线上，促进销售转化。

用户层面：通过娱乐化整合营销，撬动目标人群的情感共鸣，增强用户黏度。

2. 策略

（1）内容层面。借势节目热度：借势节目 IP，传播品牌理念及话题，撬动消费者的情感共鸣及参与性。

赋能社会价值：将品牌理念升华至社会高度，呼吁社会关注妈妈群体的内心需求。

（2）传播层面。放大品牌价值：联合权威机构背书，打造原创 IP，将品牌资产包装为社会热点事件，联动体验官招募活动进行传播。

玩转明星“粉丝”营销：深度捆绑明星谢娜和张嘉倪，挖掘“粉丝”经济。

多平台组合：贴合目标人群触媒习惯，打造整合营销传播矩阵。

3. 受众

在消费升级的时代背景下，现代女性有着更独立的思想和消费观，她们对育儿有着更开放的观念，对婴幼儿产品有着更高的要求。因此，伊利金领冠洞察到受众的精神和产品诉求，冠名治愈系综艺节目，深挖双方契合点，与用户建立情感纽带，去传播品牌理念及产品利益点。

4. 传播内容

（1）预热期：利用倒计时动态海报及明星态度海报，实现品牌与节目的强关联。借街头采访视频，引发网友对妈妈群体压力及中外育儿观的大讨论。

（2）高潮期：深度参与节目内容定制，将金领冠牧场与妻子团线路巧妙结合。联合权威机构推出“新西兰最值得打卡的网红线路”，在线上开启体验官招募活动。同步携手张嘉倪启动抖音挑战赛。邀请团长谢娜、张嘉倪亮相品牌天猫直播间和线下活动，复刻节目经典桥段。

（3）长尾期：联合资源，深度“种草”网红线路和品牌产品，并在谢娜生日时联合“粉丝”团策划大型公益庆生应援。

5. 媒介策略

贴合目标人群触媒习惯，微博话题曝光互动、微信深度内容解析、小红书强势“种草”、垂直媒体推荐、视频 App 社交互动、PR 行业发声，并有效使用各平台“大 V”资源为品牌背书。

项目执行

1. 媒介

通过将伊利牧场设为明星妻子旅行地之一等方式将品牌深度植入节目。

2. 公关

通过还原节目经典桥段及有趣的原创内容在全网进行传播，官方微博话题 # 金领冠探索天性之旅 # 持续曝光品牌；微信联合 KOL 精准投放宣传内容；跨界抖音平台与张嘉倪共同发起话题挑战赛；打造自有 IP，节目明星旅行路线获新西兰奥克兰旅游局与中新旅游年权威背书，同时发起体验官招募活动，打造小红书平台达人“种草”线路。

3. 社群

将节目话题进行群内同步传播。

4. 电商

公关传播配合电商平台精准导流，明星坐镇金领冠天猫“超级品牌日”。

5. 线下部分

定制节目同款周边。明星亲临嘉年华现场，通过“粉丝”、红人直播达成深度曝光。

项目评估

金领冠通过闭环式整合营销，打通媒介、公关、会员、终端、电商等多个板块，真正实现品效合一。

节目播出期间，全网曝光量达 200 亿次，微博话题 # 金领冠探索天性之旅 # 阅读量破 14 亿次，专场当日“双微”指数均实现 30 倍增长。中新旅游年和新西兰奥克兰旅游局权威背书，路线推荐视频全网播放量破 2000 万次；“天性之旅”体验官招募吸引上万萌宝参与；抖音挑战赛 # 看我的吸收魔法 # 播放量超 11.7 亿次；联合小红书及旅游 App 达人，集中“种草”妻子同款路线和明星款奶粉，平台覆盖人数超 1000 万人；众多权威媒体主动报道，频频占据搜索引擎焦点位。

节目播出期间，产品销量同比增长 32.35%，市场份额排名上涨 2 位。

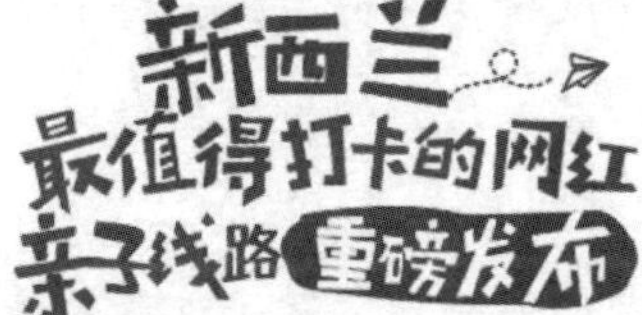

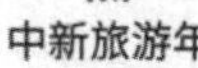

权威背书

亲历者说　刘晶　重庆灵狐科技股份有限公司助理总裁

前期项目团队基于准确的社会洞察，深挖了妈妈群体养娃痛点与《妻子的浪漫旅行第二季》节目热点之间的契合度，从内容、传播两个方面锁定了传播方向，匹配节目设计了完善的预热期、高潮期、长尾期的传播规划，通过有趣的内容加有效的媒介组合，保证项目推进以及传播效果，其中打造了自有 IP，成了年度标杆事件。整个项目合理利用外围资源与“粉丝”经济，以小成本撬动了大流量。整个营销活动中，团队调整到位，加强了对品牌、产品以及流程的熟悉度，保证了整个活动高质量完成。

整体来说，金领冠实现了从品牌曝光到销售转化的全面开花，实现了销量的预期增长目标。

案例点评

点评专家：胡远珍　湖北大学新闻传播学院教授

移动互联网时代，信息传播碎片化，收割目标受众的注意力当然重要，更重要的是触发目标受众的行动力，让品效合一不再是看上去很美，却无法落地开花。打通次元壁！金领冠 ×《妻子的浪漫旅行第二季》全域整合营销案例，成功打造了品牌、产品、用户的新型生态圈，形成了品效合一的无缝对接。案例的以下内容值得参考。

一是找准目标受众的心理按钮：洞察妈妈养育孩子过程的痛点，倡导妈妈释放自我、孩子释放天性的价值利益点，以活动预热期的心理唤起，高潮期情感体验的强烈冲击波，为妈妈赋能，为孩子“松绑”，成功将个人生活心理压力上升为具有社会普遍意义的话题，为赢得巨大社会声量奠定了心理基础。

二是创新整合传播的策略驱动：打通媒介、公关、会员、终端、电商等多个板块，充分发挥明星效应，撬动“粉丝”经济；联合权威机构，扩大品牌效应；连通线上线下，流量销量双驱动。

三是关联不同元素的内在价值：发掘心理元素、娱乐元素、品牌元素、社会元素的价值契合点，力求使目标受众、媒介平台、品牌企业、产品经销商同框，形成营销传播的合力，达到品牌声浪带动产品销量的品效合一。

爱奇艺《延禧攻略》剧集公关传播项目

执行时间：2018 年 7 月 16 日—2018 年 8 月 30 日

企业名称：北京爱奇艺科技有限公司

品牌名称：爱奇艺

代理公司：北京韦伯创合品牌顾问股份有限公司

获奖类别：金旗奖——2019 最具公众影响力娱乐营销大奖

项目概述

《延禧攻略》以讲好故事、做好内容为创作根基，以小人物成长的励志精神为创作理念，在实现对清宫题材剧重塑的同时，有效体现爱奇艺一直以来不忘以创新题材传递主流价值观。

项目调研

1. 宏观环境

（1）市场表现：2018 年上半年网络播放量与收视率“共患难”，影视剧市场整体乏力，尤其古装剧市场需求处于严重不饱和状态。

（2）竞争格局：优酷、腾讯欲以大量新类型内容储备及多元运营手段提速 2018 年暑期档大战。

2. 微观环境

（1）用户呼唤高品质作品：历经 2017 年《无证之罪》《白夜追凶》等爆

款洗礼，用户呼唤“制作精良 + 口碑爆棚”的头部网剧。

（2）传统文化载体缺失：消费时代，缺失传统文化与美学内核的同时，更缺失有效的载体。

3. 可行性研究

身处这样的环境，《延禧攻略》凭借自身独特的“爽剧”定位与传统审美气质勇担网剧创作拐点之重任。

项目策划

1. 目标

（1）用户：打通用户认知中国传统文化通道，提升用户国风审美意趣。

（2）竞争：以《延禧攻略》为主体，将其在多维度的创新包装成差异化观点进行传播，使得该剧在同类题材中处于优势。

（3）行业：借助《延禧攻略》体现爱奇艺在内容制作、技术实力、营销宣发等方面的精准把握和超强驾驭能力，凸显平台品牌价值。

（4）政策：紧随文化回归和文化自信号召，爱奇艺勇担平台责任，打造传统文化现代传播样本，致敬传统文化。

2. 传播策略

借助《延禧攻略》表现，论证爱奇艺再造全民爆款，引领网剧市场走向。

3. 传播内容

（1）文化传承。在剧集上线初期集中强打自身特点，突出该剧在内容表达、制作、审美等层面均实现创新，强调非物质文化遗产的传承及爱奇艺以文化生命力激发文化自信，形成爱奇艺平台行业发声及占位。

（2）精神共振。根据剧集凭借女主不畏权贵、改变命运等特点，传递现代正向价值观，进行解读与传播，强调爱奇艺不断输出极具社会意义的高品质内容的平台责任。

（3）现象级爆款。从播放成绩与口碑进行分析，凸显该剧不仅引爆多个圈层，充当了社交货币，还走出国门，成为国外媒体与“粉丝”热议的焦点。

（4）引发文化现象。从剧集引发的文化现象入手，进行多方位传播，进而引发媒体主动报道，形成爱奇艺的行业占位。

项目执行

1. 实施细节

（1）上线：7 月 19 日—7 月 31 日。

传播策略："好故事 好制作"强打《延禧攻略》"古装大剧"市场占位。

传播手段：借势《延禧攻略》上线发布会，多维度引发文娱、财经等行业媒体优质报道，有效实现该剧在古装剧市场占位。

（2）热播：8 月 1 日—8 月 19 日。

传播策略：爱奇艺网剧爆款方法论及平台运营实力加持、引爆《延禧攻略》爆款大剧口碑。

传播手段：结合该剧创新的男女主人设、精美服化道、快节奏剧情，沟通多方媒体报道，提升该剧口碑和评价。

（3）竞品上线：8 月 20 日—8 月 25 日。

传播策略：深化《延禧攻略》口碑，形成竞品区隔。

传播手段：充分借助权威媒体、海外媒体，从《延禧攻略》持续"升温"的播放表现和用户口碑、引发"文化现象"、斩获优秀海外播出成绩等维度，强化《延禧攻略》优势和竞品区隔。

（4）收官：8 月 26 日—8 月 30 日。

传播策略：以致敬传统文化的创新创作再塑"清宫爆款"，为《延禧攻略》收官定调。

传播手段：借助《延禧攻略》收官庆功会，从数据表现、用户口碑、行业占位等维度复盘，并夯实《延禧攻略》好剧头衔。

2. 控制与管理

强化爱奇艺在题材创新、内容创作、制作品质、"破圈"式营销、正向价值观传递等方面的平台实力及对剧集的赋能，传递出爱奇艺以致敬传统文化的内容创作理念再塑清宫剧的创作立意和创作格局。

项目评估

1. 受众反馈

同款服饰、妆容，历史人物还原等多元话题，引发用户广泛关注和热议，并最终实现剧集内容对用户情感的触达和渲染。

2. 行业反馈

（1）传播中国传统文化获媒体点赞：该剧在传承传统文化、树立文化自信等方面的成功尝试引发《人民日报》《光明日报》等媒体集体点赞。

（2）爱奇艺勇担传递主流价值观的平台责任：《延禧攻略》以致敬传统文化的内容创作理念再塑清宫剧的创作态度，显现出爱奇艺积极肩负起社会责任，不忘以创新题材传递主流价值观的创作初衷。

3. 市场反馈

（1）中国影视行业发展的一部标志性剧作：通过对该剧好故事、优秀演员、精良制作等维度的强化传播，引爆各大圈层，成功树立该剧中国影视行业发展的一部标志性剧作概念。

（2）输出海外让中国传统文化“走出去”：《延禧攻略》的热播已成功掀起新一轮的“中国热”，昭示着国内影视剧正在成为展现我国文化软实力的重要窗口。

亲历者说 陈巍　北京韦伯创合品牌顾问股份有限公司客户总监

作为此次爱奇艺《延禧攻略》剧集公关传播项目全程的见证者和参与者，首先我为能参与这样一个爆款项目而感到荣幸。

尤记得我们接触一家主流媒体时，特意找了文化版的负责人，当我们完整地表达完《延禧攻略》对于传统文化传承和表达的初衷，对方眼中流出的怀疑。然而艰难的开始并不意味着同样的结局，由于我们促成了该媒体与剧中通草绒花传承者的专访，最终不仅完成了一篇极具影响力的报道，更带来了后续该媒体极具影响力的主动报道。

传播中的各种故事或悲或喜，但最终都化为一篇一篇精准、深度的解读和报道，同时化为《延禧攻略》的最佳注脚。

案例点评

点评专家：李明德　西安交通大学新闻与新媒体学院院长、教授、博士生导师

爱奇艺《延禧攻略》剧集在网络上的火爆，离不开公关传播项目的大力推广。

首先，由项目传播内容来看，项目在设计上具有新意，能够抓住《延禧攻略》的亮点，主打区别于传统宫斗剧诠释宫廷生活的角度，将阴险狡诈的深宫恶斗转化成小人物“打怪升级”的后宫成长记，赢得了当下年轻人打游戏升级的心理共鸣；聚焦女性独立自主，传递积极进取向上正能量，赢得了广大女性观众的青睐；在制作上独辟蹊径，融合非遗元素，匠心展示传统美学的国风审美，其中莫兰迪色系引领了时尚潮流；题材、立意、定位上的创新，令《延禧攻略》自带“成长”和“文化”差异化标签，成为宫斗剧重新火起来的重要因素。

其次，项目在传播渠道上也有可取之处。除了使用多媒体矩阵，制造微博话题、争夺热搜之外，这部剧契合了弘扬传统文化的理念，引发了文化现象，从剧集引发“故宫热”“历史热”“非遗热”，剧集的火爆已发酵成一种文化现象，企业进行多方位传播，进而引发媒体主动报道、网友主动参与传播，还引发故宫及相关公司推出了莫兰迪色系的文创产品，借由剧集火爆，推出线下产品，引领了文化、时尚新潮流，进而吸引了更多人对剧集本身的关注。

综上所述，该项目从传播内容和传播渠道上抓住了《延禧攻略》的特色，为其量身打造了一套全方位的传播策略，取得了火爆的传播效果，为学界和业界提供了经典的传播案例。

雅迪 G5 上市及品牌推广传播①

执行时间： 2019 年 3 月 13 日—2019 年 5 月 30 日

企业名称： 雅迪科技集团有限公司

品牌名称： 雅迪电动车（简称雅迪）

代理公司： 北京尚诚同力品牌管理股份有限公司

获奖类别： 金旗奖——2019 最具公众影响力娱乐营销大奖

项目概述

为树立雅迪更高端、国际化、年轻化的品牌形象，企业借助国际影视巨星范·迪塞尔的号召力，《天天向上》《青春的花路》综艺和抖音挑战赛、新媒体运营扩散、多领域“大 V”行业解读等系列动作进行营销。

项目调研

长期以来，两轮电动车的使用场景被固化为买菜、接送孩子、送外卖或快递等，人们对其印象大多是笨重、外观花里胡哨、功能单一等，没有太大的购买欲望。2014 年之前，市场上的两轮电动车多薄利多销，低端产能过剩，不利于行业健康发展。

对此，2015 年雅迪提出“更高端战略”定位，不断推出简易、轻便、时尚、

① 本文中所涉及的照片，雅迪科技集团有限公司均已得到被拍摄者的使用许可。

雅迪品牌形象大使——范·迪塞尔

智能的电动车产品。在“更高端战略”定位指引下，雅迪电动车销往全球 77 个国家和地区，而高端产品雅迪 G5 收获了海外权威媒体和 Instagram 网红潮人的众多好评。

为了进一步深化品牌高端形象，打造明星爆款车型，设定行业高品质标准，企业分阶段、有步骤地实现品牌、产品大量曝光，与大众形成互动，加深用户对高端电动车的品牌认知。

项目策划

1. 目标

利用《天天向上》、《速度与激情 9》等娱乐资源，为雅迪 G5 新品发布会预热蓄力，在行业端强化雅迪的领导地位，并赋能合作伙伴，为行业增加信心。

2. 策略

以雅迪进军娱乐营销为传播突破口，将新品卖点与用户高频观看的综艺紧密结合，吸引 B 端、C 端受众关注。

3. 受众

生活方式上的“新一线”人群，包括白领、年轻父母等更容易接受科技、设计、颜值等消费理念的人群。

4. 传播内容

（1）雅迪 ×《天天向上》。

围绕雅迪联手《天天向上》发布雅迪 G5 和官宣品牌形象大使范·迪塞尔，包装 # 超级娱乐发布会 # 话题。发布会期间，新浪网等头部门户及客户端进行事件曝光，占领焦点图、飘红文字链等位置。

行业、潮流、娱乐“大 V”站台发声，输出《成年，是从失去最后一个玩具开始》等多篇阅读量超 10 万次的文章。

打造 # 天天兄弟的大玩具 ##18 岁走遍全球 77 国 # 两大热门微博话题。

#天天兄弟的大玩具# 分享 申请主持人

阅读2755.3万 讨论4.3万

#18岁走遍全球77国# 分享 申请主持人

阅读3040.5万 讨论2.9万

热门微博话题

（2）雅迪 × 范·迪塞尔。

打造 # 速 9 片场视频外泄 ## 速 9 国产电动车 # 两大微博话题。制作范·迪塞尔《速度与激情》混剪视频，加深普通网络用户认知，借助明星效应使事件持续发酵。持续强化雅迪品牌国际范与高端品质，“头部”垂直媒体在多平台进行信息扩散。

腾讯视频首页相关话题

（3）雅迪 ×《青春的花路》。

雅迪官方独家花絮解锁点赞互动：通过雅迪官微和《青春的花路》偶像

"粉丝"互动，推进品牌年轻化。明星同款包装产品变现"粉丝"经济：针对节目互动情节，包装同款话题，外围吸引"粉丝""种草"。节目剧情人设多向话题炒作：打造微博话题 # 费启鸣一秒锁定范丞丞 #，内容层面深度延展。

（4）雅迪 × 抖音挑战赛。

外围包装 30 亿次抖音播放量战绩，在多个"头部"媒体获网站及频道首页位置露出。

5. 媒介策略

以娱乐媒体为突破口，向科技、电动车等垂直媒体扩散，打造品牌国际化、年轻化、高端化标签。

项目执行

1. 项目进度

首先，围绕娱乐营销动作展开多维度猜测，制造品牌悬念。其次，《天天向上》播出后，从广告、娱乐等领域展开多维度解读。最后，将前期积蓄的品牌势能向销售端转移，掀起热销潮。

2. 控制与管理

（1）项目进度控制：按传播主线每周产出下周传播规划，工作日进行规划更新确认，保证项目进度在掌控之中。

（2）预算控制：根据客户预算对资源进行合理搭配、取舍，实现传播效果最大化。

（3）传播质量控制：在传播初期建立项目核心素材等，针对产出内容从方向、细节等方面进行严格审查。

项目评估

1. 效果综述

在目标受众心中确立雅迪 G5 产品定位，刺激产品销量提升。

2. 现场效果

雅迪官微实现年轻用户有效触达。

3. 受众反应

（1）认知转变：改变了众多用户对电动车产品的认知。

（2）品牌认可：激发了大量雅迪老用户在网络上的自发扩散。

4. 市场反应

（1）雅迪在行业中进一步确立“更高端”的企业战略定位。

（2）线下掀起热销潮，多地门店打破了往年的热销纪录。

5. 媒体统计

（1）新浪网等“头部”媒体、新闻客户端共落地稿件超 745 篇次，阅读量突破 290 万次。

（2）5 大微博话题先后 7 次冲上微博热搜，话题在榜总时长突破 100 小时，话题总阅读量突破 1.4 亿次。

（3）广告营销等多领域“大 V”站台发声，总阅读量突破 50 万次。

（4）雅迪电动车百度搜索指数达 8.6 万，资讯指数达 31 万。

亲历者说 张婧 北京尚诚同力品牌管理股份有限公司部门总监

新的国家标准实施前，电动车市场长期的乱象使大众对于电动车品类存在偏见，认为其使用场景缺乏想象力，很难将电动车与高端和娱乐联想在一起。如何打破已固化的认知偏见，构建新的认知成为我们要解决的首要难题。

电动车不仅仅是电动车。我们将雅迪 G5 电动车定义为年轻人的大玩具，有效整合头部综艺、社交媒体、明星艺人等资源，并针对目标用户输出适配话题，带动消费者参与互动，实现用户心智构建到销售转化的过程。

而通过本次传播，我们和雅迪一起打造了两轮电动车历史上极具娱乐性、话题性的玩法，为行业打造了值得借鉴的娱乐营销案例。在经历过本次项目后，项目组顺利完成了成员与成员、成员与客户的磨合，成了一支有默契、有共识的团队，深受客户认可。

案例点评

点评专家：魏家东　北京外国语大学国际商学院硕士生导师，东狮品牌咨询 CEO，《数字营销战役：网络整合营销实战全解码》《借势：微营销突围之道》作者，东方卫视《极限挑战第三季》宣传顾问

此案例给我印象最深刻的是改变消费者认知，这一点比使用了什么媒介、策略、明星，更具说服力。

无论是电影、综艺，还是明星话题，与娱乐相关的内容总是不断刷屏，品牌想与用户连接，娱乐营销就成为显而易见的主打策略，尤其在认知升级、年轻化的战略目标面前。可见雅迪 G5 上市策略本身切入不错。

与《速度与激情》系列电影超级 IP 结合，选择范·迪塞尔这位国际影视巨星，这一组合自然形成了国际化、速度、激情、人生等标签的加持，IP 借势的结果是快速形成对用户心智、认知的占位，再通过国民综艺《天天向上》《青春的花路》、抖音挑战赛、微博热门话题等将雅迪传播给全国观众、网友，让他们从认知到认可，并愿意了解新一代雅迪产品。

纵观整个案例，有三大亮点值得思考与借鉴。

第一，关键人物与产品特点结合。范·迪塞尔，国际顶级明星，拥有肌肉、硬汉、速度、赛车等标签，与雅迪 G5 的高端化、国际化特点很好契合。虽然范·迪塞尔开的是赛车，和两轮电动车不同，但其身上的要素会令消费者对雅迪 G5 产生认知关联。

第二，强势 IP 与用户认同结合。《速度与激情 9》《天天向上》《青春的花路》，从国际到本土，从电影到电视、网络，强势 IP 覆盖，雅迪 G5 借势 IP，更通过娱乐营销得到年轻人认同，品牌与产品的内容化输出，在潜移默化中改变年轻人的生活方式。

第三，全民参与与品牌战略结合。无论是抖音挑战赛，还是微博话题，与用户互动、对话，成为用户社交生活的一部分，这才是好的品牌战略。

2019 最具公众影响力营销实效大奖

7 "探索未来之家"——科技"智"造美好生活

执行时间： 2018 年 10 月—2019 年 12 月

企业名称： 索菲亚家居股份有限公司（简称索菲亚）

品牌名称： 索菲亚家居

代理公司： 上海奕远公共关系顾问有限公司广州分公司

获奖类别： 金旗奖——2019 最具公众影响力营销实效大奖

项目概述

索菲亚与科技媒体 ZEALER 跨界合作 NEXT NEST "探索未来之家" 项目，从多元化的社交传播到沉浸式的线下实景家居体验，充分展示品牌科技实力，更深化了"用科技和创意轻松装好家"的品牌理念，提升索菲亚在行业的竞争力。

"探索未来之家" 工业 4.0 车间

项目调研

（1）市场需求：近年来，越来越多的消费者选择个性化定制家具。与此同时，智能家居成为家装行业大趋势。但大多数消费者对定制家具背后的智能化生产并不了解，企业急需打造具有区分度的品牌认知，提升消费者、经销商与投资者的信心。

（2）品牌优势：作为真正实现工业 4.0 的企业，索菲亚一直不遗余力地推动数字化的转型进程，科技与数字化已成为企业发展的核心力量。

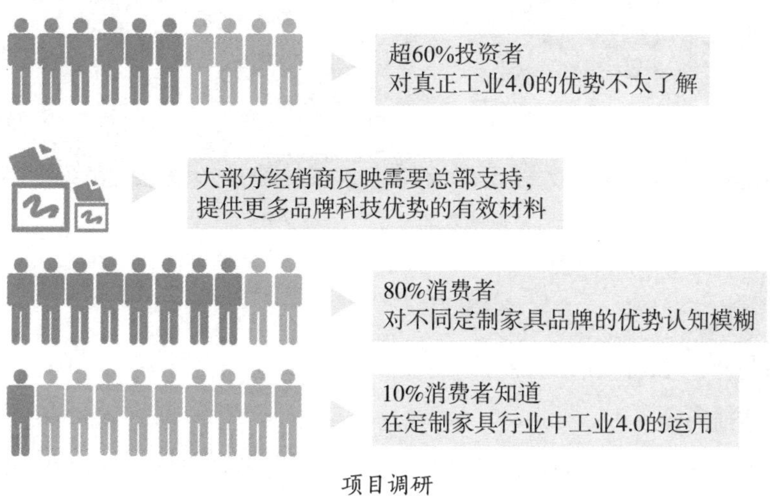

项目调研

项目策划

1. 目标

在行业竞争激烈及同质化严重的市场环境下，进一步提升消费者、经销商乃至投资者的信心。

改变大众对传统定制家具周期长、价格贵、服务烦琐的认知，了解索菲亚工业 4.0 智能制造的新模式，深化“用科技和创意轻松装好家”的品牌理念。

2. 策略

从多元化的社交内容到线下体验，让投资者、经销商乃至消费者理解工业 4.0 所带来的生产优势以及利益。用简单易懂的方式阐述工业 4.0 的内涵和数字

"探索未来之家"活动亮点

化力量的具体运用。

3. 受众

消费者、经销商和投资者。

4. 传播内容

（1）跨界科技行业的定制家具企业：索菲亚与科技媒体 ZEALER 合力打造行业未来智能家居实验平台 NEXT NEST。

（2）科技"智"造龙头企业：索菲亚工业 4.0 车间在定制家具生产过程中起强大支撑作用。

（3）沉浸式家居体验空间：索菲亚在 NEXT NEST 构建未来家居实例中的具体应用。

5. 媒介策略

（1）整体规划：借助知名媒体关注度，以短视频为主要传播载体，辅以图文详解，形成全面传播效果。

（2）传播载体：视频、动画、推广图文、新闻发布会、线下体验活动。

（3）合作宣发：以 ZEALER 和索菲亚官方微信公众号为主要传播平台，联合其他财经媒体、微信及微博大号共同造势传播。

（4）持续宣传：媒体持续报道、深度点评、权威媒体背书、推广图文详解。

项目执行

（1）与知名科技 IP——ZEALER 开展跨界合作。

索菲亚与国内“头部”科技媒体 ZEALER，合力打造行业未来智能家居实验平台 NEXT NEST，并邀请其创始人王自如造访索菲亚黄冈工业 4.0 车间，深度对话，刷新普通消费者认知——原来家具制造早有“黑科技”。

（2）制作深入浅出的动画短片诠释工业 4.0 的优势。

精心制作一系列趣味解读工业 4.0 的动画短视频，简单易懂地阐述每件定制家具的背后都离不开强大的科技实力支撑。

（3）创造沉浸式实景体验智能家居。

索菲亚与十几家知名家电品牌为 NEXT NEST 提供了蕴含科技内核的实景可感的体验专区，展现工业 4.0 能够满足不同消费者的个性化需求。企业举办多场媒体专场日及“粉丝”开放日活动，邀请媒体和消费者通过沉浸式的家居体验真正感受科技能满足个性化需求，并为家装带来舒适与便捷。除此之外，同款家具在索菲亚全国各大门店发售。消费者可以拥有同款家具，享受蕴含科技范的家居体验。

“探索未来之家”整体家居设计

（4）知名财经媒体虎嗅网权威背书。

知名财经媒体虎嗅网以一篇深度稿《谁能给王自如一个未来之家》深入剖析工业 4.0 如何推动定制家具行业的发展及如何影响未来的生活方式。稿件大大认可了索菲亚在科技领域所做出的努力，有效提升了经销商及投资者的信心。

项目评估

1. 效果综述

索菲亚工业 4.0 的未来工厂得到大范围展示，极大地宣传了品牌智能制造实力，系列传播活动获得极大的社会媒体反响，索菲亚品牌得到积极宣传。

2. 受众反应

超过 60% 的经销商能利用活动素材更清晰地向消费者传达索菲亚工业 4.0 的科技优势，从而打造更明显的品牌区分度。

3. 市场反应

（1）股价上升：虎嗅网相关报道发布的次日，索菲亚股价由 17.07 元升至 18.11 元，这使得投资者和索菲亚的相关从业人员信心大增。

活动数据

（2）业绩上升：索菲亚 2018 年第四季度的业绩持续攀升，升幅达 4.12%。

4. 媒体统计

在整体项目传播中，线上媒体曝光高达 3.6 亿次，视频累计播放量突破 700 万次，社交媒体总阅读量突破 1 亿次。索菲亚家居微信公众号“粉丝”量增长了 18.25%。

亲历者说 潘雯珊　索菲亚家居股份有限公司董事会秘书

过去，消费者对于工业 4.0 认知度低，更不要提其在定制家具行业中的运用。而在本项目中，我们通过与 ZEALER 跨界合作，向消费者打开了工业 4.0 车间的大门，全面展现了在工业 4.0 时代，具有高科技属性的个性化定制才是未来家具的发展趋势。通过打造 NEXT NEST，企业充分展现工业 4.0 在未来家居定制中的具体应用实例，为消费者提供了切身感受科技实力的机会，直观地展现定制家具行业中，工业 4.0 智能制造为个性化家居所带来的价值，一方面为索菲亚提供了进一步探索科技与生活的机会，另一方面更激发消费者定制购买产品的欲望。

总体来说，这不仅是一次展露索菲亚科技实力的项目，更是索菲亚向未来生活提交的一份诚意满满的答卷。

案例点评

点评专家：李雪峰　内蒙古财经大学公共管理学院教授

案例内容完整，逻辑清晰，基本体现了科技创造美好生活。

（1）从内容营销上：索菲亚搭乘工业 4.0 的理念，以“用科技和创意轻松装好家，让世界的美融入新的生活”作为企业使命，植入科技与数字化的核心力量，提高品牌竞争力。

（2）从实施手段上：从多元化的社交传播内容到沉浸式的线下实景家居体验，让投资者、经销商乃至消费者都充分了解到索菲亚的科技实力，认识到工业 4.0 智能制造所带来的生产优势。企业与国际知名的科技媒体 ZEALER 跨界合作，打造未来智能家居实验平台——NEXT NEST。邀请其创始人王自如参观索菲亚黄冈工业 4.0 车间，对话交流大数据在智能生产上的应用等，改变消费者对家具行业的刻板印象，刷新普通消费者认知。线上通过虎嗅网等权威财经媒体的深度报道，让大众了解索菲亚的科技领先地位。线下携手十余家知名家电品牌，为消费者直观地展现工业 4.0 智能制造为个性化家居所带来的意义。

（3）从目标公众的定位上：针对目标公众，让消费者改变传统定制家具无法快速复制、周期长、价格贵、流程烦琐的认知，了解索菲亚工业 4.0 智能制造的新模式，深化“用科技和创意轻松装好家”体验式的品牌理念，从而实现品牌营销与推广，成功吸引并挖掘客户。

美团点评亚洲美食节传播案例

执行时间： 2019 年 5 月 14 日—2019 年 5 月 22 日

企业名称： 北京三快科技有限公司

品牌名称： 美团点评

代理公司： 广州嘉明市场顾问有限公司（迪思传媒广州分公司）

获奖类别： 金旗奖——2019 最具公众影响力营销实效大奖

项目概述

美团点评携众多科技产品亮相亚洲美食节，代理公司围绕主题活动，结合美团点评的科技、产品及数据优势，重点展示了其代表亚洲餐饮智能科技前沿的各类餐饮数据与智能型科技产品间的互动，以及美团超级平台的流量优势。

活动海报

项目调研

1. 背景

作为亚洲文明对话大会的重要配套活动，5 月 16 日亚洲美食节在北京主会场及广州、成都、杭州三地分会场盛大开幕。

活动现场

美团点评作为协办单位之一承办了北京主会场“餐饮科技与传承”展区，通过餐饮数据智能、智能科技和亚洲饮食文化与传承三个板块，多维度、全视角呈现亚洲美食大数据、餐饮高科技装置设备、亚洲美食文化等内容。

2. 可行性研究

开展亚洲美食节传播，对美团点评来说，不仅是一次展示自身科技成果的时机，更能向亚洲其他各国树立一座智慧餐饮的科技风向标，让更多人感受中国餐饮科技对传统行业的改变。企业以美食为纽带，通过大数据和线上线下主题活动，体现亚洲各国的文化风情，让国人充分感受文明对话和交流之下的亚洲各国美食风味。

项目策划

1. 目标

全方位展示美团点评在餐饮领域的优势，以传递美团点评在美食与文明传承中的桥梁作用，助力美团点评线上亚洲美食节商户促销活动。

2. 策略

作为亚洲美食节的重要合作伙伴，在为期 7 天的活动中，美团点评联动北

京几千家、全国数万家餐饮商户，为消费者带来一场亚洲美食的饕餮盛宴。企业围绕美食节主题活动，以美团点评携科技产品参展及举办线上线下美食促销活动为传播主线，多角度、多形式引发用户关注，吸引C端用户参与优惠活动，传递美团点评在美食与亚洲文明之间承担的桥梁作用，将福利惠及民生。

3. 受众及传播内容

（1）针对行业：美团点评的餐饮科技正在帮助餐饮商家在餐厅桌椅数量、售卖菜品数量、配送能力和上游供应链等链条和环节实现供给侧数字化，并与需求侧的数字经济相结合，加速中国餐饮行业数字化。

（2）针对消费者：为国人提供进行国内外美食查询、消费和评价的重要渠道，让消费者用美团点评便能享受到一场亚洲美食的超值盛宴。

（3）针对合作伙伴：以美团点评科技赋能餐饮商户，助力合作伙伴提升服务质量、销量和品牌影响力。

4. 媒介策略

（1）内容渠道新组合打破传统传播模式：打破传统视频类等常规发布渠道，借力今日头条、企鹅号等影响力进行首轮传播，微信朋友圈助推扩散，以小投入实现扩大化传播效果。

（2）多媒体矩阵提升传播影响力：结合多维度内容，运用网媒、资讯 App、微博、微信等渠道进行分层组合传播。

项目执行

1. 预热期

四城美食攻略稿件：通过当地主流媒体进行扩散传播。抖音卡点视频：揭秘亚洲美食节美团点评展区亮点，通过资讯 App 进行扩散。

2. 高潮期

官微话题发布：官微首发 #517 能吃多少亚洲美食 # 活动，通过抽奖互动提升促销活动热度。美食达人线下探店：美食达人线下探店，享受美食、优惠双重体验，并发布攻略帖，引领 UGC 热度扩散，强化活动促销热度。亚洲留学生之家聚会长图：捆绑亚洲文明对话大会，通过微信群对话长图，以吃为引，循序渐进带出亚洲美食节活动核心信息。官方微信首发，KOL 助推扩散。多角度稿件：以商户案例、网红餐厅等维度传递商圈促销活动。

3. 延续期

麻婆豆腐趣味长图：以“巴蜀走出的麻婆豆腐竟然是道世界菜”为主题，讲述麻婆豆腐从古至今在食材、做法等方面引出的亚洲交融，传递亚洲美食节美团点评核心理念。《数读亚洲美食》：大数据报告，解读中国亚洲餐厅、亚洲各国中餐厅的发展态势以及消费者美食偏好等，凸显美团点评在美食领域的权威形象，通过全网进行扩散传播。

麻婆豆腐趣味长图

项目评估

此次传播运用网媒、资讯 App、微博、微信等渠道，总传播规模小，但实现了以小博大的传播效果。

本次传播达到了四两拨千斤的实效，在社交媒体上共获得超 818 万次阅读量。其中展区视频在头条号发布，阅读量达 30.7 万次；美团微博话题活动，活动期间共计 125.4 万次阅读量，1.2 万次讨论；微博 KOL 探店发布博文，获得 514 万次阅读量；“你已被拉进亚洲代表交流群”发布于“清南师兄”微信公众号，共计 94555 次阅读量；# 巴蜀走出的麻婆豆腐竟然是道世界菜 # 视觉

传播长图阅读量超 27.3 万次；商圈相关稿件累计阅读总量为 111.2 万次。

活动当天北京三大商圈消费火爆，朝阳大悦城、世纪金源线上交易额增长双双超 30%。

亲历者说 **张燕燕　广州嘉明市场顾问有限公司项目负责人**

此项目我们面对两大挑战：一是现场活动只是传播的一小部分，支撑不起传播目标的达成，所以要有有趣的内容创意；二是预算有限，要实现高质量效果。基于此，小而精的内容创意、自带流量的超凡体验、钱少效果强的传播渠道成为此次传播的主要方向。最终我们可谓满载而归，直接拉动了交易额的增长。

案例点评

点评专家：匡冀南　深澜文昌集团副总裁，深圳国际公益学院教授

和直接的生产厂家相比，平台品牌的存在感通常需要长时间的积累才能树立。而美团点评作为国内领先的 O2O 生活服务电商平台，需要通过“规模化”“热点化”和“密集性”来强化自己的高科技含量、信息聚合能力，以及服务用户水准，而亚洲美食节正是实现这一目标的极佳平台。短短几天，借助亚洲文明大会的传播，用户可以自然而然走进美团点评的服务之中，享受来自亚洲各国的美食，同时深刻体会美团点评的快捷和方便，美团点评的品牌形象悄然树立。一个简单的活动，便可以抓住众多新闻媒体的眼光并实现对用户习惯的培养，足以看出美团点评公关团队在策划和执行上的高效和敏锐。对于众多竞争激烈的平台方来说，这是一个很好的经验，对于苦苦寻找以小博大的品牌专业人士来说，这也是一个非常难得的成功案例，值得学习和分享。

匹克态极 1P 跑鞋差评营销

执行时间： 2019 年 5 月 20 日—2019 年 6 月 14 日

企业名称： 福建泉州匹克体育用品有限公司

品牌名称： 匹克

代理公司： 北京赞意互动广告传媒有限公司

获奖类别： 金旗奖——2019 最具公众影响力营销实效大奖

项目概述

2019年5月—2019年6月，匹克虚心接受消费者对态极初代跑鞋1.0的“差评”，与其共创产品，迭代出升级版态极 1P（1.0 Plus）跑鞋，并大胆创新性地将“差评”印在鞋盒上进行营销，使传播效果和销售数据都远超既定目标，实现了品效合一。

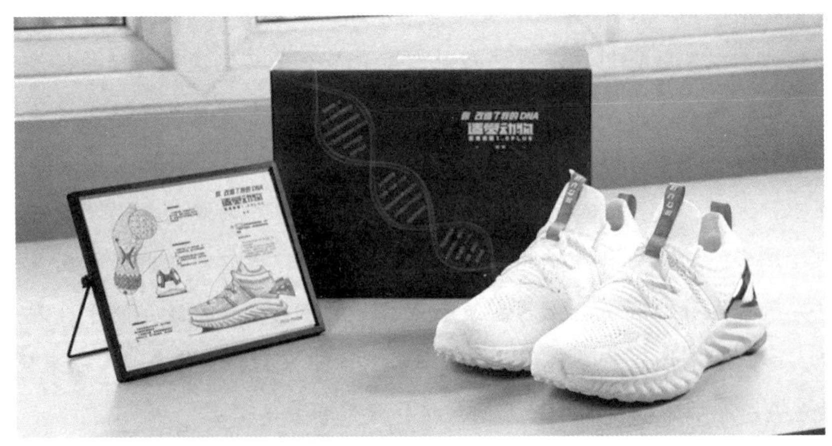

匹克态极 1P 跑鞋差评营销

项目调研

1. 项目背景

（1）市场背景：运动鞋经济异军突起，消费者们越来越关注潮鞋背后的设计、科技、文化。

（2）品牌背景："国潮"正盛，运动鞋圈产品日新月异，消费者对匹克品牌印象逐渐淡化，态极 1.0 跑鞋昙花一现。

（3）项目背景：匹克打算推出态极 1P 跑鞋，延续态极 1.0 跑鞋的市场热度。

2. 挑战

难题 1：态极 1.0 跑鞋销量口碑俱佳，态极 1P 跑鞋如何能满足消费者高期待？

难题 2："差评"已形成，消费者对产品存在"态极跑鞋虽然脚感好，但其他功能一无是处"的固化印象，如何在有限的传播预算里改善风评？

3. 可行性分析

企业发现消费者对态极 1.0 跑鞋的"差评"，不是对产品的否认，而是在认可"态极科技中底"这一核心产品力的基础上，希望产品的其他功能如包裹性、耐磨性、支撑性、防滑性可以进一步提升。

项目策划

1. 目标

（1）带货：让消费者认可匹克态极 1P 跑鞋，完成销量任务。

（2）品牌：借此树立匹克会创新、懂得如何与消费者沟通的年轻品牌形象。

2. 策略

用用户"差评"来众创迭代新产品。

既然大众对改进态极跑鞋的期待很高，企业提出了坦诚地听取用户的意见，与消费者一起沟通改进匹克态极 1P 跑鞋产品功能的核心策略，并在传播中尤其放大匹克与消费者之间的这种真诚互动，用态度打动消费者。

3. 受众

（1）受众选择：针对企业的目标人群，选择专业博主依然会是比较稳妥的推广渠道，但在这之外可以通过其他圈层的 KOL 更全面客观地评价匹克态极 1P 跑鞋和项目创意，让这双鞋更加大众化。

（2）受众媒体行为：一、二线城市的年轻潮人，基本都是社交媒体如 B 站、抖音、虎扑、微博的重度用户，喜欢关注 Sneakerhead（运动鞋“发烧友”）日常分享的潮鞋内容，喜欢从运动鞋测评的内容中深度了解运动鞋产品和文化，极容易在 Sneakerhead 的安利下“种草”产品。

4. 传播内容

（1）产品传播内容：根据消费者对态极 1.0 跑鞋在支撑性、耐磨性、包裹性、防滑性方面的“差评”，匹克迭代升级出了态极 1P 跑鞋，在保留了态极科

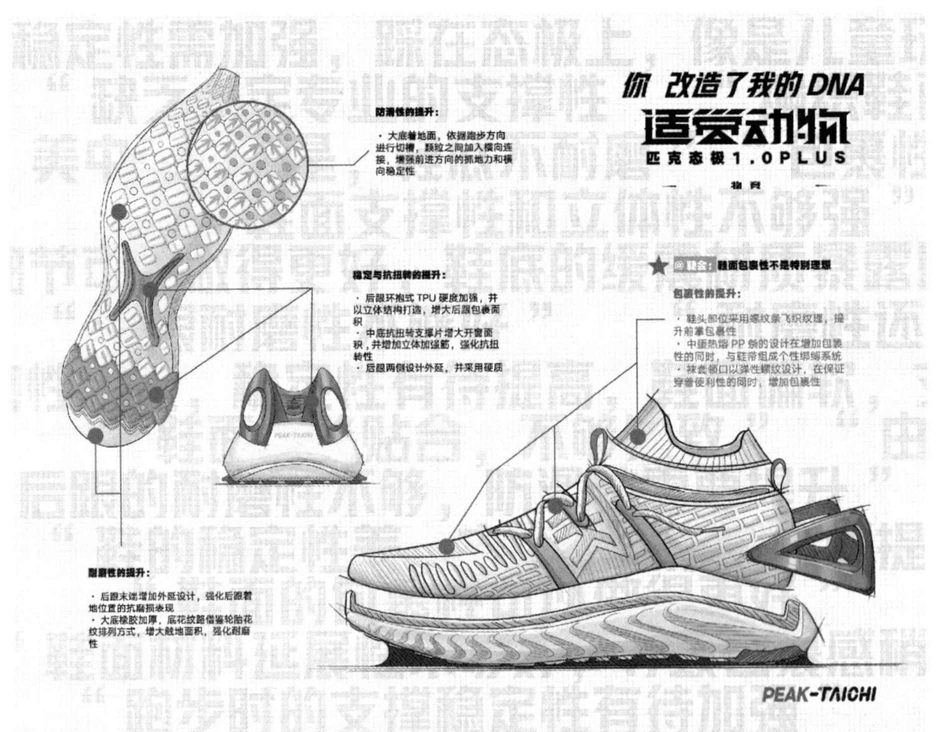

“差评”手稿

技的软弹脚感的基础上，升级其他功能。

（2）“差评”手稿与鞋盒的传播内容。

“差评”手稿：匹克针对上一代产品的缺点一一改进，并以手稿的创意形式清晰地展示并阐述所有升级功能，寄送给 Sneakerhead，通过让他们点评讲解手稿来向消费者解释产品功能的提升。

“差评”鞋盒：匹克将消费者对上一代产品的“差评”印在鞋盒上，让收到鞋盒的博主和消费者都能直接感受到品牌虚心接受消费者意见的坦诚态度，让博主和消费者在感受到品牌创新与诚意的同时为品牌口碑背书。

5. 媒介策略

（1）通过 B 站、抖音等短视频社交媒体的 Sneakerhead 深度测评匹克态极 1P 跑鞋，“种草”带货。

（2）通过微博、微信等适合话题发酵、文字点评的社交渠道，让潮流科技“头部”公众号“差评”、3C 数码微博博主、营销广告圈专业人士，更全面客观地评价匹克态极 1P 跑鞋和项目创意，让这双鞋更加大众化。

项目执行

（1）沟通用户及 Sneakerhead 们的优化意见，进行产品改进优化。

（2）视觉：“差评”鞋盒、手稿相框。

将“差评”的文字以 DNA 的形状印在鞋盒上，并用广告语“你　改造了我的 DNA”加以阐述，让消费者能直接感受到匹克态极 1P 跑鞋的众创基因。

“差评”手稿相框：匹克针对上一代产品的缺点做了一一改进，并以手稿的创意形式清晰地展示并阐述所有升级功能。

（3）传播：以 Sneakerhead 为核心圈层发散，“差评”公众号树立品牌口碑，3C 圈和营销界发酵传播。

Sneakerhead 短视频深度测评，讲述产品功能提升，“种草”爱鞋人群。

与资深潮流科技自媒体“差评”合作讲述产品研发故事；使用数码 3C 博主点评差评营销如同手机研发营销的创新方式，触达数码科技爱好者（泛潮流科技人群），引发关注和讨论。

姜茶茶等营销圈 KOL 点评差评营销，凸显匹克品牌营销上的创新玩法，提升品牌营销高度。

项目评估

1. 传播效果

（1）平台：覆盖抖音、B 站、微博、微信等多社交平台，确保短视频平台“种草”带货和“双微”平台曝光讨论双管齐下。

（2）KOL：使用共超过 40 位 Sneakerhead 博主、6 位 3C 数码博主、5 个广告营销圈知名公众号，点评传播差评营销，实现精准消费者带货、大众消费者关注、营销圈讨论等。

2. 带货效果

3 天销售超过 6 万双，GMV（交易总额）3000 万元；6 月月销超 10 万双，GMV 5000 万元；“6・18”启动日登天猫鞋类 TOP1；0 推广平均每月销售 3 万双。

3. 口碑效果

收获了数以万计的好评：类似“懂得听取消费者的声音，这样的国货品牌难能可贵”的评论几乎刷屏了运动鞋圈、科技数码圈、营销圈，让匹克以一个更坦诚、懂创新的品牌形象，重回了大众视野。

亲历者说 邓咸林 北京赞意互动广告传媒有限公司资深客户经理

（1）背后的故事。

在“差评”手稿和鞋盒传播的阶段，除了销量上得到的成绩外，我们还受到了来自鞋圈潮鞋爱好者们的广泛认可。无论是在公开的社交媒体平台，还是一些私下联系到我们的 Sneakerhead，都对我们用“差评”众创迭代出匹克态极 1P 跑鞋并敢于把消费者“差评”印在手稿和鞋盒上的创新性行为深有好感。

（2）项目亮点。

创新性：匹克在鞋圈首次创新性用上一代产品的“差评”众创迭代出新的

产品，并将“差评”印上包装转化为和消费者互动的一种方式。这种将消费者意见放在首位的态度，不仅帮助匹克态极 1P 跑鞋创造了销量神话，更树立了一个很懂和消费者沟通的品牌形象，让匹克重回年轻人视野。

突破圈层：创新性地用“差评”众创迭代产品并印上包装的营销，不仅让匹克在运动鞋圈大火，还延伸到了科技数码圈、营销圈，在有限的传播预算下，通过较少而准确的传播，引起大众广泛且有效的关注与讨论。

案例点评

点评专家：王洪波　中国对外文化集团有限公司新闻总监

差评营销，是营销领域“惊险的一跃”。貌似成本不高，有风险也有机会，但风险和机会都是成本。

差评营销成功，必须包含如下因素：第一是真诚，不是做噱头，而是真诚地从差评中汲取创新的动力和资源；第二是勇气，勇于面对差评、面对事实，有勇气有信心改变差评；第三是能力，没有这一点做基础，真诚和勇气都会失去意义，所谓的逆袭也会沦为笑谈。

但是，我之所以把真诚和勇气放在能力前面，是因为尽管能力是基础，但匹克态极 1P 跑鞋采用差评营销的策略，首先显现出其真诚和勇气。不少企业，面对差评，想办法掩盖，而不是从根本上改变。但匹克不仅不遮丑，甚至还在传播上放大差评，这种真诚和勇气是很多企业不具备的。消费者也正是首先受到这两点的感动，才会感受到匹克改变“差评”实现剧情大反转的能力。由于真诚和勇气的吸引，消费者更直接地感受到企业的能力，产生一种和企业一起并肩战斗的情谊，这是最宝贵的一点。

差评营销逆袭成功，只是起点，而非终点。品牌建设，任重道远，没有穷期。

中信银行"躺赢能量榜"价值客户运营

执行时间： 2018 年 11 月—2019 年 8 月

企业名称： 中信银行股份有限公司

品牌名称： 中信银行

代理公司： 北京尚诚同力品牌管理股份有限公司（简称尚诚同力）

获奖类别： 金旗奖——2019 最具公众影响力营销实效大奖

项目概述

"躺赢能量榜"是中信银行为高净值客户打造的运营平台。在"氪金"模式大热的背景下，其将"打榜"模式运用到高净值客户经营中，通过做任务、攒能量、PK 排名调动好胜心，冲榜赢大奖，上线 5 个月带动新增资产超 70 亿元。

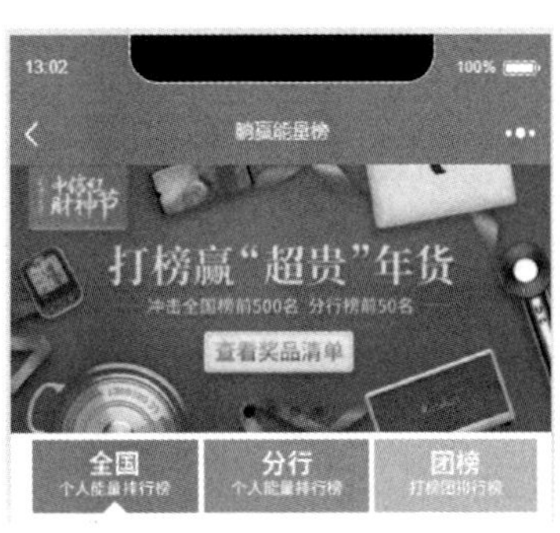

中信银行"躺赢能量榜"

项目背景

这是一个公关升级运营的项目，"躺赢能量榜"承载了中信银行高净值客户流量运营希望，目标是高净值客户数增长、产能提升，同时，有效提升高净值客户的活跃度。

高净值客户一直是银行业的重点经营客群，目前，银行业经营高净值客户的方式主要以提供各类的增值服务为主，但这无法有效实现高净值客户的沉淀及持续性经营。随着银行对高净值客户的争夺加剧，银行急需找到经营高净值客户的创新方式。

近年来“粉丝”经济大热，“粉丝”为明星“打榜”已经成为日常，这种年轻人热衷的打榜游戏也正逐渐向金融圈延展。《偶像练习生》节目播出期间，“粉丝”群体就通过在“你我贷”平台做任务、攒梦想值的方式为自己支持的偶像投票。

项目策划

尚诚同力在“躺赢能量榜”搭建之初，紧扣主业价值、游戏化体验进行“打榜”活动设计。

（1）围绕主业价值，将金融和非金融场景包装成两大“打榜”任务。

根据新客户获取和老客户资产提升目标，将金融资产提升和开通中信银行账户包装成金融“打榜”任务，客户完成任务可获得金融能量值。聚焦高净值客户重点关注的运动场景，打造微信运动任务，客户上传微信运动步数，可获取能量。

（2）根据游戏中的临界值理论，设计榜单临界值，增加游戏爽感。

以能量值为标准设置榜单临界值（一个好的游戏总是能让人处在技能水平的临界位置上，其很大可能会失败，但又会觉得，只要自己再努力一点就会成功），将“打榜”客户进行分级经营，能量值满足条件的玩家可进入 MVP（最优秀选手）榜，进行更激烈的能量值比拼，同时让能量值在临界值下的“打榜”玩家有了更明确的“打榜”目标。

（3）打造“团榜”模式，激活客户经理的带货能力。

客户经理可建立自己的“打榜”团，建团成功后邀请客户注册“打榜”，能量值排名靠前的“打榜”团最终会获得奖励，“团榜”模式成功帮客户经理对客户产能情况进行有效管理，刺激客户为集体荣誉不断增加资产。

（4）打造积极的交互反馈，增加“打榜”客户的“Aha（表示了解或发现某事物的喜悦）时刻”。

对客户在小程序内“打榜”的全流程体验进行有效管理，在客户注册小程序、完成任务、排名变化以及获奖等关键节点，对客户进行正向的“打榜”

引导反馈，给客户小惊喜，提升客户的“打榜”体验。

“躺赢能量榜”在运营和传播上，抓住了高净值人群在“打榜”时的核心情绪——好胜心，通过不断发酵好胜心情绪，激发“打榜”。

以“就要赢很大”为主题，制作营销物料，激发“打榜”客户的战斗欲。

围绕时间节点，进行“打榜”促动。

在月初全新开榜、月中大幅度资产提升、月末“打榜”倒计时等不同时间节点，进行不同的“打榜”运营。月初全新开榜时，以当月“打榜”奖品吸引、鼓励客户提升资产加能量，在月末“打榜”倒计时节点，鼓励客户再次提升资产守住现有榜单排名等，在合适的时间点，激活客户的战斗欲。

“就要赢很大”打榜任务

项目评估

（1）行业媒体对“打榜”模式进行深度解读，称“躺赢能量榜”为“银行业流量池思维的新样本”。零售金融频道、金融行业网、知名金融“大 V”李安麟等行业媒体，用当下大火的流量池思维解读“躺赢能量榜”平台的流量获取、转化的全流程，复盘“躺赢能量榜”设计思路及客户经营模式。

（2）客户参与度极高，每月榜单排名竞争激烈。总“打榜”人数超 10 万人，注册客户中，每月“打榜”率超 90%，每月能量值排名变化极大，尤其是每月“打榜”的最后一周，榜单前 50 名会产生颠覆性的排名变化。

（3）“打榜”模式被客户认可，银行收获忠实“打榜粉丝”。在每月对“打榜”客户进行的问卷调研中，多名客户表示“打榜”活动形式有趣，希望可以持续开展。在“躺赢能量榜”“打榜”活动第一周期结束后，依然有客户每天坚持在线“打榜”。

亲历者说 刘娜 尚诚同力高级客户经理

这是一个由公关思维向运营思维转变的项目，它不同于以往的公关传播项目，因为涉及小程序底层逻辑设计、小程序开发、活动运营以及金融数据交互等多个环节，对项目经理的逻辑能力、资源整合能力、多方协作管理能力都提出了非常专业的要求，把一个公关项目经理，锻炼成了产品经理和运营经理。这个过程我们当然会遇到诸多挑战，但对于个人来说这是一次难得的成长机会。我很感谢客户愿意冒着风险让我们去做这样一个从无到有的创新尝试，更要感谢领导的支持和所有项目小伙伴的配合，让这个项目最后取得资产提升 70 亿元的震撼效果。

案例点评

点评专家：高源　北京知行博艺会展有限公司合伙人

从几方面来看中信银行“躺赢能量榜”价值客户运营案例的影响力，都实属杰出。

首先，数据上是业内标杆。打榜率超 90%，高活跃度的互动参与直接转化成收益价值，5 个月时间，新增资产超 70 亿元。高净值客户的特性是互动性很难调动，他们的时间成本概念极强，不会为蝇头小利而花费时间，因此上述数据是惊人的成绩。

其次，透彻分析客户心理，切中要害，是公关活动运营中的典范。高净值客户的另一个特性是“好战”，根据游戏中的临界值理论，企业以能量值为标准设计榜单临界值，增加游戏爽感，又让客户有明确目标，再配上“团榜”的概念，银行客户经理建立“打榜”团，组建战队，进一步发酵“好战、PK、夺冠”的情绪，提高客户黏度。

最后，主题明确直接，内外配合，冲击力强。“就要赢很大”这种情绪直给的主题，配合内部客户经理的深入渗透，带动客户“打榜”积极性。外部KOL进行“打榜”引流，触发媒体话题，持续升温报道，形成爆款。

复盘整个项目过程，会发现它非常考验资源整合能力、多方协作管理能力、项目执行落地能力，企业在各个方面都达到高分，才会有这样一个震撼效果。

红豆“三伏天里卖鹅绒服”

执行时间：2018 年 8 月 8 日—2018 年 11 月 12 日

企业名称：江苏红豆实业股份有限公司

品牌名称：红豆

代理公司：熊猫传媒集团

获奖类别：金旗奖——2019 最具公众影响力营销实效大奖

项目概述

红豆作为一家老字号服装品牌，对年轻群体的认知急需更新。根据年轻人热爱社交特性，企业结合产品定制“社交化内容”以“场景式公益营销”带动流量，并选择京东实现销售转化，众筹总额超 3394 万元，成为京东众筹金额极高的设计类产品之一。

项目调研

1. 项目背景

（1）品牌背景：红豆是一家老字号服装品牌，多年来以优异的销售业绩稳居中国服装业百强亚军，但消费人群集中在中老年人群，随着“80 后”“90 后”逐渐成为消费主体，红豆在年轻群体的认知急需更新。

（2）产品背景：随着服装年轻化和消费升级，红豆品牌进行了一次产品创新，通过科技面料和高端白鹅绒打造一款主打“轻、弹、暖”高性价比鹅绒服，希望通过产品调整改变传统形象，让更多年轻人接受。同时企业在京东众筹开展公益众筹，以出售羽绒服集资方式为大凉山的留守儿童献爱心。

2. 营销痛点

（1）消费者对鹅绒认知度较低。

（2）羽绒服的固有认知：臃肿、重、硬。

（3）红豆品牌和羽绒服的匹配认知缺乏。

（4）红豆品牌在年轻消费群体中的思维认知需要更新。

项目策划

1. 目标

（1）完成红豆新品上市的销量转化，营销目标 2000 万元。

（2）改善红豆在年轻消费群体中的认知，在年轻消费群体中拓展市场。

2. 受众分析

（1）产品分析：分析提炼产品“轻、弹、暖”三个核心卖点。

（2）目标人群：18～35 岁逐渐成为消费主流的年轻群体，热爱社交和分享，喜欢新鲜事物。

3. 创意核心

根据产品卖点定制“社交内容”，定向吸引目标用户，结合“场景式公益营销”带动流量，刺激购买，并选择高流量、高匹配的京东众筹实现销售转化。

4. 媒介策略

（1）众筹预热期：为众筹开展做准备，在社交媒体上进行产品概念炒作，制造热点话题，引发大众关注。

（2）上市引爆期：通过产品导入，进行功能宣传，引导大众建立产品信任感，从而实现销量转化。

（3）口碑发酵期：强化品牌概念，通过 H5、视频等手段持续扩散传播，形成有效的口碑传播效应，拉动销量。

整个传播过程中，公益众筹贯穿始终，将流量导入京东众筹，完成销售转化。

视频截图

项目执行

1. 众筹预热期

以“国内著名的服装品牌红豆联手京东众筹，要搞一件大事儿——三伏天里卖鹅绒服”为事件，发起第一轮传播，微信联合公众号发布预热稿，微博发起话题讨论，并以“为大凉山留守孩子们献爱心”公益众筹收尾。

2. 上市引爆期

以“内容轰炸”引爆传播，发布魔性视频《让衣服飞出天际》，发布趣味H5《为爱“拼”一次，你敢吗》《10 秒钟测试你的生活负重》《官宣！冬季穿衣的进化指南》，借消费者喜爱的创意视频，以及公益 H5，以好玩和公益的形式带动传播分享，同时利用社群资源在特定微信群传播，配合朋友圈二次扩散，将吸引的流量导入京东众筹。

3. 口碑发酵期

发布视频《熊出没》及抖音短视频《魔性集体舞》进行话题炒作，并通过垂直媒体和知乎进行品牌和产品背书，为品牌和产品持续造势，达到长尾营销。

项目评估

1. 广告宣传成果

（1）微博：阅读量超 804 万次，曝光量超 8883 万次。

趣味 H5

（2）微信：阅读量超 125 万次，曝光量 1915.8 万次。

（3）垂直媒体：200 余家转载，累计发布稿件 162 篇次。

（4）视频平台：点击量超 1000 万次。

（5）社群：曝光量超 504 万次。

2. 销售效果

众筹总额超过 3394 万元，成为京东众筹金额极高的设计类产品之一。

众筹页面截图

3. 社会影响和品牌效果

（1）社会影响：红豆联手京东响应“精准扶贫”号召，开展公益众筹。众筹结束后红豆及时履行承诺，将 5000 件羽绒服在寒冬到来之际捐赠给大凉山的孩子们，引发了良好的社会影响。

（2）品牌效果：本次营销吸引了大批年轻用户参与和购买，为企业注入了新鲜血液，成功突破了品牌发展老化的瓶颈，将品牌调性年轻化；同时，树立了红豆集团有社会责任感和号召力的正面企业形象。

亲历者说　傅瑜洋　江苏红豆实业股份有限公司品牌文化部副部长

红豆轻鹅绒产品在京东众筹一上线，便引发了持续性的抢购热潮，仅用一个月便创下设计类产品众筹金额超 3394 万元的纪录，获得了极高的品牌曝光率和用户口碑增长。质量是企业发展的命脉，情文化更是红豆企业文化的核心，“爱”与“感恩”是红豆永恒不变的主题，红豆希望，通过企业的影响力、品牌的号召力，让更多人参与公益，参与关爱少年儿童的健康成长，为祖国的下一代献出爱心，为祖国的繁荣发展献出力量。

案例点评

点评专家：殷俊　重庆工商大学艺术学院院长、教授、博士生导师

近年来，国内鹅绒服产品的销售面临多方面的压力。例如，国外同类产品的竞争，年轻消费群体对老品牌的生疏，以及新媒体时代为传统营销带来的挑战。红豆“三伏天里卖鹅绒服”项目，不仅要完成老品牌的再崛起，肩负企业自身发展的内在使命，更要在激烈竞争的羽绒服市场打通一条出路。它以反差感吸引消费群体，制造营销亮点，同时创新营销方式，以产品卖点定制“社交内容”，定向吸引目标用户，结合“场景式公益营销”带动流量，刺激购买。商业和公益的结合，助力品牌力提升，同时兼顾企业的社会责任和使命践行。成功的营销背后一定是高质量的保障和支撑，红豆“三伏天里卖鹅绒服”项目中，企业对自身的营销痛点有清醒的认识，进而内提质量、外塑形象，内外结合，方能水到渠成。这一老品牌的新生之道，启迪自身再发展和其他企业思考。

2019 最具公众影响力
技术创新营销大奖

7 伊利金典有机光影展

执行时间： 2019 年 4 月 13 日—2019 年 4 月 28 日

企业名称： 内蒙古伊利实业集团股份有限公司

品牌名称： 金典有机

代理公司： 北京汉诺睿雅公关顾问有限公司（HBC）

获奖类别： 金旗奖——2019 最具公众影响力技术创新营销大奖

项目概述

伊利金典有机光影展依托金典有机品牌资产，展开线上线下结合的整合推广活动，借助代言人吴青峰的影响力，打造金典有机春日快闪，通过将有机与科技进行结合，展开场景营销体验，围绕金典有机打造不同主题的光影空间体验。

项目调研

金典有机十余年品牌资产积淀，多个权威机构、平台认证有机品质，包括 G20 峰会有机品质护航，金典有机 &WWF（世界自然基金会）湿地保护项目联合公益背书，彰显有机实力。

金典有机不断通过视觉、体验、内容等多个维度诠释品牌态度，但是在品牌塑造上一直以花花草草的形式与消费者见面，持续向消费者展示品牌的高端品质，缺少与年轻消费群体的交流与沟通，在形式上比较单一。因此，在本次活动的规划上，HBC 决定寻找一个能够突破以往固有形式的事件性活动，用年轻的形式、年轻的语言与消费者沟通，打造一场视觉与内容的有机盛宴。

项目策划

1. 策略

以有机为核心，展开品牌说教及利益点体验，打造未来有机的传播理念，引领行业标杆；沉浸式的场景体验，围绕金典有机品牌资产，依托金典有机品牌形象展开场景营销；聚焦核心人群开发有机体验，强化金典与年轻群体的交流；整合现有资源，通过线上线下结合的方式，形成传播闭环；自然有机融合科技体验，多维度诠释金典有机。

2. 内容

（1）线上传播：在活动前期进行传播预热，通过微信、微博平台发布预热海报，通过抖音发布预热小视频，扩大活动声量，官微创建 # 天赐有机，尽在金典 # 话题，与消费者进行有机交流，线上沟通，为线下引流；线上 H5 预热招募，趣味小游戏增强消费者参与感，为线下活动集客。

（2）活动落地：围绕金典有机打造不同有机光影体验空间，将自然有机融合科技体验，打造五大不同体验区域，分别融入不同有机主题，跟随当下“打卡”文化，为线上公关传播输出素材，刺激消费者自主传播。

（3）KOL 直播：活动中，邀请知名 KOL 现场直播，与线上消费者互动，传递品牌价值。

（4）活动收尾：线上输出活动长图、海报、九宫格图片等传播素材，制作

金典有机光影展

朋友圈、抖音平台传播小视频，扩大活动影响力；明星官微证言。

项目执行

（1）活动落地：选择时下年轻人喜爱的光影秀活动，伊利金典有机光影展场景体验吸引了核心人群年轻人，打造了成功吸引年轻人的沟通体验方式。

在北京、厦门、深圳三个城市，打造三城五场事件活动，围绕金典有机打造不同有机光影体验空间，将自然有机融合科技体验，分别打造五大不同体验区域，包括有机时尚光影空间、有机音乐光影空间、有机生态光影空间、有机未来光影空间、有机美食体验空间，分别融入不同有机主题，将代言人形象、湿地保护、科技体验、美食体验融为一体，跟随当下“打卡”文化，为线上公关传播输出素材，刺激消费者自主传播；发布金典有机和《歌手》联名礼盒及吴青峰限量签名水杯。

（2）社交分享：“主播网红 + 社媒”双核模式，强社交关系分享式传播。

（3）红人效应：“网红发声引导 + 图文落地页 +‘粉丝’互动”打通品牌、网红与“粉丝”之间的连接渠道，传递信息更丰富。

（4）精准投放：以大数据挖掘为基础，金典有机推广信息只被推送到有需求的用户面前，多维度定向直达目标客户，实现精准投放。

（5）品效合一：二次转发和 PC 端流量免费，选择基于强社交关系的分享式熟人传播，用户信任度高。

项目评估

光影技术深受目标顾客群的喜爱，全场有机布展，更是加深了消费者对金典有机品牌的了解。在场地的选择上，企业选择地标性的建筑，人流量大、影响力广，大大增加金典有机的宣传力度。

伊利金典有机光影展总影响人数超 5000 万人；线上 H5 及微信、微博转发浏览量超 1.1 万次；线下活动影响人数超 14 万人；整体试饮品发放超 180 提。

本次伊利金典有机光影展在金典有机原有基础上增加了科技体验，在落地时，大胆采用了体感、全息、投影等科技体验项目，将自然与科技融合；同时，本次活动在传播渠道上，实现了全网联动，增加了 KOL 直播环节，实现线上与线下的闭环营销，多方位传播。

亲历者说 **朱旭峰　北京汉诺睿雅公关顾问有限公司策略群总监**

本次伊利金典有机光影展是站在金典有机十余年经营的巨人肩膀上，开展的一次突破性活动，我们的核心思考是通过线上与线下结合的形式，创造有价值的传播素材，借助明星效应达到扩大宣传的目的。在形式上，我们采用光影技术，获得目标顾客群体的喜爱，在场地选择上，经过多次考察筛选，我们最终选择了具有地标性的建筑，大大增加了金典有机的宣传力度，通过全场有机布展，加深了消费者对金典有机品牌的深入了解。在活动整体传播上，我们邀请了合适的 KOL，让本次光影展能够最大限度进行曝光，充分扩大宣传，弥补场地的不足，保证活动顺利进行。

案例点评

点评专家：左跃　中国核电宣传文化中心副主任

品牌存在感是打开消费者心智的基础，更是品牌营销成功的关键。

金典有机将光影展与时下火爆的 KOL 方式相结合，线上通过微信、微博、抖音小视频，扩大活动声量；线下将自然与科技体验有机融合，打造五大不同体验区域，将代言人形象、湿地保护、科技体验、美食体验融为一体，扩大活动流量；再加上代言人吴青峰的明星效应，将有机与科技结合、有机与活动结合，打造了金典有机春日快闪的系列事件性活动，刷足了品牌的存在感，实现了扩大品牌宣传的目的。

MTK-P90 上市体验营销[①]

执行时间：2018 年 12 月—2019 年 1 月

企业名称：台湾联发科技股份有限公司

品牌名称：联发科技

代理公司：迪思传媒

获奖类别：金旗奖——2019 最具公众影响力技术创新营销大奖

项目概述

联发科技于 2018 年在深圳科技圈打造了一场主题为“AI 不释手”的 AI 手机芯片互动营销盛会。谷歌、微软等科技巨头现场背书，21 个 AI 拍照 Demo 区带来体验、600 余位行业大咖现场互动，百余位海内外媒体到场播报，跨领域“大 V”现场直播。

项目调研

1. 一场功能与性能的时代之争

发布会前，联发科技官微发出时代之问：对于手机来说，功能和性能谁更重要？问题一出便引发了“万能的大熊”“刘旷”等多位“头部”自媒体讨论，大量用户转发，对发布会进行预热。

① 本文中所涉及的照片，迪思传媒均已得到被拍摄者的使用许可。

活动现场 1

2. 一场行业媒体的现场探讨

2018 年年末，联发科技进行了媒体 Open Day 活动，邀请 25 家媒体就“联发科技如何借势 5G 发力”“手机芯片的 AI 算力”等话题进行探讨。媒体认为：联发科技用 AI 才能跑赢市场，手机 AI 平台将迎来三大升级。

3. 一次关于品牌发展的突围之路

联发科技从 3G 手机的 1.0 时代到 4G 手机的 2.0 时代，紧跟时代潮流，从中低端市场走向中端市场。此次堪称旗舰产品的 Helio P90 的问世，是联发科技向高端领域迈出的第一步。

项目策划

1. 目标

通过对 B 端和 C 端人群的分渠道分内容传播，传播 Helio P90 新品的优势与卖点。

2. 策略

B 端、C 端人群兼顾。B 端重技术讲解：从科技 KOL 对于 AI 的话题讨论落到新品发布会，打造新品期待感。C 端重上市氛围：多平台多领域 KOL 炒热“AI 不释手，12 月 13 深圳见”话题，预埋发布会信息。

3. 受众

B 端即手机厂商、科技、数码、摄影领域媒体人；C 端即数码爱好者、手机用户。

4. 传播内容

（1）预热期 11 月 29 日—12 月 11 日：兼顾 B 端、C 端的破圈层活动预热传播，打造话题热度。

针对 B 端：通过行业辩论、AI 媒体沟通会、知乎问答等形式，利用行业自媒体大咖将话题聚焦在新品上，营造足够的新品期待感。

针对 C 端：通过官方“双微”，多个抖音、微博、微信 KOL 炒热 #AI 不释手，12 月 13 深圳见 # 话题，露出活动关键信息，为发布会进行预热造势。

（2）活动期 12 月 11 日—12 月 15 日：打破芯片传播壁垒，新玩法体现产品新升级。

创意倒计时，引发圈内转发：发布会前 3 天通过官方平台发布倒计时海报，引发了诸多大号、媒体及创意人争相转发。

跨领域大咖现场直播：王冠雄团队、网红“叶子鸹哦”跨领域大咖在“一直播”平台直播发布会盛况。

（3）延续期 12 月 15 日—01 月 31 日：“真 AI 相机”标签率先行业占位。

通过官方微信提出“真 AI 相机”的三大标准，引发 KOL 附和，在网络上形成热议。

联发科技通过技术参数及功能，印证 Helio P90 是市场上为数不多满足“真 AI 相机”标准的芯片，达到行业占位的目的。

5. 媒介策略

以“金字塔”模型向下深化：顶层为行业巨头，通过对技术亮点的剖析为联发科技进行站台和品牌背书；中层为重点媒体，通过现场技术体验为联发科技发声，传播 Helio P90 技术亮点；底层为 C 端人群，通过社交平台和多维度话题吸引关注。

项目执行

1. 项目进度

12 月 12 日，完成了媒体邀约、物料采购、Demo 区域搭建等所有工作。当晚，项目组成员现场多次调试设备及彩排。

12 月 13 日，联发科技 Helio P90 发布会如期举行，21 个 Demo 区域门庭若市，专业人员培训与近 20 位模特敬业表演，在发布会的执行中起到了不可或缺的作用。

联发科技 Helio P90 发布会

2. 实施细节

在两周的准备时间内，团队经历了 3 次场地变化，数十次 Demo 区域变化，3 次活动流程改变等。主视觉设计修改了 8 次，3D 设计重做了 2 次，延展物料修改了 6 次。

3. 控制管理

由有数十年活动经验的总监级成员亲自带队指导，详细分工，责任到人：AV（音频和视频）控台、主会场搭建、物料采买及管理、摄影摄像、媒体接待等分别指定一两个人管理和统筹。充足的会前准备和项目成员高度的责任感、专业度促使这场超 600 人参与的 8 小时发布会圆满完成。

项目评估

12 月 13 日 14 点，联发科技“AI 不释手”新品发布会如期举行，联发科技领导嘉宾以及科技类、数码类、视频类媒体悉数到场参观体验。

会场中，21 个 Demo 区域吸引了每位到场朋友的目光，体验区人流涌动，人们体验样机的热情高涨，样机获得客户及媒体的一致好评。依据参会人需求，会场同步布置了休息室与精品茶歇区，使这场发布会活动舒心愉悦。

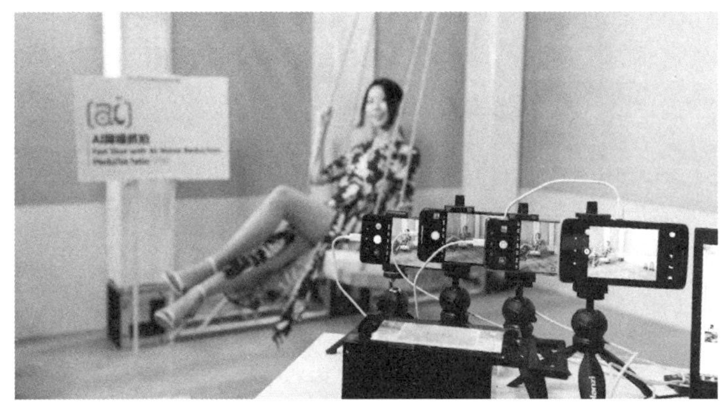

活动现场 2

2019 年 5 月，OPPO 手机新品 Reno 系列发布会在香港举行。该系列旗下重要产品 Reno Z 搭载了联发科 Helio P90 芯片，拍摄功能十分优秀，一经发售就受到了消费者的青睐，市场上好评如潮。

亲历者说 王丽男　迪思传媒高级客户总监；
陈婷婷　迪思传媒高级客户经理；
杨　雷　迪思传媒高级客户主任；
姜艺敏　迪思传媒高级客户主任

这次活动最大的挑战在于体验区极多。21 个 Demo 区域经过几十次的设计图变更和现场连夜调试，最终现场体验效果几近完美：现场 AI 降噪抓拍的秋千、夜拍场景的暗度、小火车的轨道等，在高度、亮度、角度等多个维度保证

了与设计图高度还原。这也是发布会现场最大的亮点。

此次发布会是客户二十余年来规模最大的一场活动，我们团队成员得到了难得的锻炼机会，在项目中得到了成长，获得了成就感。

案例点评

点评专家：匡冀南　深澜文昌集团副总裁，深圳国际公益学院教授

对于基于展示科技成果的专业公关活动来说，将 B 端和 C 端的平衡处理好，一直是比较困难的工作。AI 手机芯片作为手机的终端产品，如何将科技含量直观地展现在专业人员和普通消费者的面前，对于承办的公关公司来说是一个巨大的挑战。而 MTK–P90 上市体验营销采用多达 21 个场景同时展现其优异的功能，是一个大胆的想法，也是一个不小的挑战。企业在满足普通消费者需要的同时，面对 B 端厂家，说服专业人士认同这种数据之外的形象体验，并不是一件简单的事情。而在面对公众开放的时候，同时对如此众多的展示区域进行有效协调和管理，也体现出公关公司本身团队的执行能力和管理水准。特别是在众多的普通民众之中还包括来自不同领域的媒体，在专业水准和社会效果之间达成平衡，也是展现公关团队能力和水平的重要一环。而这一项目的完美实施，也为未来在这个领域中更多的公关团队，做出了一个很好的范例。

2019 最具公众影响力
全球化传播大奖

波司登全球整合营销项目

执行时间： 2018 年 9 月—2019 年 1 月

企业名称： 波司登羽绒服装有限公司

品牌名称： 波司登

代理公司： 迪思传媒

获奖类别： 金旗奖——2019 最具公众影响力全球化传播大奖

项目概述

波司登从 2018 年起展开一场持续性的国外影响力反哺国内的全球营销行动。迪思传媒携手波司登摸索出一种服装领域的营销传播升维打法，结合纽约时装周等一系列联动全球线上线下的整合营销传播活动，实现品效合一，提升品牌的全球势能。

项目调研

1. 项目背景

作为专注羽绒服四十余年的羽绒服品牌，波司登因为守旧的设计一度沦为“老一辈”的服装品牌，伴随消费升级、羽绒服市场激烈竞争，刷新大众对老品牌的印象，建立“全球热销的羽绒服专家”认知，成为波司登在 2018 年新战略实施的制胜关键。

2. 可行性研究

（1）品牌现状分析：四十余年品牌专业积淀，畅销全球 72 个国家和地区；品牌老化，年轻主流人群不买账。

（2）2018 年波司登传播课题：时尚感上探，带动品牌形象升级；消费人群下探，强化购买力。为此，迪思传媒为波司登策划了横跨国内外、联动线上线下的品牌整合营销项目，旨在通过社交媒体的强效覆盖、明星 KOL 的“种草”推荐、国外反哺国内的影响力带动，建立波司登的“专家”形象、营造“热销”氛围，从而带动销量增长。

项目策划

1. 目标

建立“全球热销的羽绒服专家”认知；激活主流人群，重回主流视野；缓解产品购买痛点，促进线上线下销售，实现品销合一。

2. 策略与方法

（1）通过一场持续性的国外影响力反哺国内的全球营销行动，刷新消费者对品牌的认知。

（2）国外造势，辐射国内：以国外名人引爆、国外 KOL 及社交媒体升级话题事件，反哺国内明星 KOL 关注，最后以“双微一抖”话题平台及各类“种草”平台进行底层扩散，提升品牌的全球势能。

（3）线上线下整合：融合线上线下场景，统一品牌行为、市场行为和终端行为，打透平台入口。

（4）场景化“种草”：立足主流人群生活场景，以兴趣为导向，实现深度“种草”。

3. 内容规划

打造国际性传播事件，影响辐射国内：登陆纽约时装周，在国际舞台展现全新形象；携手三国顶级设计师推出联名系列，设计上推陈出新；高端户外系列荣获“Outside 2019 年度户外装备大奖”，奠定波司登“专家”地位，营造“热销”氛围。

组建国内外明星名人背书、带货矩阵：持续与全球高净值名人、明星合作，

波司登荣获“Outside 2019 年度户外装备大奖”

达人直播

如知名演员安妮海瑟薇、“鹰眼”杰瑞米雷纳、“美国队长”、“小雀斑”、“龙妈”、欧阳娜娜等，形成国外与国内明星结合、立信背书与“种草”引流的合作组合，借明星效应真正实现“粉丝”心智占领。

线上线下深度整合，品销合一：品牌行为、市场行为和终端行为有效统一，传播内容指向线下销售，线下门店最大化配合呼应线上传播内容，如在小红书及微博平台打造 # 波司登试衣间 #，借国内外明星红人在门店试穿羽绒服，进行场景植入和产品“种草”，有效引流“自来水”进店购买“打卡”。

项目执行

2018 年波司登聚焦羽绒服主业，从产品、渠道、传播等多个方面对主品牌进行一系列升级。

（1）海外舆论战（9 月—10 月）：9 月波司登作为受邀国牌，登上纽约时装周主场走秀，以国外高势能活动打响重回主流视野第一枪。

（2）专业升级战（11 月）：高端户外系列荣获全球户外界权威奖项——被誉为“户外界奥斯卡”的 Outside 户外装备大奖，国际性专业奖项夯实专家地位，同步配合果壳科普视频，奥运冠军、明星运动员街拍合作，多维度凸显产品性能。

（3）整合营销战（12 月—翌年 1 月）：海外热销氛围营造——好莱坞明星街拍、全球华人跨年身穿波司登“打卡”，国内热销期——荣获新浪时尚最受欢迎羽绒服大奖、国内明星合作，配合线下门店“波司登试衣间”，并通过全国头部流量自媒体和区域性大号，进行多维度的品牌植入和产品“种草”，使“粉丝”圈参与分享、裂变传播。

时装周走秀

项目评估

1. 用户心智占领

全球前三的市场调研机构益普索数据显示，波司登在消费者中认知度高达 97%，建立了“波司登 = 羽绒服”的认知优势，夯实了品牌羽绒服专家形象。

2. 传播关注度大幅提升

曝光量超 14.9 亿次，阅读量超 8.8 亿次；百度搜索指数全年同比增长 60.23%，环比增长 50.82%，百度资讯指数对比日常增长 21767.8%。

3. 主品牌业绩破百亿

波司登品牌羽绒服业务 2018/2019 财年累计零售金额已超百亿元，累计营收金额较 2017/2018 财年同期上升 35%。

亲历者说 李纯媛 迪思传媒高级客户经理

我们选择“扩宽明星 + 时尚营销”的思路，梳理出一套服装行业行之有效的升维打法，紧扣战略方向，联动国内外社交媒体力量，充分运用名人明星资源打造基础口碑，迅速聚集多方关注。但未来品牌还需要形成与顾客的双向互动，以更加具备互动性的话题、事件和内容形成情感交流，进一步夯实品牌印象。

案例点评

点评专家：张晋升 暨南大学新闻与传播学院副院长、教授、博士生导师

营销创新的价值不仅在于产品形态的迭代换新，更在于以传播关系再造为品牌赋能，为消费者创造价值。波司登作为国内羽绒服市场中有着较高识别度的品牌，面对羽绒服市场竞争格局的改变、消费升级和消费品位的提升，如何消除消费者的刻板印象，重建消费者的品牌认知，是营销创新的突破口。

波司登全球整合营销项目在多个方面亮点纷呈。一是营销定位上内外联动，以外哺内。品牌走秀纽约时装周主场，携手国际知名设计师推出联名款，

契合国内消费者追逐高端品牌和国际流行时尚的消费诉求，实现了“墙外开花墙内香”的营销效应。二是营销卖点上善用 KOL，发挥国外名人带货作用。利用社交媒体传播营销事件、升级热点话题，提高了消费者品牌消费的附加值。三是传播方式上线上线下整合互动。充分利用“双微一抖”等社交平台，线上传播内容下沉消费人群，不断扩散品牌的长尾效应；线下门店呼应线上传播内容，通过直播国外 KOL 探店、网红试穿羽绒服等场景式营销，进行场景植入和产品“种草”，有效吸引消费者进店购买“打卡”。最终，波司登实现股价上涨、产品热销、品牌增值的经济效益。

宇通客车“为冠军而来”海外传播

执行时间： 2018 年 6 月 13 日—2018 年 7 月 15 日

企业名称： 郑州宇通客车股份有限公司

品牌名称： 宇通客车

代理公司： 无

获奖类别： 金旗奖——2019 最具公众影响力全球化传播大奖

项目概述

宇通客车借势 2018 年俄罗斯世界杯整合传播，从 6 月 13 日持续到 7 月 15 日。国内传播稿件 1365 篇，国际传播覆盖 11 个国家，553 家媒体。中央广播电视总台、圣彼得堡电视台、新华社、俄塔社、《经济日报》、《俄罗斯报》等重点媒体进行头条或深度报道。

项目调研

世界杯前期，宇通客车向 BBUS、KLavto 等俄罗斯客运公司交付了 300 多辆车，而在整个俄罗斯，3233 辆宇通客车正持续为城市运输服务。自波罗的海沿岸至远东地区，随处都能看到宇通客车在俄罗斯联邦广阔的土地上驰骋。郑州宇通客车股份有限公司从中国首家上市的大型客车企业发展为国际主流客车供应商，销量连续 15 年取得中国第一，连续 7 年取得全球第一。宇通客车是全球首个大中型客车年销量超过 7 万台的客车品牌。

亮相世界杯，是一个难得的推广机遇，但更重要的是远东地区战略规划的新开始。以宇通客车为代表的优秀中国品牌，正不断重新诠释中国品牌的海外竞争力。

项目策划及执行

1. 传播主题

宇通客车“为冠军而来”！

2. 阶段规划

（1）第一阶段（2018 年 6 月 11 日—2018 年 7 月 2 日）：宇通和 BBUS 公司俄罗斯交车仪式活动。

活动主题：宇通客车“为冠军而来”！ 300 台宇通客车服务 2018 世界杯。

仪式亮点：“面包与盐”——俄罗斯民族待客礼仪现场呈现，双方高层交换中国结与俄罗斯套娃留念，“为冠军而来”主题布置与现场氛围营造。

公关主题：“绿茵盛事里的‘中国运量’，三百辆宇通客车在俄罗斯投入运营”“中国企业点燃六月激情，宇通大巴驶上俄罗斯街头”。

公关媒体：以中国媒体驻站记者的发布为主，辅以俄罗斯媒体发布的视频，国内则通过网站进行二次转载报道。

中国媒体——CCTV（中国中央电视台）、新华社等驻俄罗斯记者站。俄罗斯媒体——圣彼得堡《共青团真理报》、圣彼得堡电视台等。

社会化媒体：基于宇通客车官方微博、公众号、官网发起以下协同互动传播。宇通客车为“战斗民族”定制之科技 / 工艺面面观（H5/GIF 推图）；宇通客车世界杯有奖竞猜风暴（客车小游戏开发及趣味征集）；揭秘足球运动员的大巴专车（南美劲旅智利队与老牌欧洲球队保加利亚队专用宇通客车的简介推送）；宇通客车足球宝贝预告（身着世界杯 32 强战袍的足球宝贝与宇通客车合影，及时预告及推送比赛海报）。

（2）第二阶段（2018 年 7 月 2 日—2018 年 7 月 9 日）：莫斯科之“宇通时间”及媒体见证。

活动主题：莫斯科红场发布“宇通时间”。

活动背景：此次活动系世界杯期间中俄高级别的经贸交流活动，其中 7 月

2 日 18:30—19:30 为特别设计的“宇通时间”，主办方将安排活动贵宾出席并与宇通客车高层交流、深度互动、合影留念。

活动嘉宾：中国驻俄罗斯大使；俄罗斯总统经济顾问、俄罗斯经济发展部高级官员。

公关主题：“宇通客车为绿茵盛宴出发，携手中国企业馆‘助攻’中国品牌海外布局”“为足坛盛事‘定制’，看中国车如何‘因地制宜’”“细节见功夫：宇通客车的俄罗斯之行”“2018 世界杯，看一流中国的球迷与中国车”“尽管没有中国队的身影，但如果少了中国元素，六月的俄罗斯会变成什么样”于网络端引发公众的关注和讨论。

公关媒体：《经济日报》、湖南卫视、汽车之家及俄罗斯当地主流媒体和中国媒体驻俄罗斯记者站。

传播深化：为期 7 天、15 家核心媒体代表跨越 3 座俄罗斯城市；100 篇原创核心稿件维持传播话题热度。

社会化媒体：基于宇通客车官方微博、公众号、官网发起以下协同互动传播。宇通客车在“战斗民族”的故事（纪录片、短视频推送）；宇通客车世界杯进球数竞猜（互动开发游戏）；宇通客车之俄罗斯风光日历（宇通客车与俄罗斯山水风光合成图推送）。

（3）第三阶段（2018 年 7 月 9 日—2018 年 7 月 15 日）：坐宇通客车，去看世界杯！

活动主题：宇通客车“为冠军而来”！

活动目的：定向邀请宇通 VIP（贵宾）客户、地方媒体代表和征集的球迷参与城市看球活动，借助用户的社交关系链传播为活动画上完美句号。

活动地点：上海（或北京、郑州）的俄罗斯风情酒吧或餐厅。

公关媒体：新浪网、搜狐、腾讯网、乐视体育、花椒直播等。

社会化媒体：基于宇通客车官方微博、公众号、官网发起以下协同互动传播。中俄两地直播互动（直播推送）；线上趣味邀请及报名（互动开发游戏及推送）；定制宇通看球大巴（图文推送）；俄罗斯世界杯冠军有奖竞猜（倒计时抽奖）。

项目评估

（1）世界杯前期，通过交车仪式这一新闻事实，并通过协会组织向宇通客车授奖，强化世界杯与宇通客车的品牌关联认知，提升品牌高度。

（2）在中俄高级别合作论坛会议中设置“宇通时间”，时任中国驻俄罗斯大使李辉先生同宇通客车代表进行深度交流，对“宇通模式”表示赞同，为宇通客车在政府层面建立信任背书，再次拔高宇通客车国际形象。

（3）特别摄制组前往俄罗斯，采访客户、华人代表、运输联盟成员、宇通人等多位人员，通过典型案例来展现中国品牌在海外市场的打拼之路，激发民族自豪感，扩大品牌在大众层面的传播力度。

案例点评

点评专家：陈经超　厦门大学新闻传播学院副教授，厦门大学公共传播战略研究所所长

随着国家发展，越来越多中国企业的产品进入全球市场，企业面临从中国制造到中国品牌的挑战。需要注意的是，在全球市场的品牌竞争中我们仍处于初级阶段，在这个阶段企业如何进行全球化传播？我个人认为可以从两个方面进行思考：一方面是让中国企业的形象传播到国际；另一方面是让国内消费者逐渐认知这是一个全球化的企业。以此次营销为例，我认为宇通客车在这场赛事营销中拥有得天独厚的优势，宇通客车如何在世界杯期间提供城市运输服务的同时让企业从中国制造走向中国品牌，是需要思考的重点。

第一阶段中，宇通客车通过交车仪式打响海外传播第一炮。第二阶段中，宇通客车在中俄经贸交流活动特别设置“宇通时间”，在传播中赋予宇通客车中国元素与内涵，将其融入“一带一路”倡议背景，强调品牌全球化传播中的民族认同感与自豪感，增强品牌国际传播中的公众影响力。第三阶段中，宇通客车迎合世界杯全民狂欢的氛围，发挥社交关系链的传播优势，通过直播、互动游戏等形式增加传播中的趣味元素，让传播更“接地气”，更适应传播活动的收尾阶段特点。

整体来说，宇通客车从公关关系的角度，借由中国制造引起话题，进行国际传播，再进一步利用权威媒体、政府支持为企业背书，透过社会化媒体扩大传播影响力，进行国内传播，国际与国内传播互相作用，是一个符合国际化传播阶段特征的金旗奖案例。

智慧舍得酒加州上市发布会整合传播

执行时间： 2018 年 9 月 1 日—2018 年 10 月 15 日

企业名称： 舍得酒业股份有限公司

品牌名称： 舍得

代理公司： 北京汉诺睿雅公关顾问有限公司

获奖类别： 金旗奖——2019 最具公众影响力全球化传播大奖

项目概述

本次活动于 2018 年 9 月在美国洛杉矶正式落地，在大国崛起与文化自信的时代背景下，舍得积极谋求“走出去”，携手自主 IP——《大国芬芳》开拓国际市场，以传统艺术感与现代感相结合的氛围呈现，让世界感知舍得酒的文化底蕴。

项目调研

舍得酒是“中国名酒”企业和川酒“六朵金花”之一舍得旗下高端品牌产品，是在中国名牌沱牌曲酒基础上的升华，按照“舍百斤好酒，得二斤精华”的标准酿造的高品位生态酒。

在大的行业背景影响下，中国白酒品牌“出国”案例比比皆是，但是往往投入不小，水花不大。

本次舍得在国家政策与行业发展的大背景下，积极谋求“走出去”，拓展海外市场，通过中美文化的交流碰撞，促进本土品牌国际化塑造，掀起新的文化潮流。

国家政策：在“一带一路”倡议和中国进一步对外开放的大背景下，中国产业、中国品牌“走出去”势头强劲。

行业发展：中国白酒产业逐渐加快资本化和品牌化的竞争，加快国外市场拓展成为众多酒企的发展战略。

项目策划

1. 策略及方法

智慧舍得酒加州上市发布会整合传播，基于舍得品牌自身文化背景、白酒文化背书、政策国情支持等多方资源，传播之势一触即发，但是中国白酒想走出国门，往往缺少品牌传播的媒介，HBC 深度洞察国外消费者对于中国五千年传统文化的热衷，借中国热的势头，以文化带品牌，向海外消费者传递舍得品牌文化，打开北美市场。

产业搭台，文化演绎，舍得携手四川政府联合打造全国首部“以酒为媒”的大型诗乐舞剧——《大国芬芳》，借助《大国芬芳》北美巡演，演绎中国诗酒文化之美，让更多海外消费者感受中国文化。

2. 内容规划

（1）文化为媒，舍得为介，中外嘉宾齐聚一堂，共同见证智慧舍得酒加州上市发布会。

（2）关联《大国芬芳》：用《大国芬芳》的传统文化带给品牌艺术成就领域的传播灵感。

（3）中国文化第一酒：不断强化自身具有的文化底蕴及高端品牌基因，同时为智慧舍得酿酒过程正名。

观：智慧舍得产品外观、包装；舍得酒形态，色泽。

闻：智慧舍得浓香风味，沉香久远。

品：品尝智慧舍得醇厚绵柔的独特风味。

鉴：中国白酒与国外洋酒、红酒的口味区别。

赏：中国智慧传承，从国粹经典传承到酒文化的传承与发扬，展现智慧舍得对酒文化的传承。

（4）独到酿酒工艺：延续舍得的“生态酿酒”技艺，精益求精，优中选优。

智慧舍得——中国智慧传承

项目执行

基于海外执行的困境，HBC 凭借多年的海外执行经验，针对本次发布会进行全盘把控，打造闭环营销，全面深度渗透北美市场，打造舍得中国酒文化名片。

（1）前期造势：多方造势制造活动声量，传递中国智慧及酒文化内核，活动同期稿件宣发，紧跟活动节奏，进行爆点造势。

（2）发布会落地：舍得携手《大国芬芳》迈出国门，HBC 多方协调资源，也获得美国政府的大力支持，邀请重量级嘉宾亲临现场，为舍得文化背书。

（3）视频展示：从古越今，从先秦诸子百家到唐诗宋词，从四大发明到随行电子支付，智慧舍得，承载中国智慧走向世界。

（4）舞台演出：借助传统、唯美的沙画淋漓尽致地呈现中国智慧酒文化的历史传承。

（5）文化论坛：名人大咖阐述对中国白酒文化的感悟，从侧面塑造舍得作

《大国芬芳》舞台表演

为白酒文化的传承者，在世界为中国白酒文化传播助力的品牌形象。

（6）产品推介：应用全息投影技术，打造高端科技“中国智慧”的产品展现。

（7）“同声传译 + 直播”：邀请国外网红，发布会现场全程直播，解读中国智慧，品尝舍得芬芳。

（8）新闻通稿、“双微”软文与话题、传播视频、海报同期发布，扩大影响力。

项目评估

本次智慧舍得酒加州上市发布会整合营销通过前期筹备，创建传播话题，内外场联动，线上线下结合，针对中国智慧及舍得智慧传播，取得了圆满成功。

现场通过以智慧舍得为核心主题的各类丰富体验，包括观、闻、品、鉴、赏的体验内容，充分展现中国特色及舍得智慧的文化底蕴，通过 HBC 广泛优质的海外资源，成功呈现了大国智慧的发布会盛宴。

深度覆盖北美市场，活动参与人员包括洛杉矶南帕萨迪纳市市长 Michael Cacciotti，全国侨联副主席、四川省侨联主席刘以勤，中国驻洛杉矶总领事馆

副总领事代双明等。品牌联络 50 余个媒体，全程输出 30 余篇新闻稿件，活动现场经销商 100 多个，线上累积点击量超 10 万次，全程覆盖总人数过亿人，大大提升本次发布会的声量。

亲历者说 张楠 北京汉诺睿雅公关顾问有限公司副总裁

舍得联合四川政府打造了全国首部“以酒为媒”的大型诗乐舞剧《大国芬芳》，产业搭台，文化演绎，将酒工艺、酒历史与自然、文化融为一体。

HBC 本次全案承接智慧舍得酒加州上市发布会整合营销，在美国市场做中国品牌，尤其是舍得这类极具中国元素的白酒品牌，在展现形式、场地选择、物料制作搭建等方面对 HBC 而言都是一次极大的考验。

HBC 执行团队依据北美当地情况进行考量，对活动场地层层筛选，严格把关，配合声光电打造高规格的主题发布会。

走出国门，我们的一言一行都代表着中国风范，经过无数次的沟通与调整，我们最终呈现了一场无与伦比的盛宴，我们尽最大努力让中国元素在国外市场曝光，促进中美文化的交流。

案例点评

点评专家：左跃 中国核电宣传文化中心副主任

舍得，是一种哲学，是一种思想境界，更是人生的大智慧。舍得，有舍才有得，这个名字本身就蕴含着丰厚的人生哲理和文化内涵。

舍得在加州举办中国特色发布会，借势《大国芬芳》的影响力，将中西文化合璧，抛开以往品牌直接传播的传统，以文化带品牌，通过打造中国白酒文化的超级 IP，进行大国风范、智慧中国的品牌造势，展示了中国酒文化的特色，取得积极的传播效果。

舍得通过发布会的方式，传承了中华传统文化，展现酒文化的不断演进，唱响了智慧舍得的品牌口号；同时采用全息投影等科技手段，为发布会融入了现代的元素，再加上线上与线下相结合，话题造势，直播互动，通过国外发布，更好地实现了国内的品牌传播，不仅打科技牌、打文化牌，更打出了一张较好的借力牌，较好地诠释了有舍才有得的大家风范和精神内涵。

路特斯纯电超跑 Evija 伦敦揭幕

执行时间：2019 年 6 月—2019 年 7 月

企业名称：北京路特斯汽车销售有限公司

品牌名称：路特斯

代理公司：智者同行品牌管理顾问（北京）股份有限公司

获奖类别：金旗奖——2019 最具公众影响力全球化传播大奖

项目概述

路特斯 Evija 作为全球首款英伦纯电超跑，是品牌十余年来首次推出的新品。路特斯纯电超跑 Evija 伦敦揭幕标志着路特斯全新设计语言的伊始，以及该品牌在汽车运动领域的坚守，更是电气化背景下路特斯走向复兴的第一步。

活动现场

项目调研

路特斯是一家拥有七十余年历史的高性能汽车品牌企业，曾与法拉利、保时捷并称为世界三大跑车厂商，但由于种种原因逐渐退出主流汽车品牌企业行列。吉利控股收购路特斯后，在节能减排和汽车新四化的大环境下，路特斯推出首款纯电超跑 Evija，宣告路特斯品牌的复兴以及正式进军中国市场，为接下来国内建厂及销售累积品牌声量。

路特斯急需扩大品牌认知度，提升品牌美誉度，为复兴铺设道路。为此，企业从多平台进行多元化传播，以本次活动为契机，将路特斯汽车品牌渗透至用户心中，扩大活动及品牌传播声量。

活动选择路特斯品牌发源地——英国，不仅向受众传递路特斯悠久的历史积淀与文化背书，更能够进一步彰显品牌英伦基因，提升品牌口碑。

项目策划

路特斯纯电超跑 Evija 伦敦揭幕项目是吉利控股收购路特斯后首次对外发布新品，更是路特斯品牌十余年来首次发布全新纯电超跑。Evija 的发布是路特斯全面开启品牌复兴的新征程，更意味着路特斯积极发展电动化、拥抱汽车行业变革的决心。

本项目旨在通过路特斯全新产品 Evija 的发布，在全球范围内宣告路特斯的品牌复兴决心及产品核心技术应用。以数字营销为核心手段，以线下发布为主要事件，面向全球跑车消费群体，结合多样性传播手段扩大品牌知名度，提升品牌美誉度，提振市场信心。

随着互联网的不断发展进化，传播趋向碎片化、流量呈现寡头化，同时原生化广告、内容迅速发展。因此本次传播分为预热期、上市期、延续期三个阶段，多维场景连接用户触媒习惯。重点依托门户、垂直、新闻媒体实现上市声量释放；理性沟通产品卖点，多种传播形式关联产品力输出内容；重点强化产品续航、科技性能，强化产品优势认知。

本项目旨在建立传播声势，获取高关注度，触达潜在用户，持续卷入目标

用户，激发其认知兴趣，实现圈层连接；同时深耕传播阵地，使用户全面感知品牌价值，锐化品牌形象。本项目基于多维度媒体应用，发挥了媒体作用，打造出媒体新时代背景下的上市盛典。

项目执行

本项目的落地执行地为英国伦敦，执行团队不仅需要提前落实场地的实用性评估，更需要根据项目的传播需求合理安排人员配比，确保项目执行期间的传播物料、传播内容、执行物料能够有序、严谨地配合产品上市。

6 月企业针对项目执行细节提报项目执行方向及传播目标，沟通核心媒体，陆续产出传播内容。同时确保英方提供的英文资料能够以精确的文字向媒体及受众传达相关内容，中英双方在项目流程、项目进度、项目执行等细节均保持同步更新。

在发布会举行的前两天，公关团队提前与摄影摄像及媒介团队抵达伦敦，沟通拍摄细节、采集拍摄素材，同时安排媒介接待媒体朋友；对活动场地进行

路特斯纯电超跑 Evija

勘测，确保产品发布、媒体专访所需的各项物料均准确无误，实现现场流程一体化。公关团队随后即刻根据发布会现场素材进行整理，同步发送至媒体；在活动举办的 4 小时内进行核心内容释出，对品牌及产品进行大规模信息曝光。

项目评估

包括传播纸媒、自媒体、视频媒体在内，本次公众传播邀请全球媒体 30 余家，且出席率达 100%。从媒体报道与百度指数两方面进行评估，全球媒体产出报道超 2885 篇，覆盖中国、英国在内的 43 个国家和地区。同时 YouTube（优兔）视频播放量高达 148 万次，百度搜索指数与平时相比增长了近 96%。产品的浏览量更是高达 926.9 万次。

7 月 16 日—7 月 18 日的全流程安排，充分展示了产品，更让大众充分接触了品牌文化。领导致辞与新车鉴赏环节现场效果极佳，媒体互动群访环节以及体验活动提高了公众的参与度。媒体方的积极提问以及产品方的专业性回答，有效地获得了更具针对性的信息对接与精准宣传的效果。

项目亮点

（1）自媒体与 EPR（企业资源计划）的结合传播，增强了朋友圈主动扩散宣传。

（2）传播节奏把控合理，微博共增长活跃“粉丝”数 4000 余人，微信平台单一媒体宣传话题阅读量超过 4.3 万次。

亲历者说 秦怡 智者同行品牌管理顾问（北京）股份有限公司 SAM（公关活动）

由于文化、地理差异及时差问题，跨国发布会的核心问题是如何在当地确保项目能够流畅、按照计划执行，因此在活动前期我们做了大量准备工作。

本次项目中，令人印象深刻的除了 Evija 的惊艳亮相，还有英伦生活方式体

验环节，嘉宾可体验独特的英伦风情。同时，我们为部分媒体在英国安排了路特斯产品试驾，请他们前往路特斯总部参观工厂并体验路特斯在售产品，展示了路特斯产品的驾控性能和匠心工艺。

我们希望通过这次活动能够让大家感受到，路特斯能够提供的不仅是卓越的驾驶乐趣，更是超出驾驶本身的非凡生活体验。

案例点评

点评专家：郑威　华硕电脑中国业务总部副总经理兼新闻发言人

成功传播所需的要素，这个案例都具备。从传播主体、传播内容、传播媒介、传播对象到传播效果，路特斯纯电超跑 Evija 伦敦揭幕案例都算是给出一份很经典的答卷。Evija 作为吉利控股收购路特斯后的首次对外发布新品，也是路特斯品牌十余年来的首款新品，在产品属性上选择新能源的纯电超跑本身就很“吸睛”，性能与设计也非常有竞争力。其亮眼的性能受到汽车专业媒体和专业玩家的追捧，也决定了它会成为一款有话题性的爆款。

而对于大众受众而言，该案例占尽了天时地利人和。吉利控股收购沃尔沃的成功经验，也让公众对吉利控股收购路特斯后的举措充满积极期待。全球性的发布与传播是很考验执行团队功力的，而本次项目的操作能同频引爆 43 个国家和地区，尤其在中国区选择新媒体为主阵地的“接地气”方式，让小众豪门品牌更亲和，更易获得大众的关注与好感。

“在简历中增加线上游戏经验”

执行时间： 2018 年

企业名称： 万宝盛华

品牌名称： N/A

代理公司： 捷恺集团（Geelmuyden Kiese，简称 GK）

获奖类别： 金旗奖——2019 最具公众影响力全球化传播大奖

项目概述

GK 与全球知名猎头公司万宝盛华集团共同发起了一项活动，鼓励人们在申请工作时将个人玩网络游戏的经验放在简历中。该活动的目标不仅是向年轻受众推广万宝盛华集团，更是改变人们对游戏和游戏体验的传统态度。

项目调研

1. 项目背景

游戏和电子竞技吸引着越来越多的人。然而，年轻人通过游戏获得和发展的技能和知识长期以来被低估。

企业希望可以鼓励年轻人在求职时把自己的游戏经验写在简历上，并鼓励雇主考虑工作技能与游戏经历中所获技能的关联性。

2. 可行性研究

数据显示，在挪威，年龄在 9～18 岁的 98% 的男孩和 63% 的女孩都玩电子

游戏，然而，年轻人通过游戏获得和发展的技能和知识长期被低估。研究证明，游戏经验有助于开发技能和知识，这些技能和知识可以转移到劳动力市场，这些技能和技能与工作中需要的知识技能有相通之处。

项目策划

企业以目标群体（年轻求职者）的方式与他们沟通，万宝盛华集团改变了其网站上的简历格式，把游戏经验设为简历框架中的一部分，这样游戏经验可以与工作经验、教育背景、语言技能和其他信息一起展示给雇主。

在该活动中，游戏人员受游戏启发，能扮演职场人员的角色，以此展示这些具有游戏经验的人员能够将其转化为工作能力的技能。这些内容通过 Snapchat（色拉布）上的广告、YouTube 上的游戏视频广告、户外广告和流媒体频道 Twitch 分享。

此外，该活动通过新闻媒体和户外广告让用人单位参与了进来。企业专门做了一个网页向观众介绍游戏技能与劳动就业也存在相关联系。

项目执行

为了让招聘公司的人力资源人员能够接触到玩家，企业强调了自己的游戏技能如何为职业生涯打开大门，由 GK 通过万宝盛华集团发起了在简历中增加线上游戏经验的活动。

（1）万宝盛华集团从改变简历注册表格开始，这样就可以把游戏经验列为一种技能。

（2）在一次全国性的项目活动中，万宝盛华集团用不同的著名游戏人物尝试不同类型的工作。

（3）万宝盛华集团在 Snapchat、YouTube 游戏视频前的广告、实体广告海报和流媒体服务 Twitch 上分享了这一活动，并与挪威著名的网红 Emzia 合作。

（4）同时，万宝盛华集团指导所有的招聘人员识别游戏玩家的可塑性技能：万宝盛华集团举办讲座、培训和活动，让受众亲身体验游戏。

项目评估

（1）5 万名年轻人在访问项目活动网站上点赞。

（2）挪威的文化部部长在这项活动开始时致辞。

（3）许多年轻人把线上游戏经验转变为工作经验。

（4）该活动已经有 560 万人参与，而且万宝盛华集团网站上的简历注册数量增长了 18.8%。在活动举办第一个月内，万宝盛华集团网站已经收到了 1000 个附有游戏技能的简历，而且第一批申请人已经被录用。

（5）随着万宝盛华集团网站上简历格式的更改，该活动也改变了万宝盛华集团，提高了其在青年求职者心目中的形象。

（6）这项活动在戛纳国际创意节上获得了两项入围奖。戛纳国际创意节拥有 30935 个全球参赛作品，是全球最大的创意大赛。在这里入围是有重大意义的——它让你跻身于全球前 3% 的机构之列。因此，企业对本次合作感到非常自豪。

项目亮点

大多数人低估了与游戏相关的技能的价值，而“在简历中增加线上游戏体验”的活动改变了年轻人和招聘公司对游戏的态度，并表明通过游戏学习到的技能在就业市场上也很受欢迎。

该活动已经有 560 万人参与，而且万宝盛华集团网站上的简历注册数量增长了 18.8%。此外，该活动受到挪威文化部部长的致辞，并在戛纳国际创意节上获得两项入围奖。

亲历者说 玛格丽特·吉尔麦登　捷恺集团合伙人

随着人力资源的简历注册变化，这项活动、使人力资源组织及其与年轻人的关系发生了持久的变化。此外，它让年轻人意识到，他们的线上游戏经验在当今的就业市场上是非常有用的。

案例点评

点评专家：叶钰　吾铭国际品牌管理顾问有限公司董事长

“在简历中增加线上游戏经验”活动发起者具有较强的深度思考和创新能力，精准地抓住了“走心”、实效和效果等公关要素，并且运用得非常到位，值得学习借鉴。

（1）定位与主题：利用前期市场调研结果导出定位和主题。游戏和电子游戏竞技已经成为世界上很多青少年最大的爱好。尽管政府在正确引导青少年方面做出了努力，但社会上对“游戏族”的态度仍有偏见，使年轻人从游戏中获得的技能和知识等未能得到有效发挥。为了给年轻人就业打开一扇窗，本案例的公关公司与有着多年经营人力资源公司充分地结合了各自的业务特点和优势，共同打造了本次活动。项目定位清晰，主题简明直接，便于传播、记忆和采取行动。

（2）内容创意：角度新颖，逻辑严谨，讲究实效。内容核心在于宣传玩游戏过程所积累的相关知识和技能可以转化到人力资源市场，鼓励年轻人在投放简历时加入其“游戏”专长。这两项主张直接与多数家庭和年轻人有关，因而吸引了广泛的关注。

（3）目标受众：选择善于使用网络的年轻群体为主要传播对象，无疑使项目大大提升了传播效率，赢得广泛媒体资源。

（4）传播形式：本次活动利用寓教于乐的线上线下体验式传播，让受众轻松感知活动的主张。

（5）品牌收获：这项双赢活动的落地执行，提高了品牌的知名度和美誉度，还促进了其业务增长和可持续发展，这的确是公关的价值所在。

"Add Gaming Experience in your CV"

Time of execution: 2018

Company name: Manpower Group

Brandname: N/A

Agency: Geelmuyden Kiese

Award Category: Golden Flag Award——2019 Best Public Influence Campaign on Global Communication

Project Summary

Together with the global staffing firm Manpower Group, Geelmuyden Kiese created a campaign encouraging people to put their gaming experience on their resume when applying for jobs. The goal of the campaign was not only to present Manpower Group to young people, but to change attitudes toward gaming and gaming experience.

Project Research

1. Project Background

Gaming and E-sport is attracting a growing global audience. Still, the skills and knowledge that young people acquire and develop through gaming has long been underestimated.

Manpower Group wanted to encourage young people to put their gaming

experience on their resume when applying for jobs, and to encourage employers to consider the relevance of gaming experience in the workplace.

2. Related Research

The statistics shows that 98% boys and 63% girls, aged 9–18 in Norway play video games. However, the skills and knowledge that young people acquire and develop through gaming has long been underestimated. Research proves that gaming experience helps develop skills and knowledge which could be transferred to the labour market. These skills are relevant in the workplace.

Project Planning

The solution was to communicate to the target group (young job–seeking people) on their own terms. Manpower Group changed the CV forms on their websites to include gaming experience. This way, gaming experience was presented to employers in the same way as working experience, education, language skills and references.

In the campaign, characters inspired by games took on the roles of the workforce to showcase the transferable qualities. These were shared through ads on the social media such as Snapchat, ads before gaming videos on YouTube, on outdoor advertising and on the streaming channel Twitch.

In addition, the campaign reached out to employers through news media and outdoor advertising. A webpage was set up to inform the audience of how gaming skills are relevant to the labour market.

Project Implementation

In order for the recruitment company Manpower Group to reach out to gamers, they highlighted how their gaming skills can open doors to a career. Manpower Group launched the campaign "Add gaming experience to your CV" by Geelmuyden Kiese.

(1) Manpower Group started by changing their registration forms, so they

could list their gaming experience as a type of skill.

(2) In a national campaign Manpower Group made different famous gaming characters try out different types of jobs.

(3) Manpower Group shared the campaign on Snapchat, as advertisements before gaming videos on YouTube, on physical advertisement posters, and on the streaming service Twitch, where they cooperated with one of Norway's most famous streamer Emzia.

(4) Meanwhile, Manpower Group coached all their recruiters on how to recognize transferable skills in gamers: Manpower Group had lectures, training and events where they got to experience gaming firsthand.

Project Assessment

(1) 50 thousand young people like visited the campaign website.

(2) Norway's Minister of Culture saluted the initiative.

(3) Many young people transformed their gaming experience into working experience.

(4) The campaign successfully reached 5.6 million people and attracted 18.8% growth in registered CVs on Manpower Group's website. Within the first month, the campaign attracted 1 thousand CVs with gaming skills, and the first applicants have already been hired.

(5) The campaign, with the change of Manpower Group's CV registration, has created a lasting change in the Manpower Group's organization and how it relates to young people.

(6) The campaign received two shortlist accolades in the Cannes Lions Creativity Festival. With its 30,935 global entries, Cannes Lions is the world's largest creativity competition. Just getting a shortlist job down here is of great importance—it places you among the top 3% agencies worldwide. We are remarkably proud of Geelmuyden Kiese's collaboration with Manpower Group.

Project Highlights

Most people underestimate the value of skills related to gaming, and the campaign "Add gaming experience to your CV", changed both young people and the recruitment company Manpower Group's mindset towards gaming, and showed that gaming skills learned through gaming are in demand in the job market.

The campaign successfully reached 5.6 million people and attracted 18.8% growth in registered CVs on Manpower Group's website. In addition, the campaign was saluted by Norway's Minister of Culture and received two shortlist accolades in the Cannes Lions Creativity Festival.

Testimonial Margrethe Geelmuyden Geelmuyden Kiese Partner

The campaign, with the change of Manpower Group's CV registration, has created a lasting change in the Manpower Group's organization and how it relates to young people. In addition, it made young people realize that their gaming experience is extremely useful in the job market nowadays.

Project Review

Ye Yu, Director of NNC Group

The communication company of the "Add Gaming Experience in your CV" campaign certainly has strong deep thinking abilities, clear purposes and resulting effects. There are some crucial elements of the campaign worth to be highlighted.

(1) Positioning and Naming the Theme：It is important that the positioning and theme of this campaign are derived from comprehensive market research. The given results showed that gaming and e–Sport have been a favourite hobby for young people in large. While some government agencies made progresses in influencing young people to prevent themselves from becoming addicts, there still are prejudices over the "players", which in fact undermines the potentials of those youth in common. As to gain more possibilities for young people when searching for jobs, and to particularly attract more public attention, the communication company partnered up with an experienced human resource brand, jointly developed this campaign through leveraging their combined advantages. The Positioning strategy and the given straight forward theme of the campaign were very memorable and punchy as well as inviting for actions.

(2) Content Strategies：Stories of this campaign are appealing and sensible. Most importantly, it has a clear purpose. The messages of the technical skills and knowledge that young people acquired and developed from gaming and E–sport could be transferred to labour markets；and encouraging young people to add their "gaming" experience in their CVs echoed with many families and young people's thoughts, which contributed to a massive public attention in results.

(3) Target Audience：Aiming at Internet–savvy young people as targeted audience, the campaign also maximized its earned media coverage while being effectively promoted.

(4) Form of dissemination：The campaign included online and off–line interactive gaming activities. As such, it brings audiences real experience and proves the messages naturally.

(5) Benefits of brands：This campaign had helped the brands raised their awareness and increased business opportunities in addition to changed public and authorities' perception of gaming. These are true value of PR efforts.

2019 最具公众影响力城市形象传播大奖

“心想狮城”香港本地化推广活动——“狂欢发烧友”和“极限挑战者”[1]

执行时间： 2018 年 12 月—2019 年 3 月

企业名称： 新加坡旅游局（中国香港）

品牌名称： 新加坡旅游局（中国香港）

代理公司： 上海晟捷公共关系咨询有限公司（Sinclair）

获奖类别： 金旗奖——2019 最具公众影响力城市形象传播大奖

项目概述

Sinclair 为新加坡旅游局（中国香港）打造全方位公关品牌策略，吸引和带领游客前往新加坡，通过战略媒体伙伴关系及创意故事内容，通过传统媒体和线上渠道针对目标客群，引发旅游者共鸣。

项目调研

近年来，旅客对旅游目的地的要求越来越高，而新加坡旅游局（中国香港）推出全新旅游品牌“Passion Made Possible”（“心想狮城”），带出热情缔造无限可能的狮城精神，凸显新加坡在国际旅游业独树一帜的地位。

新加坡旅游局（中国香港）建立了各种品牌资产，分享新加坡的真实故事

① 本文中所涉及的照片，新加坡旅游局已得到被拍摄者的使用许可。

之余，亦能勾起潜在旅客的兴趣。一系列重点影片访问了接近 100 位、代表着新加坡多元文化的新加坡居民及名人，于各大传媒平台、社交媒体以及新加坡官方网站发布，展示新加坡如何让人“心想狮城”。

在第二浪推广活动中，企业透过中国香港居民熟悉的意见领袖，重点推广“狂欢发烧友”和“极限挑战者”两个兴趣族群，并进行本地化活动；目的是让游客不是过客，加深其对该地的热情。

项目策划

1. 目标

改变中国香港本地受众对新加坡的传统认知，并带领游客到访新加坡。Sinclair 为新加坡旅游局（中国香港）制定方案带动首次来访和再次到访的游客，将新加坡的热情与目标受众联系起来。

2. 策略

Sinclair 设定了由本地洞察力、强大社交网络媒体参与度以及多媒体内容组成的综合公关活动，以创新视角增强中国香港居民到新加坡旅游的动机。聚焦于“狂欢发烧友”和“极限挑战者”的“心想狮城”首先改变固有认知，将新加坡定位为一个多层次目的地，强调了未知的体验。

（1）建立强有力的策略以提高声誉。企业强调了该品牌的核心价值——“心想狮城”，并展示了新加坡作为一个独特的目的地，根植于历史、文化、餐饮的充满冒险的体验。

（2）为第一次和多次访问新加坡的旅客创建计划。隐蔽的地下酒吧、大型俱乐部、世界级体育赛事——“心想狮城”本土化活动展示了新加坡的不同层次。

（3）利用 KOL 的影响力。通过发挥相关意见领袖的影响力，接触到目标人群，加强旅游局与其关系，并对他们的决定产生影响。

（4）策划创新和可共享的多媒体内容。策划多媒体内容，向中国香港游客介绍在新加坡不为人知的体验，并在自己的脸书页面和付费媒体频道上发布。

3. 媒介策略

KOL 和线上媒体合作。与中国香港 KOL 合作制作本地化视频内容，并在有影响力者的媒体平台分享“心想狮城”的全球宣传片。合作视频亦在新加坡旅游局官方脸书主页及其他媒体平台多方传播。

项目执行

通过数字故事发起活动，辅以强大的媒体推广、有影响力的战略伙伴关系，以及可共享的多媒体内容提高游客流量。

（1）基于洞察力的内容策略：中国香港游客喜欢像当地人一样旅行，并渴望尝试不同的文化体验。企业因而设计“心想狮城”本地化活动，突出“狂欢发烧友”和“极限挑战者”鲜为人知的经历。

（2）通过有影响力者的参与来增强社交媒体的影响力：通过对中国香港跑步运动员姚洁贞、陈家豪的亲和力、社交关注度和平台参与度的评估，确定他们为“热忱大使”，与他们合作制作本地化视频内容。

（3）通过新故事来推动媒体报道：企业通过酒吧与社交活动，冒险和文化与遗产，对新加坡的重要体验进行有针对性编辑报道。

（4）通过战略媒体伙伴关系扩大传播规模：与主要的旅游和体育在线媒体及社区页面合作宣传视频，并在媒体合作伙伴的平台上创建帖子，提高视频曝

传播影片截图

光率和参与度。

（5）展示创意内容，讲述品牌故事：以多种形式出现在官方脸书页面，保持内容多样性。

项目评估

1. 效果综述

中国香港本地受众对新加坡多样性体验加深了解，新加坡旅游知名度提升且入境人数增加。

2. 受众反应

社交媒体用户在平台上分享了积极的评论，并对访问新加坡产生了极大的兴趣。

3. 媒体统计

在 2018 年 12 月—2019 年 3 月，社交媒体总覆盖面超过 200 万人次，视频总浏览量达 100 万次，相关互动帖子总数共 12005 个。

亲历者说　文嘉欣　上海晟捷公共关系咨询有限公司总监兼业务发展主管

我们留意到中国香港旅客希望获得的旅游体验愈趋细分化，特别选择两种越来越壮大的中国香港旅客类型，“狂欢发烧友”与“极限挑战者”，并配合新加坡可以提供的旅游产品进行推广。

其中“运动迷”的活动特别成功。我们利用了微网红策略，邀请了一对本地知名运动达人以专家角度发掘鲜为人知的运动有关活动及景点，并在他们的社交媒体分享相关内容，获得的互动率非常高。加上他们在运动界的名声，许多大众媒体的运动版都有报道，产生二次传播效应，在运动界达到非常高的渗透率。

我们感受到在分众市场下，想要提升传播的互动率，内容专业性起着至关重要的作用。运动家的真实体验不是公关可以创造出来的。相信与专家合作的策略将会得到更多业界人士认可。

案例点评

点评专家：郑亚楠　黑龙江大学新闻传播学院院长、教授

本活动是集品牌形象传播、多媒体内容创建、社交及网络媒体参与的全方位公关活动。其目的是有效吸引中国香港民众关注和到访新加坡，在这个充满无限可能的国家乐享所爱之事。本活动特点如下。

（1）用品牌故事打破既有印象。

中国香港与新加坡相距不远，气候、地貌、空间大小都有相似之处，很多人觉得熟悉。本案例通过创造有吸引力的品牌故事，打破这种既有印象，展示不同层次的新加坡。邀请中国香港民众熟悉的运动员担当“热忱大使”，推动媒体报道新加坡鲜为人知的旅游体验项目，为多次和首次访问新加坡的旅客创建旅行计划。

（2）用重点推广锁定目标圈层。

企业调研旅客对旅游目的地的选择倾向性，基于对中国香港游客渴望融入当地文化、尝试不同文化体验的洞察，瞄准两个兴趣族群“狂欢发烧友”和“极限挑战者”，锁住新加坡多彩多姿的夜生活和刺激的极限活动，使其成为完美的目的地。

（3）用生活形象预热本地化活动。

新加坡旅游局（中国香港）推出全新的旅游品牌“心想狮城”，访问代表新加坡多元文化的新加坡居民和名人，制作成系列影片在各大媒体平台发布，传播了热情缔造无限可能的狮城精神，塑造了新加坡充满热忱和活力的城市形象，勾起潜在旅客的兴趣。

我眼中的宁波
——你是我的眼

执行时间：2019 年 4 月 28 日—2019 年 5 月 19 日

企业名称：宁波玖策公关策划有限公司

品牌名称：玖策公关

代理公司：无

获奖类别：金旗奖——2019 最具公众影响力城市形象传播大奖

项目概述

当你闭上双眼，你听见的世界和你看见的世界一样吗？你是否听见了勃勃朝阳，是否听见了月亮升起，是否听见了闪闪星烁？

有一群人，他们就生活在永恒的夜色里。他们用双耳聆听世界，他们用双耳感受生活，他们是视障人士，他们也是可爱的“黑暗天使”。盲人眼中的世界，是什么样的？宁波这座城市在“黑暗天使”的眼中，又有何种奇妙绚烂的色彩？

项目调研

关爱视障人士的生活，倾听视障人士的心声，还原视障人士眼中的世界，发现城市的另一种美。

项目策划

1. 目标

视障人士，这群黑暗中的天使，是城市的一部分，是社会的一部分。企业希望通过活动，带给他们一份温暖。相信，只要心中有爱，只要社会各界共同努力，定能营造一座让彼此日益幸福的城市——宁波。

2. 策略

通过线上主题活动（采访）、主题宣传片制作并推广、画作征集、线下公益主题展——“我眼中的宁波主题画展”、黑暗空间互动体验、听说电影院互动体验六大方面进行活动推广，并联合政府、公益机构组织、媒体、学校、合作团队、商业组织和非商业个体等共同发声。

3. 受众

关爱视障人士的有爱心的社会人群。

4. 传播内容

这是一场与众不同的公益展，关注短片的人、驻足观画的人、参与义卖的人、沉浸体验的人，都是生活在这座城市的人。于这群视障人士而言，或许他们与我们生活在不同的时间缝隙里，或许我们曾经走过同一座桥、同一条路、同一个街角，可在日常生活中，其他人时常忽视他们的存在。

这一场小小的公益活动想要倡议的是视障人士这个群体被更多的人关注。

5. 媒介策略

（1）宁波“善园”：“善园”承善风以传良俗，集众义而成雅园，是众善之园，故名“善园”。“善园”以原“宁波帮严氏慈善建筑群”为主题，是国内首家综合性的公益慈善平台，定位为宁波城市的慈善文化地标。2018 年 9 月“善园”获评中华慈善奖。

（2）陈效平作家：耳朵写作的网文“大神”。从 2008 年发表第一篇散文至今，已公开出版故事、散文、小说三百余万字，荣获六十多个沉甸甸的奖项，其中有中国民间艺术最高奖“山花奖”、浙江省民间文艺最高奖“映山红奖”、2013—2014 年度宁波市优秀文艺作品特别荣誉奖、第四届全国善文化微散文大赛一等奖、2017 年度浙江省网络作协重点作品扶持奖等多个重量级奖项。陈效

平个人故事集《地球隧道》入选“百年百部故事经典”。

（3）最美宁波人——“85 后”的朱莹：宁波市鄞州区潘火街道雅苑社区干部——朱莹，是位给视障人士讲电影的“光明使者”。朱莹从大学毕业后一直从事志愿者活动，主要是为视障人士“讲电影”，曾在各个县市区巡讲过好几十场电影，深得视障人士喜爱。

2014 年 12 月，朱莹认领了市里的一个微公益项目：“给盲人讲电影”。此项目同时得到了《解放军报》原副总编辑、中国学雷锋基金会的支持与认可。朱莹先后荣获海曙区“81890”年度优秀志愿者、鄞州区志愿服务先进工作者、宁波市优秀志愿者等荣誉。

（4）宁波黑乐文化传播有限公司：始终致力于为全国视障人群创作，寻求多元化就业方向，解决视障人士就业渠道狭窄的根本问题。2017 年 12 月，公司被中国慈展会认证为社会企业。公司的全部员工均为视障人士，经营黑暗空间和电商客服两大板块。

（5）发声媒体：宁波交通广播 FM939、网易宁波、《D 壹时间》地铁报。

项目执行

1. 实施细节

（1）主题活动（采访）：邀请 6 位不同职业、不同年龄的视障人士（分别是盲人作家 1 名，盲人退休阿姨 1 名，盲人推拿师 2 名，盲人淘宝客服 2 名）进行实地访谈，聊聊他们心中的宁波印象，并通过音频记录。

（2）主题宣传片制作及推广：摄制一部以访谈内容为音频素材、结合宁波城市街景和动画的与众不同的公益主题宣传影片，5 月 12 日开启线上发布宣传。

（3）画作征集：宣传片上线的同时，启动为期一周的线上画作征集活动，受众根据宣传片中盲人描述的宁波进行绘画创作，把语言文字转化为奇妙的画作并发送策展方。

（4）线下公益主题展——“我眼中的宁波主题画展”：于 5 月 19 日中国助残日在宁波鄞州万达广场，线下展出画作。

（5）黑暗空间互动体验：邀请黑暗空间团队，开展“盲人的世界”互动活动，受众可沉浸式体验视障人士生活中的黑暗世界。

宁波城市街景动画主题宣传片

线下公益主题展——“我眼中的宁波主题画展”

（6）听说电影院互动体验：邀请为视障人士“讲电影”的公益家，现场开展讲电影活动，参与者需蒙上双眼听完一部电影，通过现场电影讲解者的语言来感受电影情节，用一种全新的方式欣赏电影。

2. 项目进度

2019 年 4 月 28 日—2019 年 5 月 6 日，视障人士访谈，录制音频。

5 月 12 日，宣传片上线，线上画作征集启动。

5 月 12 日—5 月 16 日，线上线下画作征集。

5 月 19 日，开始线下公益主题展。

项目评估

线下公益主题展——“我眼中的宁波主题画展”展览共计 3 天，其间共售出 20 幅画作，现场人流达 1 万余名。微信公众号（布叽道、宁波交通广播 FM939、吃情宁波、宁波善园、宁波鄞州万达广场、鄞响、宁波国家广告产业园）推文：阅读量共计 16846 次，其他参与媒介：报纸 1 家（《D 壹时间》地铁报），App 1 家，电台节目 1 家。

亲历者说 陈倩楠　宁波玖策公关策划有限公司项目经理

视障人士是生活中常被忽视的一个群体，因此我们采访拍摄了一群生活在宁波的视障人士，创作了一部饱含温情又不失趣味的公益短片，我们想通过记录他们对生活的感知，以及对宁波这座城市的美好印象，带给人们对于这座城市、对于生活的全新视角与感知。

我们选择结合实景拍摄与动画制作作为创作本次短片的主要方式。实景能呈现给人们真实的视角，趣味的动画赋予短片活力。

我们想通过该短片，让更多的人走近他们，同时呼吁，让视障人士这个群体被更多的人关注，城市中属于他们的基础公共设施可以更完善、他们也需要更多的平等对待和尊重。

案例点评

点评专家：邵松岩　北京阶承传播顾问有限公司总经理

这是一个非常有温度的案例。因为这样的一个案例，一个城市，不仅仅是一个城，而变成了一个人，由“它”变成了“她”。

从案例传播本身来看，有点、有线、有面。点是典型人物的访谈、画展等，让“视障人士眼中的世界”颠覆人们对“世界眼中的视障人士”的认知；线是通过主题活动，让视障人士群体和爱心人士打破彼此的认知障碍，以新的视角来看待宁波、观察世界、洞悉内心；面是通过对活动广泛传播，让全社会关注到视障人士的世界，为残疾人的就业、生活提供更多的便利。

为这个案例点赞，希望更多的城市能做出更多更好更有温度的公益事件来。

全国大学生机器人大赛 ROBOTAC 赛事

执行时间：2019 年 7 月 12 日——2019 年 7 月 14 日
企业名称：全国大学生机器人大赛 ROBOTAC 赛事组委会
品牌名称：2019 全国大学生机器人大赛 ROBOTAC 赛事
代理公司：广州观德公关顾问有限公司（简称观德公关）
获奖类别：金旗奖——2019 最具公众影响力城市形象传播大奖

项目概述

2019 年在广州市黄埔区，观德公关策划筹备全国大学生机器人大赛 ROBOTAC 赛事，这是中国原创的国家级机器人科技竞技赛事，在活动中满足多方不同层次的需求，同时在传播上更具有策略性和全球性。

项目调研

机器人产业年产量与需求逐年增长，机器人产业的发展极受重视，在未来，机器人产业将会对我国经济的发展产生重大的贡献。而作为高新技术产业，其发展不单倚靠企业投入，更需要人才培养，多方通过各种不同的方式提高机器人相关学科的教育和教学水平，其中就包括三大新兴智能科技运动之一的机器人竞技比赛。全国大学生机器人大赛 ROBOTAC 赛事，是中国原创的国家级机器人科技竞技赛事，是共青团中央和全国学联主办的赛事项目，已被列入高校学科竞技评估排行榜，是国内高校极具分量的机器人竞技比赛。广州正大力发展新一代信息技术、人工智能、智能装备产业，举办如此具有分量的机器人竞技比赛，可以为广州对外树立更高的科技地位。

项目策划

1. 目标

本次项目传播以赛事自身为中心，以赛事延展活动为辅助，通过挖掘赛事自身亮点与其背后的办赛理念，在多层次媒体渠道进行传播，影响更多目标受众了解并关注赛事，在扩大赛事知名度的同时带出举办地相关信息，提升举办城市形象。

2. 受众

对科技、教育感兴趣的年轻群体；本地科技、制造企业。

3. 传播内容

（1）活动前期：在预热传播上运用了预热稿件，在各大门户网站对赛事进行介绍，制造悬念，同时搭配了倒数海报与 10 秒预热小视频，让受众直观地通过视觉呈现了解赛事，从而对赛事产生兴趣与关注度。

（2）活动期间：传播没有局限在单纯的赛况上，通过全方位对赛事的报道与内容（开幕式、产业论坛、比赛、闭幕式）传播，让传播受众从多个层面与角度了解赛事与其衍生价值。活动期间赛事的传播范围覆盖了国内国外多个主要平台。从各主要门户与科技教育网站，到权威的行业 App 自媒体，再到国外知名的资讯与财经网络媒体，通过由内到外传播，逐步将赛事的影响力扩大，直接触达最终的受众人群。

（3）活动后续：为延续赛事的长尾效应，后续传播内容主要集中在品牌稿件与赛事花絮视频上，通过主要门户网站，科技类、教育类媒体与科技教育类 App 自媒体进行大范围传播，深化并提升赛事在受众群体里的品牌形象。

4. 媒介策略

通过 App 自媒体、国外资讯与财经类媒体（雅虎等）等多元化（内容与角度）、多层次（专业与大众）的传播铺垫，提升赛事在特定领域内的知名度，同时围绕赛事理念，提升整体赛事与举办地的品牌形象。

项目执行

3 月—4 月：写活动方案初稿、活动方案定稿。

4 月—5 月：进行场地勘测、场地规划、人员后勤执行规划、负责人对接、传播规划、物料设计与制作等工作。

6 月：再次勘察活动场地，修改场地规划、物料设计、物料规划，安排后勤人员，延展活动规划，确认场地内部布置，邀请媒体，预热传播。

7 月 1 日—7 月 14 日：赛事爆发期传播、赛事执行。

7 月 14 日—7 月 20 日：赛事延续传播。

项目评估

1. 效果综述

本次全国大学生机器人大赛 ROBOTAC 赛事无论从赛事的有序性、传播的全面性和整体性，还是从赛事的整体视觉化包装上，都做到了明显升级。

2. 受众反映

现场上座率高达 85%，观众反应热烈，小朋友在观赛现场皆表达了对比赛的喜爱。

3. 市场反应

市场反应良好，赛事合作赞助商包括企鹅直播、技诺咖啡、华润怡宝饮料（中国）有限公司等，赛后合作商表示未来有继续合作的意向。

4. 媒体统计

受到各大媒体的报道，其中 CCTV5（中央电视台体育频道）、广东电视台等各大重点电视媒体报道，同时 65 家网络媒体发布赛事新闻，不同媒体在多个平台赛事报道量达 213 次。开设网络直播，是多家直播平台首页推荐的赛事，2 天比赛的网络直播浏览量超 26 万次。

亲历者说 姚文俊　广州观德公关顾问有限公司项目经理

从第一天的启动会议开始，我就一直期待着正式比赛的到来。相比以往参与过的体育赛事活动，本次赛事对我来说是一个完全陌生的项目，但正是这个原因，让我对这个项目产生了更多的想象空间。办赛都是细碎且疲惫的，但它带给赛事组织方的体会和感受是与众不同的，是很奇妙的。我本身也是体育运动的热衷者，当我的角色是公关公司赛事类项目的负责人时，我更期望运用我的专业能力，让更多人享受比赛，懂得比赛乐趣，并且让比赛可以在城市形象塑造、品牌营销和文化建设上发挥它的魅力。

案例点评

点评专家：郑威　华硕电脑中国业务总部副总经理兼新闻发言人

大学生是未来推动社会进步的重要人群之一，此案例则主要聚焦这群年轻的大学生，通过比赛激发参赛学生的创新思维能力，提高其科技知识水平，同时结合举办地的特色和优势，将地方产业特点融合其中，让参赛者、关注者在关注赛事本身时了解了城市的特色和魅力，与金旗奖——2019 最具公众影响力城市形象传播大奖倡导的理念高度契合。

而此案例除了赛事本身外衍生出国际教育产业论坛，聚集了各国高校的科技领域学者，并通过全媒体的立体传播让赛事在国内外都有不错的传播声量，做得很稳健扎实。相信在赛事持续举办的影响下，在科技的推动下，将会有越来越多的业内和社会人士对智能、科技和城市的结合更加关注并产生影响。

第八届国际家政员工节

执行时间： 2019 年 8 月 6 日

企业名称： 好慷（厦门）信息技术有限公司（简称好慷）

品牌名称： 好慷在家

代理公司： 厦门幕厚文化传播有限公司

获奖类别： 金旗奖——2019 最具公众影响力城市形象传播大奖

项目概述

“为每个人，更为每个家”是国际家政员工节向大众传输的价值与主题。国际家政员工节举办第八届，2019 年的活动相比往届规模更大、受众更广。

活动分 32 个城市分会场，五大分会场及厦门主会场。企业针对不同城市，策划不同的营销方式，其中的五大一线城市地标楼体广告投放，五大分会场千架无人机表演与主会场的大型实景烟火秀，形成联合致敬家政从业者的事件营销，增加社会大众对第八届国际家政员工节的关注。

项目调研

随着国内市场经济的发展、老龄化程度不断加深、社会分工日益细化，家政行业顺势而生，是“大有可为”“一举多得”的产业，既促进就业，也满足人们日益增长的现实需求。家政行业是“小切口、大民生”的体现，对整个社会的和谐稳定起到了重要作用，加快发展家政服务业，就是保障和改善民生。

活动现场1

但目前家政产业面临有效供给不足，行业发展不规范，群众满意度不高，人力成本上升及少量社会不良事件，导致就业者得不到尊重，无法引入人才。

家政行业受国家重视，2019 年 2 月 20 日召开的国务院常务会议提出，促进家政服务扩容提质，并从促进家政服务企业进社区、推进家政服务标准化等四个方面明确了具体措施。6 月 26 日，《国务院办公厅关于促进家政服务业提质扩容的意见》（国办发〔2019〕30 号）发布，提出要从教育层面提高家政从业者的专业技能，从就业环境给从业者带来幸福，最终实现家政职业化。

好慷率先接受国家对家政行业的号召，借国际家政员工节这个平台展现其在提质扩容、行业的职业化和专业发展上的新进步和新建树，以促进社会对家政从业者的认可与尊重，让家政从业者的工作和生活更轻松便捷，向社会输出更专业的服务。

项目策划

1. 目标

（1）2019 年要做到全民关注这个节日，借多城欢庆之势形成事件营销，增加第八届国际家政员工节的热度和关注度，让家政从业者感受到自己的重要性，

增强家政从业者的幸福感及对好慷在家的归属感。

（2）改变大众对家政行业的刻板印象，展现出家政行业的职业化、专业化。

（3）通过此次整合传播，吸引更多人才投身家政产业。

（4）增强好慷在家的品牌影响力，吸收更多“粉丝”，开拓潜在客户。

（5）通过整合传播制造厦门热点，展现厦门形象，提升厦门影响力，助力厦门家政产业的发展。

2. 策略

主要策略为以联动为基础，以打造“城市事件”为爆点。其中，策划联动 32 个城市同步庆祝；联动主会场厦门和五大分会场（青岛、南京、广州、武汉、成都）；联动“头部”明星艺人为第八届国际家政员工节助力打 Call；联动“腰部”城市 KOL 助力发声。

在五大分会场，策划地标空域无人机表演，打造城市热门事件；在主会场，策划大型艺术烟火晚会，打造城市热门事件；在一线城市投放地标楼体广告，增强传播度。

3. 受众

核心受众群体：全体家政从业者。辐射受众群体：除家政从业者之外的社会各界各层人士。

4. 传播内容

（1）重复强调“8・6”这一国际家政员工节的特殊符号。

（2）主办方好慷对家政行业的新助力。

（3）向家政从业者的致敬。

5. 传播策略

（1）借助城市地标，进行楼体广告投放及无人机表演，增强全民关注度。

（2）通过公交广告、分屏广告、电梯广告等进行节日推广。

（3）开发线上互动 H5，增强全民互动效果。

（4）通过明星线上联动，城市 KOL 助力海报及倒计时海报，拉长节日热度线。

（5）通过大型震撼表演（实景烟火秀），引发城市热点话题，收获广泛关注和讨论。

（6）多种媒介联动传播：利用朋友圈、微博、抖音、头条、微信公众号等形成话题爆点，后续通过电视台播放录播视频，再获市民关注，巩固热度不流失。

项目执行

1. 实施细节

（1）活动预热期：节日启动前 10 天，通过官方微信平台发文预热，用制造悬疑卖点及发放福利等“吸睛”方式获得关注度；在人群密度大的环境投放分屏广告，推广节日；活动启动前 6 天，全网推送倒计时海报、城市 KOL 助力海报，营造关注热度。

（2）活动爆发期：选择在五个大城市的地标建筑上投放楼体广告。活动期间利用线上互动 H5、照片直播、节目直播等方式，增加全民互动。节目表演尾声期，在五大分会场的地标建筑附近启动无人机表演，展示关联节日的文字和图案，同时分会场表演连线主会场厦门，与厦门主会场烟火秀同步进行，产生联动庆祝效果，引发全民关注。

2. 项目进度

（1）7 月 25 日，官方公众号、微博向全网推送预热文章。

（2）7 月 31 日—8 月 6 日，联合多个媒介放送倒计时海报及城市 KOL 助力海报，在城市多个角落投放分屏广告。

（3）8 月 6 日，五大城市投放楼体广告，五大分会场连线主会场同时开启无人机和烟火表演。活动结束，在各大自媒体平台投放热点视频。

（4）8 月 7 日—8 月 10 日，联合多媒体平台，发文发帖报道节日内容及其背后意义。

（5）8 月 8 日，海峡卫视全网播放第八届国际家政员工节录像。

项目评估

1. 效果综述

第八届国际家政员工节圆满举办。

第一个圆满：32 个城市之间，主会场与分会场之间联动圆满。第二个圆满：

致敬圆满。无人机的致敬、烟火的致敬都形成很好的传播效果。第三个圆满：体验者的圆满。超过 3 万人直接参与了活动。第四个圆满：通过节日向外界传输好慷在家品牌价值观，达成更多人关注家政行业的效果。第五个圆满：活动结束，烟火表演带来城市热搜，提升厦门城市影响力。

2. 现场效果

32 个城市会场：组织快乐旅程，3 万名家政人员带领家人沉浸美好时光。

五大分会场：于城市地标建筑上空放飞无人机，组合形成节日主题的文字和图案，引起大众关注。

主会场：主会场实景烟火艺术晚会，节目篇章设计巧妙，调动全场热情。发言环节，通过好慷创始人李彬的讲话增强家政从业者的归属感、骄傲感。明星互动环节，激发从业者对家政行业的自信心。节日的最后以震撼全城的烟火秀收尾，激发了全城对事件的关注，同时推广了厦门这个城市。

3. 受众反应

此次活动的匠心制作和精彩呈现，让参与的家政从业者感到被重视，他们很感动，这增强了他们的幸福感和对职业的自信心，这同时增强了他们对好慷

活动现场 2

的归属感。

4. 市场反应

提升好慷在家品牌影响力，全网对第八届国际家政员工节及好慷在家的搜索次数成倍激增，活动在家政行业中的点击量、搜索量、观看量第一，远超其他家政品牌活动。

5. 媒体统计

（1）参与报道媒体数量 200 多家。

（2）平台曝光量、阅读量及直播点击量破千万次，且呈继续增高趋势。

（3）人民网、东南网、厦门网、搜狐、新浪等网络媒体为此次事件发稿报道。

（4）媒体指数高于其他家政品牌数倍。

（5）相关微博话题讨论量 2.2 万次，阅读量 2.2 亿次，累计转发量破百万次。

（6）辐射 30 余个城市，惠及 3 万余名家政人员。

项目亮点

（1）辐射城市多，参与人数多，是一个企业参与、社会参与的全民关注性节日。

（2）线上线下联动，开展多城联动的发酵式整合传播。

线上，开发互动 H5，连接社会大众，吸引他们在平台留言互动，设置直播功能，外界可一睹精彩现场，福利与彩蛋环节激发群众参与，公益板块吸收更多社会人士为家政行业伸出援手，起到全方位的营销与传播作用。

线下，组织 32 个城市家政员工的快乐旅程，统一服装、统一物料、统一宣传、成群游玩，打造行业盛会，引发社会关注。

联动式整合营销，为传播效果加分。五大分会场连线主会场同步启动无人机和烟火秀表演，成为大型事件的新方向。无人机致敬彰显科技与艺术的融合魅力，烟火秀的磅礴绚丽激发全民关注，活动占据多网热搜。

（3）本次活动首先传播了城市形象，以烟火秀为爆点的营销传播，增加厦门城市的知名度，向外界输出厦门对家政行业的支持和鼓舞，起到了传播

城市营商环境的作用。可见这是一个既传播城市形象也传播城市营商环境的整合传播项目。

亲历者说 王政国 厦门幕厚文化传播有限公司总制作兼制作人

这是我们第二次运营国际家政员工节，2018 年我们在厦门集美放飞无人机来致敬家政从业者，同时获得吉尼斯世界纪录。节后我们发现，除了对家政行业产生影响外，我们意外推动了厦门市集美区的形象传播。后续集美区将活动的部分录影剪辑入招商宣传片中，反馈极佳。

在 2019 年，我们再拿到项目的时候，尝试跨越节日本身，利用城市作为促发大众和媒体的焦点。因此，我们除了主会场外，增设了五大分会场来共同联动事件影响。

打通大众和事件的点是烟火和无人机，分会场用无人机源于我们之前的经验。主会场我们大胆地使用了烟火。另外在多个城市分会场我们通过线上平台把它们和主会场联动起来。其中，主会场的实景艺术烟火晚会是厦门集美多年来的首次烟火表演，活动当天，更是把厦门推上了热搜。

案例点评

点评专家：于剑 雅诗兰黛中国区政府事务总监

此次活动，让我再次感受到中国公关行业整体水平的进步。和之前的金旗奖案例相比，现在的案例水平进步神速。

比如第八届国际家政员工节，主题明确，策划周全，传播途径广泛高效，是一个非常好的传播案例，值得同业人员学习。

随着中国经济发展，人们对家政人员的需求也越来越大，庞大的市场需求和供给端低水平不匹配是制约行业发展的痛点。解决这个问题，是举办这个节日的初衷。

家政行业是“小切口、大民生”，为了能得到社会广泛认同，我们应该大力推广此类活动。

这一次，主办方运用无人机表演、烟火秀等方式，联动30多个城市，再一次将国际家政员工节推向公众视野。

2019 最具公众影响力
最佳内部沟通大奖

周大福珠宝集团九十周年峰会

执行时间： 2019 年 4 月 7 日—2019 年 4 月 12 日
企业名称： 周大福珠宝集团（简称周大福）
品牌名称： 周大福珠宝集团
代理公司： 缪世摩尔（广州）品牌管理有限公司
获奖类别： 金旗奖——2019 最具公众影响力最佳内部沟通大奖

项目概述

在周大福 90 周年之际，周大福以“传 · 创 · 共享”为主题，于 2019 年 4 月 7 日—2019 年 4 月 12 日在星梦邮轮（世界梦号）上开展了会议、颁奖、酒会、团建等一系列活动，行程共 6 天 5 夜。邀约对象包括周大福领导、员工，长期合作供应商伙伴、加盟商伙伴。从未来感电影海报拍摄及开通专题公众号等前期宣传工作，到船上活动执行，共计 12 个子项目诞生在整个项目中。整体活动形态年轻化、多元化，把品牌 90 年来的传统传承之美、创新创意之路、分享共享之心，转化为一套极具“90 后”态度的沟通语言，让整个品牌的产业纽带内所有参与者，产生更深的情感共鸣，更深度解读“传 · 创 · 共享”这个峰会主题。

项目调研

每年的峰会都由丰富多彩的活动组成，比如大气的颁奖典礼、精彩的项目发布会以及演唱会舞台美术级别的联欢晚会等，每一次都在打造超越往届的极

致体验。周大福在迎来 90 周年华诞之际，选定于邮轮上举办峰会，一场尝鲜体验之旅正式开启。星梦邮轮是首个亚洲本土豪华邮轮品牌，而世界梦号作为星梦邮轮品牌旗下的豪华邮轮，在市场上运营只有约 2 年，对于服务包船出游的品牌客户，当时仍处摸索阶段，对于活动策划执行的统筹方而言，这是一场巨大的挑战。在有限的场地空间中，如何保证 10 多个活动的风格调性、体验、互动方式都带来全新惊喜感受？如何灵活运用邮轮空间、设施、设备？如何合理安排领导出席活动和流程彩排？如何在网络信号不佳的海上，保证活动照片和传播素材能在最短时间内发布？

项目策划

子项目一：90 周年主题海报拍摄——未来感、科幻、电影。

以“探索，扭转未来”为灵感，邀请影视特效化妆师、先锋摄影师、电影海报后期团队，创作极具科幻质感的时尚大片。三大集团董事身穿宇航服跳跃时空，一众高管化身宇宙领航员探索未来。

子项目二：荣耀盛典——隆重、荣耀、感动。

以“帝王花”作为视觉载体，凸显荣耀之感。通过深度挖掘销售精英与管理精英背后的案例和故事，再现传承至今的精英精神。重点突出加冕时刻，通过生动的故事演绎和隆重正式的氛围，让与会者产生信念与情感的共鸣，形成价值认同。

子项目三：供应商大会——新中式、轻松。

本次供应商大会以竹作为主视觉代表元素，竹象征着坚韧专注、蓬勃向上、富足的美好寓意。除常规致辞和表彰环节外，企业为每一位与会来宾现场准备了一套手工竹编圆环，通过简单的制作后，邀请所有人上台把作品放置于“竹树”形态的装置上，融汇所有人的圆环组件，成了一个艺术美陈置景。

子项目四：项目吐槽（推介）会——活泼、幽默、综艺化。

本次项目吐槽（推介）会以仙人掌作为主视觉元素，其充满尖锐感的外表下却拥有强大生命力，周大福以综艺形式举办项目推介会，通过新颖幽默、年轻化的吐槽文化，让企业各层代表员工自由提出在推广相关工作中遇到的问题，每个部门高层领导总结探讨，进而架起员工与企业的情感桥梁。

子项目五：王者盛宴——华丽、优雅、仪式感。

本次王者盛宴以牡丹花作为主视觉元素，因为本场晚宴的主角们均是年度销售王者，利用牡丹花来表彰他们在销售工作中的出色表现。现场置景以巴洛克风格为主，华丽尊贵。对王者盛宴的每一个流程和细节都严格把控，追求每一处都让参与人群体验无限荣耀，感受到尊贵身份。

子项目六：加盟商派对——电音、狂野、迷幻。

本次加盟商派对以蕨类植物为元素，融入幻彩设计。蕨类植物不论何种地域环境，都容易蔓延生长的特性，代表着周大福与加盟商不断开拓市场版图。流程环节创意结合颁奖与游戏，为加盟商合作伙伴带来一场野性十足的狂欢派对。电音派对全场互动，配合 DJ（唱片骑师）现场打碟、特型演员互动、大型泡泡池、互动气球等，惊喜不断。

子项目七：多品牌推介会——热情、积极、欢乐。

本次推介会以向日葵作为主视觉元素，取其向阳而生之意，向日葵代表周大福多品牌发展战略之势。各子品牌负责人以不同风格的歌舞剧方式，演绎不同品牌的故事，诠释别样的品牌态度。区别于平常的推介会内容，整体舞美编排丰富，让每一位内部员工及加盟商代表，以更娱乐化的方式，读懂每一个全新的品牌。

子项目八：精灵派对——亲子、趣味、玩乐。

整体以“精灵岛”故事作为序章，贯穿整个派对。为员工及其家人创造各式主题互动摊位，将每一位“周大人”和小小冒险者们带入派对主题氛围。“精灵巡游”环节配合轻松愉快的音乐，加强现场游园效果。

子项目九：精英分享会——诙谐、风趣、次元感。

本次精英分享会锐意创新，由千万级销售及业务经理组成的精英特工进行提案，以故事案例讲述销售、经营等方面的成功经验，形成榜样力量。共同讨论分享案例及方法，进一步形成销售经营等方面的传播力，促进销售店员的业绩提升。视觉包装上专门拍摄特工大片，使其表现形式更具综艺感，摒弃以往枯燥单一的销售培训会议方式。

子项目十：“90 能说 go 汇道”——激烈、竞技、脑洞大开。

本次“90 能说 go 汇道”项目以食人花作为主视觉元素，开创周大福首档辩论综艺节目，形式创新，让员工敢于发声，多维度去看待事情。前期设有集训环节，邀请专业辩论导师进行指导，在初赛阶段设置非常多尖锐且能反映基层所思所想的题目，其中包括“在工作中，会做事更重要，还是会汇报更重要”“在工作中，运气更重要，还是实力更重要”“面对领导的求生欲测试，做自己还是演戏”等让人拍手称赞的大胆辩题，以环环相扣的赛制角逐出最强 16 人，分成 4 支战队，进行船上巅峰之战。最终，以本次峰会主题“传·创·共享”衍生出决赛与总决赛辩题“人工智能是不是成就人”“现实社会是共享好，还是独享好”，让辩手围绕主题畅所欲言，同时让其对主题有更深层次的理解。

子项目十一：慈善午宴——欢愉、公益。

本次慈善午宴，在轻松愉快的午餐聚会时光中加入公益竞拍等慈善元素，来自全国各地的周大福亲朋好友齐聚一堂，分享周大福 90 周年华诞喜悦的同时为公益助力，拍卖产品均为限量款，嘉宾热情高涨，践行周大福的企业使命和“取诸社会，用诸社会”的信念。

子项目十二：甲板烟火派对——激情四射、狂欢。

本次甲板派对整体调性以科技、未来感呈现，融合银色及镭射元素，展示出品牌时尚潮流愿景。各地区提供一个精彩节目表演，开放式的活动现场拉近了高层领导与员工的距离，他们共同驻足于甲板观看璀璨绚丽的烟火表演，共享美好的绽放时刻。

项目执行

1. 执行架构情况

船上涉及活动执行日有 4 天，共计 11 个落地项目，受众超过 3000 人。其间需协调的对接方众多，包括品牌方、邮轮（场地方）、旅行社、海关（中日两地）、执行技术团队等。

2. 执行人员情况

前期项目筹备组人员超过 60 人，登船参与执行人员超过 120 人。

3. 执行要点概述

（1）沟通执行：船上直播运营团队、餐饮团队、AV 设备团队均为外籍人士，需要用英语沟通；另外涉及日本报关事宜，需要使用日语沟通。

（2）多方合作运营推进：多方分管嘉宾不同板块，包括交通、餐饮、当地游等，公关公司作为活动策划统筹方，也是信息汇总方。

（3）11 个项目 4 天完成：执行高峰期为 4 月 8 日，1 天执行 5 个项目，子项目二至子项目六同一天进行。

（4）120 天项目筹备：从创意方案到执行落地共计约 4 个月时间。

（5）128 人：包括执行团队、搭建技工、美陈师、导播团队、AV 团队、摄影摄像团队、化妆造型团队、外籍特型演员、导演及舞蹈团队等。

（6）113 条视频制作：单拍摄日程共计超过 22 日，后制时间 2 个月。

（7）350 项设计：共安排了 8 名设计师负责整体视觉包装设计。

（8）617 项物料制作及采购：物资总占用仓库超过 100 平方米。

项目评估

1. 现场效果

本次峰会主要目的是弘扬“传·创·共享”，通过年轻化的形式，综艺感十足的创意环节，激发员工们的创造力与想象力。所有项目参与人数均超出原定人数，多个项目出现观众过多，需要在邮轮大堂设置分会场转播，满足大家参与热情的情况。

2. 受众反应

一众与会嘉宾表示从来没有参与过内容如此丰富的峰会，每一天的惊喜都应接不暇。其中项目吐槽（推介）会被周大福的一位董事公开点评：“这是我职业生涯里面参与过最有趣的一次会议。”

3. 市场反应

与会嘉宾中有大量珠宝业界的深度从业者，更有大量前线的销售精英通过自传播渠道让行业、消费者了解到周大福珠宝集团九十周年峰会精彩纷呈的内容，感受到品牌形象；同时，邮轮运营方通过这一次的合作打造了全新的服务体系，为后面更多希望购买包船服务的品牌，提供了一套完整的合作模板，树立了行业典范。

项目亮点

一次品牌张力的释放，一次内部职员间交融分享的深度碰撞。

一个特殊的场地，一场执行极限的挑战。

亲历者说 **李嘉欣　缪世摩尔（广州）品牌管理有限公司项目总监**

我们第一次亲身走访企业各个部门，聆听那些所谓的“吐槽”之事，且受到大家的热烈欢迎；第一次见证多人哭泣的拍摄场景，包括那些在周大福工作超过 25 年的员工，那些与周大福携手走过 10 多年的加盟商，因为真实，影片温暖且动人；第一次感受邮轮在巨浪中前行，超过一半执行人员边晕船边呕吐，但依旧坚守执行岗位。

案例点评

点评专家：黄志湘　环球影业中国区对外事务副总裁

这是一个较大型、周期偏长、参与方多元、场景独特的内部公关活动。活动的成功举办凸显了活动团队的超强领导协调能力和极限执行能力。

主题“传·创·共享”既诠释了珠宝产品有关传承、创意的特质，也寓意着周大福承前启后、凝聚全员的企业文化。

十余个子项目针对参与群体的不同特点，选用各自不同的主题、调性和形式，看似各自独立，但以各种植物的视觉印象关联成一个整体。

可圈可点的是，意外的多人哭泣拍摄现场画面，表明这一活动已得到升华，这不是一个热热闹闹的内部公关活动，而是成功引爆共鸣的一次深度情感沟通。

新媒体时代，每个人都是一个自媒体，自带流量。成功的内部沟通其后完全可以转化为一次企业文化的对外传播。

7 "未来，我们来"品牌升级[①]

执行时间：2019 年 3 月—2019 年 6 月

企业名称：霍尼韦尔（中国）有限公司

品牌名称：霍尼韦尔

代理公司：无

获奖类别：金旗奖——2019 最具公众影响力最佳内部沟通大奖

项目概述

霍尼韦尔启动品牌升级，员工沟通是品牌升级之路的关键一步。霍尼韦尔庞大的员工基数与分布，向对内沟通提出挑战。企业设计一系列沟通环节，内部全平台覆盖、线上线下联动，得到非常好的对内对外宣传效果。

项目调研

在百年发展历程中，霍尼韦尔从未停止过创新的脚步，品牌内涵也不断与时俱进。万物互联时代，霍尼韦尔迫切需要向利益相关者，诸如客户、媒体、合作伙伴、求职者乃至普通公众传达新的品牌愿景——霍尼韦尔致力于成为软件和工业技术的领导者，并将在塑造未来的道路上继续扮演引领者的角色。

在这个背景下，以"未来，我们来"（THE FUTURE IS WHAT WE MAKE

① 本文中所涉及的照片，霍尼韦尔均已得到被拍摄者的使用许可。

IT）为主题的霍尼韦尔品牌升级应运而生，霍尼韦尔将 2019 年 5 月 16 日定为品牌升级启动日，正式吹响品牌升级的号角。

如果员工意识到公司品牌正在推进的变化，并接纳认可其内涵，从而身体力行成为品牌升级的推广者，那么毋庸置疑，一定会为对外宣传霍尼韦尔品牌升级提供巨大的助力。

项目策划

1. 目标

（1）意识：了解公司做出的改变，知悉品牌升级关键信息及其内涵。

（2）认同：为在霍尼韦尔工作而感到自豪，认同自己工作的价值是在创造未来。

（3）倡导：每一位员工都是品牌升级传播大使，支持并向外部受众倡导霍尼韦尔的品牌愿景，包括客户、合作伙伴、潜在招聘对象等。

2. 受众

全国 30 余个城市、40 余个办公室及工厂约 1.1 万名霍尼韦尔员工。

3. 传播内容

（1）主题："未来，我们来"（THE FUTURE IS WHAT WE MAKE IT）。

（2）关键信息。

世界不断变化，霍尼韦尔也在不断改变，致力于成为软件和工业技术的领导者，并将在塑造未来的道路上继续扮演引领者的角色。公司员工都是"未来的创造者"（Futureshaper），是大不同的创造者、梦想者，也是践行者。作为品牌升级活动的参与者，员工应当把客户作为工作重心并推动创新，让公司能够从市场上脱颖而出。

4. 媒介策略

（1）内部传播平台全覆盖：内部邮件，官方微信，员工大会，办公园区及工厂显示屏、易拉宝背景板布置等，让员工线上线下都浸润在品牌升级的氛围之中。

（2）充分发挥基层的传播网络。利用公司 40 余个办公园区与工厂的基层传播工作群，基层传播小伙伴帮助自下而上地做"地推"。

（3）通过员工在微信传播，获得大量品牌升级曝光。

（4）媒体报道。

项目执行

1. 前期预热：2019 年 1 月 —2019 年 5 月

（1）霍尼韦尔领导层召开中国员工大会，预告品牌升级即将到来。

（2）制作汉化品牌升级员工故事 #Futureshaper 系列视频。

（3）通过内部邮件面向霍尼韦尔中国全体员工征集品牌升级 #Futureshaper 主题照片，并制作成滚动播放视频。

（4）制作并向霍尼韦尔中国所有办公园区及工厂发放包括 #Futureshaper 主题 T 恤在内的宣传物料。

（5）霍尼韦尔官方微信员工平台前期筹备。

霍尼韦尔“未来，我们来”品牌升级活动现场 1

2. 启动当天：2019 年 5 月 16 日

（1）线上：霍尼韦尔官方微信员工平台对外正式上线；品牌升级 #Futureshaper 系列视频全面上线霍尼韦尔内网，在中国所有办公园区和工厂显示屏中全天不间断滚动播放。

（2）线下。

1）#Futureshaper“科学家派对”。10 余名霍尼韦尔科学家和企业高管作为 #Futureshaper 代表，围绕互联飞机、互联工厂、互联建筑、互联零售四大领域，带领上海交通大学、华东理工大学等高校学生一起探索霍尼韦尔创新互联方案，

霍尼韦尔“未来，我们来”品牌升级活动现场 2

霍尼韦尔“未来，我们来”品牌升级活动现场 3

与学生分享在霍尼韦尔参与科技研发的故事和心路历程，并通过媒体报道这一事件。

2）#Futureshaper 主题打卡。在霍尼韦尔全国各办公园区及工厂设立主题摄影角，提供背景板及道具，鼓励员工以个人或集体的形式留念。

3）组织员工观看总部品牌升级启动大会回放。

4）在上海、北京主要园区开展午间主题活动，携手工会旗袍社、舞蹈社、摄影社为品牌升级造势。

项目评估

霍尼韦尔中国员工大会及回看累计触达 8000 余名员工；#Futureshaper 系列视频累计触达 11000 余名员工；#Futureshaper 主题照片征集（预热）累计 1900 余名员工参与；#Futureshaper 主题打卡（启动当天）累计 1500 余名员工参与；3300 余名员工在朋友圈上传定制了 #Futureshaper 海报并在朋友圈进行了分享；#Futureshaper “科学家派对”，80 余名员工参与，其中 10 余名员工参与分享，40 余名高校学生和 10 家媒体参与；#Futureshaper 午间活动（上海、北京）累计 1200 余名员工参与；上海科技节霍尼韦尔活动媒体报道 40 多篇。

亲历者说 唐鸣君　霍尼韦尔（中国）有限公司传播部经理

我们的沟通方案是从意识、认同、倡导这三个层面入手的。

在意识层面，员工相当于民间的传播“火种”，是“行走的广告牌”，当被问到的时候，他们可以对事先给到的品牌升级的关键信息进行讲述。

在认同层面，人永远是传播中打动人心的部分，当员工们看到视频里平时一起工作的同事们的故事，他们就更容易感同身受。

在倡导层面，鼓励员工自由发挥，赋予员工一种“我也是品牌升级的主角”的感觉，进一步激发他们的认同感与自豪感。社交媒体时代，每一个人都是一个媒体，这样的形式也充分发挥了员工们的传播影响力，从而获得了非常好的传播效果。

案例点评

专家点评：王晓晖　国际关系学院文化与传播系副教授

该项目最大的亮点在于执行到位。品牌升级不仅要得到员工的认可，更要促使员工成为品牌升级的推广者。霍尼韦尔在中国有大约 1.1 万名员工，分布在 30 多个城市的 40 多个办公室和工厂。庞大的员工数量和分散的分布，对内部沟通提出了极大的挑战。项目旨在让员工在三个层面充分参与品牌升级的内部沟通，执行重于创意。霍尼韦尔的这个内部沟通项目，线上线下相结合，覆盖企业内部传播的所有平台，并创造性地利用基层传播网络——基层传播工作群，从而实现"自上而下"与"自下而上"的对接。为适应员工对社交媒体的重度依赖和使用，霍尼韦尔在官方微信上特别定制了一个员工平台，员工可上传自己或团队的照片，生成一张含有此次品牌升级主视觉设计元素的专属海报，该海报可以保存本地及分享至微信朋友圈，并获得积分，参与排名，从而极大激发了员工参与的热情和积极性。

霍尼韦尔的这个内部沟通项目，跳出传统的宣教模式，充分调动员工的积极性、提升他们的参与感，不仅赋予员工一种"我也是品牌升级的主角"的感觉，更将员工转化为"品牌升级传播大使"。霍尼韦尔的这一波操作，可谓平凡之中见真章。

与索菲亚携手创造美好生活①

执行时间：2018 年 4 月—2019 年 3 月

企业名称：索菲亚家居股份有限公司（简称索菲亚）

品牌名称：索菲亚家居

代理公司：上海奕远公共关系顾问有限公司广州分公司

获奖类别：金旗奖——2019 最具公众影响力最佳内部沟通大奖

项目概述

索菲亚在中国的员工及经销商总人数突破 3 万名，企业通过拍摄两部微电影——沟通篇《沟通，让生活更美好》和用心篇《用心，让生活更美好》，获得了索菲亚员工的高度参与和主动分享，增强了内部员工对企业的信心和认同。

项目调研

1. 内部挑战

索菲亚在中国拥有 3 万余名员工及逾 3500 家的线下门店，面临内部沟通的重大挑战。由于行业竞争激烈、人员流动性较大，员工的归属感普遍不高。对于索菲亚而言，建立起员工、经销商对公司及品牌的认同感和归属感，提高员工的忠诚度，已经成为企业建设的重中之重。

① 本文中所涉及的照片，索菲亚均已得到被拍摄者的使用许可。

2. 前期调研

为了解公司员工和经销商的人员基本情况，探寻更为合适、有效的沟通渠道，索菲亚前期在公司内部进行了系列调研。

（1）调研对象：全体相关员工。

（2）调研结果：总部员工总数超过 1 万人，工厂工人达 800 人。销售人员总数超过 2 万人，分布在全国超过 3500 家门店。70% 的员工是 30 岁以下的年轻人。100% 的员工都使用微信沟通，并且通过索菲亚家居官方公众号获取公司新闻和信息。

项目策划

1. 目标

提高员工以及经销商的忠诚度；在业内打造良好的企业品牌。

2. 策略

（1）挖掘内部员工的真实故事，打造具有企业认同感的传播素材。

（2）利用员工日常使用的社交平台展开互动，引起业内广泛传播。

3. 受众

从总部到所有子公司的全国员工；从管理到销售的全国经销人员。

4. 传播内容

（1）有代表性的经销商故事和员工故事。

（2）索菲亚企业文化内核和企业价值。

5. 媒介策略

（1）整体规划：最大化微电影的叙事优势和视听感受，引发内部共鸣和传播。

（2）传播载体：微电影、“打卡”图文。

（3）视频先行：以两部微电影为主要展现形式，先引起共鸣。

（4）激励“打卡”：以“打卡”图文的形式，激励员工分享故事与“打卡”，形成分享规模。

项目执行

1. 主题确立

与索菲亚携手创造美好生活。精选具有代表性的员工故事，利用视频短片引起共鸣。视频短片不仅能展现公司的发展前景，而且能通过员工的故事，搭建情感联结，增强受众对企业的信心和认同。

2. 实施细节

打造引起共鸣的微电影

（1）故事甄选。

前期在索菲亚企业内部征集了超过 100 人的真实故事，从中精选一两个员工故事作为视频短片的原型。

选择标准：在索菲亚内部任职超过 5 年的员工；与索菲亚合作超过 10 年的经销商代表；人物故事有触动全体员工的情感点。

（2）人物选定。

经销商代表：李氏父子——索菲亚广州经销商，与索菲亚合作超过十年。

员工代表：张李飞先生——在索菲亚工作逾十年，从一名前线家具安装工人成长为索菲亚服务中心的全国负责人。

3. 微电影大纲构造

（1）沟通篇——《沟通，让生活更美好》。

李氏父子，作为索菲亚中国华南地区的经销商，已经陪伴索菲亚超过 10 年的时间。现在，与索菲亚携手的这盘生意已经从父辈传到子辈。小李原本对父亲的工作不甚了解，沟通不多；后来因为工作与父亲有更多的话题。理解沟通方才是打造一个家最核心的元素。接手生意的新一代会用更新的方式与消费者沟通，也具有更强的品牌意识。沟通的转变，不仅仅在于与消费者沟通方式的转变，更是一代又一代与索菲亚携手的经销商沟通方式的转变。

沟通篇——《沟通，让生活更美好》

（2）用心篇——《用心，让生活更美好》。

从太太、下属、上级和客户不同人的口中，了解他们与老张的故事。在和他相处的时间里，每个人都被他的敬业奉献精神、处处为客户考虑的用心、考究的细节所打动。视频并没有直接向观众介绍这个人，而是通过第三方的角度，从侧面将老张的性格步步烘托出来。现在的老张，已从前线安装工人，变为索菲亚服务中心的全国负责人了，在索菲亚走过了 17 个年头。这种敬业的精神不仅仅在老张身上，更在千千万万索菲亚人的身上，陪伴着每位员工与索菲亚一起走过日日夜夜。

4. 微电影推广

（1）选择主流社交平台作为首选传播渠道，如索菲亚官方的微信公众号、家居生活类微信公众号、视频网站。

（2）选择具有话题性的时间节点。沟通篇微电影：父亲节当天推出。用心篇微电影：新春前后推出。

用心篇——《用心，让生活更美好》

项目评估

1. 效果综述

系列微电影在企业内部获得很好的反响，并成为员工和经销人员间，乃至行业内的热门话题。

超 80% 经销商回想起和索菲亚的合作时光，增加了归属感。80% 的员工很喜欢视频，并乐意分享至朋友圈。60% 的员工和经销商写下超过 100 字的生动评论。

2. 受众反应

（1）索菲亚官方专题推文浏览量累计超过 3 万次，相当于全国员工和经销商总人数的 80%，这也是当年浏览量最高的内部推文，获得员工的高度参与和主动分享。

（2）《你在索菲亚打卡的第几天》推文有 207 条主动积极评论，从 CEO 到经销商，从设计师到售后人员，各层员工都积极参与。

（3）内部调查显示超过 80% 的员工很喜欢两部微电影，并主动转发朋友圈。

（4）超过 60% 的评论字数超过 100 字，员工们都在积极讲述自己与索菲亚的故事。

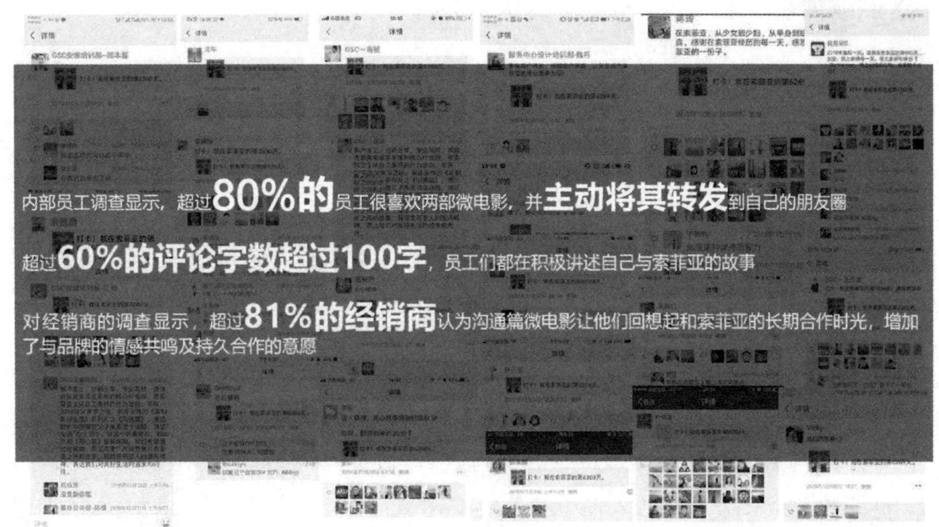

受众反应

亲历者说　柯建生　索菲亚家居股份有限公司行政总裁

许多经销商提到沟通篇微电影让他们想起了与索菲亚的合作时光，见证了索菲亚从一家小公司发展成全国定制家具的领军企业。用心篇微电影则是每一位索菲亚人的真实写照。在索菲亚，每一位员工的价值都得以实现，而正是这一份份在岗位上的坚守才成就了今天的索菲亚。用心篇微电影展现了员工的故事，唤起每一位索菲亚人的内心共鸣，加深了公司和员工之间的情感联结。

微电影取材于真实的经销商故事和员工故事，故事中具有共性的情感层面内容，引发全体经销商和员工的共鸣，使他们忆起与索菲亚携手走过的日日夜夜，增强了品牌认同感和归属感。这种具有共鸣的内容有利于企业价值和企业文化的传递，更有利于企业持续健康发展。

案例点评

点评专家：李雪峰　内蒙古财经大学公共管理学院教授

案例内容完整、格式规范、逻辑清晰，基本实现了增强员工凝聚力与归属感的目标。

（1）提升了员工的荣誉感：利用《沟通，让生活更美好》《用心，让生活更美好》微电影，展现出公司的发展前景，搭建起与员工的情感联系，增强了员工对企业的信心和认同，引发内部员工和经销人员的共鸣，提升了员工作为索菲亚人的自豪感与荣誉感。

（2）增强了员工的凝聚力：精选具有代表性的故事，利用微电影的形式，引起员工和经销人员的共鸣。微电影不仅展现了公司的发展前景，而且重现了员工与企业共同经历的故事，增强了凝聚力。

（3）增强了员工的归属感：选取真实的经销商故事和员工故事，采用微电影这一近年来流行的形式展现经销商故事和员工故事，以鲜活画面承载真实故事，让经销商和员工在观看后，有切身体会和感想，建立了企业与经销商、企业与员工之间的精神桥梁和感情纽带。同时，微电影在员工之间分享传播，挖掘出了共性情感，引发了全体经销商和员工的共鸣，增强了品牌认同感和归属感。

“波闻天下”波士顿科学员工电视台（BSC TV）

执行时间：2018 年 4 月—2019 年 9 月

企业名称：波科国际医疗贸易（上海）有限公司

品牌名称：波士顿科学

代理公司：罗德公共关系顾问（北京）有限公司上海分公司（简称罗德公关）

获奖类别：金旗奖——2019 最具公众影响力最佳内部沟通大奖

项目概述

罗德公关策划执行的“波闻天下”波士顿科学员工电视台（BSC TV）项目于 2018 年 4 月正式上线，借助视频这一传播形式，为波士顿科学扩大内部影响力，增强企业文化认同感和凝聚力。

项目调研

经过与波士顿科学多部门的深入沟通，罗德公关了解到由于波士顿科学中国业务覆盖广大一、二、三线城市，涵盖不同医疗领域的多种学科，企业内部信息较为零散，不同地区及业务部门之间的信息隔阂较大，不利于员工形成对企业文化的感知和认同。此外，波士顿科学员工多才多艺、对员工活动兴趣浓厚、热衷展示自我，许多团队也各有独特的精神文化宝藏，但缺少展现风采的平台。

罗德公关为波士顿科学搭建了一个跨部门、跨区域的企业内部新闻平台，增进不同地区及业务部门之间的理解与交流，推行“创业创新”企业文化，并让更多的员工参与进来，增强员工对于企业的归属感和认同感，并帮助员工形成对于企业及业务发展的大局观。

项目策划

1. 目标

打造波士顿科学的内部新闻平台，借助视频这一可看性强、通俗易懂的传播形式，扩大波士顿科学的重要事件及企业文化的内部影响力；通过广泛的员工参与、有趣的节目互动，打造积极活跃的公司氛围，增强企业文化认同感和凝聚力。

2. 受众

波士顿科学中国全体员工。

3. 传播策略

（1）量身打造四大栏目，涵盖波士顿科学内部、外部大事件及员工的闪光点。

新闻“波”报：涵盖企业大事件，帮助员工了解企业的近期要闻，了解企业业务发展方向。

双创冲击“波”：针对波士顿科学“创业创新”的企业文化推广需求，开辟企业内部新闻栏目，记录丰富多彩的员工活动，以期帮助员工深入了解“创业创新”的企业家精神内涵，并将“快、精、韧、合”的行为准则融入其中。

“波”动心生：展示波士顿科学丰富多彩的公益活动成果，分享积极践行企业社会责任的成就感与喜悦，吸引更多员工积极加入志愿服务团队。

“波”采众长：以新颖有趣的形式，每期就员工关注度较高的一个话题展开讨论，发掘不同部门“波科人”的闪光点，给大家提供展示才艺、分享见解的平台，帮助“波科人”充分展现自我，活跃企业气氛的同时，进一步增进企业文化向心力和价值观认同。

（2）波士顿科学员工深度参与，“从群众中来，到群众中去”。

动员各个业务部门提供新闻素材，每期招募一两位主持人进行播报新闻，每期一位分享嘉宾，在员工中树立典型，让员工在节目中看到自己身边同事的闪光点。

（3）内部全方位露出，方便员工通过多种渠道观看，让内部影响力最大化。

线上：通过波士顿科学微信企业号、内部邮件传播。

线下：办公室的大屏电视、会议室门口的小屏幕循环播放。

项目执行

（1）首发宣传及主持人招募：在内部线上、线下全渠道推出正式栏目介绍及主持人征集令，动员全公司员工积极报名主持人、面试选角，同时为节目上线造势。

（2）前期培训：邀请专业的导演，为波士顿科学公关部及宣传志愿者进行拍摄理论和实践培训，确保各个业务部门能够在活动现场有效进行素材拍摄。

（3）素材收集、脚本撰写：公关部门从各业务部门收集当月新闻、图片及视频素材，罗德公关负责内容策划及梳理。

（4）创意选题——“波”采众长板块：根据事实热点，制造全公司热议的“公共话题”。

（5）专业演播室录制、剪辑及后期制作：演播室布景、专业布光、专业妆发造型设计、专业后期剪辑与制作等。

（6）后期传播：线上线下全方位露出，方便员工通过多种渠道观看，让内部影响力最大化。

项目评估

截至 2019 年 7 月，共计播出 10 期 BSC TV，近百位员工参与节目录制，视频观看量超过 8200 人次，单期最高观看量为 1933 人次。

项目亮点

（1）报道企业对外的大事件，展现波士顿科学在医疗科技领域的创新影响力。

（2）发掘企业内部的闪光点，并推广“创业创新”的企业精神文化。

（3）聚焦企业社会责任活动，体现关爱之心和“为生命创新”的愿景。

（4）展示员工及团队的风采，打造积极活跃的“波科大家庭”的氛围。

（5）有效提升企业文化认同，四两拨千斤，凝聚员工。

亲历者说 乔嘉婕 罗德公关顾问

在创意生成阶段，凭借罗德公关服务波士顿科学多年的经验累积，我们梳理出了客户的深层需求，即不仅仅要搭建波士顿科学的新闻中心，更要搭建一个企业文化传播的平台，通过调动员工积极性，增强企业文化认同感和凝聚力。

在执行过程中，团队也始终保持对于创新的不懈追求。从形式上，我们尝试短视频平台上流行的多种时髦玩法；从内容上，我们紧跟当下事实热点，玩转多种前沿话题，引发公司内部广泛传播和全员热议。

在爆款频出之后，团队不满足于此，及时根据反馈调整内容和发布频率。经过 10 期节目的人气积累，BSC TV 已经在公司内成为明星节目，创造了波士顿科学独有的话语体系和文化认同感，真正地做到了凝聚人心。

案例点评

点评专家：汪珺 海航集团境外公关传播总监

员工沟通是所有企业公关要完成的一项常规作业。常规打法很多，但要推陈出新，做出真正能引起员工共鸣的内部沟通项目，绝非易事。罗德公关为波士顿科学中国打造的员工电视台不仅做出了创意，更难能可贵的是在电视台“播放”过程中，能不断保持创新。其在形式上尝试了配音大赛、街头采访、故事短片等各种时髦玩法，内容上紧跟热点，如玩转世界杯、女性主义、职场“潜规则”等先锋与热闹话题。在爆款频出后，其又通过内部问卷调查，了解员工的口味和期待，及时调整内容和发布频率。这样的内部沟通项目是“走心”的，它没有流于形式，而是真正丰富了员工的业余生活，真正创造了公司内部的文化认同感，凝聚了人心。

百位精英一句话阐述
公关价值

以下嘉宾按姓氏音序排序：

Anthony D'Angelo Past Chair of PRSA

Public relations and communications professionals have a great opportunity to help the organizations they serve promote business development and social progress.

Jean Valinco–Founder of GA

Good public relations start with building a listening infrastructure that feeds research and analysis which in turn, helps to develop public relations campaigns.

José Velasco Past Chair of GA

This profession not only has to dream of a better world, but also contributes to it by managing conversations in which the raw material is the truth and relations are presided over by reciprocity and balance.

曹　越 **资深公关人，香港中文大学（深圳）校外传播导师**

大到国家形象、国际关系，小到待人接物、为人处世，沟通与传播无处不在。这是一门艺术，因千人千面，无一定之规，需要时时激发你的灵感去感悟和创造；这更是一门技法，因思想与逻辑并重，表达与文笔兼修，需要用匠人态度去揣摩历练和掌握运用。公关，魅力尽显，精彩无限！

常濯非 **派合传播董事兼总裁**

所谓公关价值就是利用有效的方法进行有效率、有效果的传播，从而达成社会或是商业的良好效用。

陈经超 **厦门大学新闻传播学院副教授、硕士生导师，厦门大学公共传播战略研究所所长**

公共关系就是促进人与组织或者组织与组织之间的有效沟通，建立关系。

陈　凯　北京汉诺睿雅公关顾问有限公司董事长

当前复杂的社会环境下，良性的组织沟通显得尤为重要，这正是公共关系的核心本质。

陈先红　教育部重大攻关课题首席专家，湖北省政协委员，华中科技大学教授、博士生导师，中国新闻史学会公共关系分会会长，湖北网联会会长

公共关系以社会责任参与和基于事实的巧传播，来提高社会透明度，促进商业文明和社会进步。在这个过程中，做得好比说得好更重要，社会责任行动力比议题设置和舆论引导更重要。

陈小桃　海南大学政治与公共管理学院公共关系学系教授

公共关系以承担企业社会责任来表达企业良好的社会公民形象，成为人类社会文明与发展的传播者与促进者。

陈永泰　123 Jump 创意总监，广告系讲师

启迪智慧，启蒙思维；一个走心的故事，能承前启后，或许能带来大于企业本身追求目标的价值，这就是公关的意义。

程曼丽　北京大学新闻与传播学院教授、博士生导师，北京大学国家战略传播研究院院长

公共关系既非治标之举，亦非权宜之策。它是一项系统工程，注重长远利益和累积效果。

戴　可　云捷亮数科技有限公司总经理

公关是组织或机构与大众情感连接的纽带。更深刻洞察分析人性、传播正能量的公关策略有利于加速组织健康发展，优化社会心理环境。

戴远程　泰禾集团品牌部副总经理

品牌公关是连接人类现代文明、推动商业价值繁荣、提升社会百业进步、共享美好生活的无线路由，无处不在，无所不需，有无限可能。

丁　韬　**北京奇虎科技有限公司高级市场经理**

一个具有社会价值的企业，应通过语言的力量，用有效的媒介渠道，从内至外建立完整的公关传播体系，给大众传递优质的企业价值观，进而提高整个社会的素养。

丁永玲　**武汉商学院教授，湖北省礼仪学会副会长，中国新闻史学会公共关系分会常务理事**

公共关系是以利他达到利己的沟通艺术，是实现社会和谐与美好的助推器。

董天策　**重庆大学新闻学院院长、教授、博士生导师，中国新闻史学会网络传播分会会长**

我心目中的公共关系是这样的：秉持专业良知，直面现实问题，架设沟通桥梁，凝聚社会共识，促进事业进步。

樊传果　**江苏师范大学传媒与影视学院教授、硕士生导师，文化创意产业研究院院长、广告研究所所长**

公共关系既是一门科学，也是一门艺术；既能为组织和个人塑造好形象、赢得超人气，也能促进优秀社会价值观传播，促进社会文明进步。

傅　悦　**亿滋国际大中华区公司及政府事务副总裁**

公共关系融合企业和社会，共同塑造新时代的商业文明。

高　源　**北京知行博艺会展公司创始人**

公关传播是让一个企业的核心价值观、品牌信息高效生动传播的途径之一。

龚妍奇　**劲霸男装品牌副总裁**

PR 人共同努力，让公共关系成为一条有温度的纽带，输送正义正直、公平良知、善意和美好，使各类冰冷的竞争，因我们而变得温暖。

郭小安 **重庆大学新闻学院副院长、教授、博士生导师**

危机公关不是“洗白”，而是通过良好的传播手段促进沟通，争取理解和支持。

何春晖 **浙江大学传媒与国际文化学院策略传播学系主任，中国新闻史学会公共关系分会副会长**

公共关系最需要秉承的是沟通与对话，沟通让我们的生活更美好！

何　辉 **北京外国语大学国际新闻与传播学院教授、博士生导师，中国作家协会会员，中国国际公共关系协会学术委员会委员**

公共关系，一言以蔽之，是为组织正常运营创造良好的环境。真正伟大的公共关系活动，往往发源于真诚的心，维护并捍卫着人的尊严。

何映红 **上海铂立营销策划有限公司总经理**

在现今的大文化、大体育的背景下，我们做创新整合营销来推动品牌的发展，让品牌更有内容。

胡绪雷 **首汽约车副总裁**

信息碎片化的移动互联网时代，公共关系不仅是企业与消费者间最直接有效的社交，也是竞争环境下品牌差异化与提升溢价力的推手，更是现代商业繁荣和社会价值输出的园丁。

胡远珍 **湖北大学新闻传播学院教授**

弥合你我的隔膜，增强你我的互信，共享文明的成果，致力美好的创造。

黄小川 **华谊嘉信集团董事长、迪思传媒董事长**

企业想真正赚钱，要靠品牌溢价来实现。改革开放 40 多年来，公共关系对中国企业的品牌溢价做出了巨大贡献。

黄志湘 环球影业中国区对外事务副总裁

公共关系是社会艺术，通过策略性、成体系和有灵性的沟通艺术与公众进行交流传播，不仅使产品和品牌为公众所认知、接受，也将正确的价值观和先进的理念推广给社会并达成共识共情；不仅促进商业环境的融通繁荣，也推动产业和社会的发展进步。

黄玲忆 朋百沟通国际有限公司创办人

我始终相信，公关是沟通众人之心！我们更需要公关的力量，共创共赢，期许更和谐美好的未来。

蒋　冰 宇通集团品牌营销副总监

公共关系的力量，在于用传播的艺术，实现极致沟通，创造共赢的格局。只要人类追求美好，公共关系便价值永恒。

蒋　楠 中国计量大学人文与外语学院教授

公共关系的核心是平等沟通。

矫　龙 大颜色科技创始人兼 CEO

也许在今天这个时代，技术的进化和媒介的发展，让企业内部公关、广告甚至运营的界限都变得越来越模糊，但讲一个好的故事依然是营销的核心竞争力。而那些能够打通内容和技术任督二脉的公关人，将会成为这个新时代的宠儿。

匡冀南 深圳国际公益学院教授

公共关系是沟通的艺术，而准确沟通是化解这个世界上众多误解的手段。因此公共关系既是现代商业繁荣蓬勃发展的加速器，又是人类社会和谐共处的定盘星。

蓝　劼 **资深公关人**

公关的核心是通过了解双方或多方的信息交换需求，在交换信息的同时单向或互相影响。随着媒体的变革，沟通越来越迅速，平台也越来越多样。但无论世界怎么变化，人最基本的价值观是我们公关人一直应该坚守的。做好事从做好人开始。

李国威 **闻远达诚管理咨询总裁**

商业社会激动而浮躁，公共关系像一块璞玉，在嘈杂中安静地发光。

李　君 **安利（中国）区域公共事务总监，安利公益基金会传播中心总监**

公共关系是一种向上、向善的力量，这股力量可以推动企业和社会的航船平稳前行。

李　蕾 **万博宣伟中国区总裁**

面对飞速发展的技术与过剩的信息，公关人更应明确并秉承“定义品牌”“推广品牌”“捍卫名誉”的宗旨，并带着自我判断和思考，巧妙运用创新思维与科技为客户提供优化方案，解决问题，并在塑造与维护品牌声誉的同时，为其扬名。因为“名正，万言顺”。

李　莉 **中民普惠金融服务有限公司公共事务部总经理**

当今时代，日新月异，太多新事物、新行业、新现象，而它们都离不开公共关系的传播、赋能、监督。

李　玲 **安踏集团副总裁**

公共关系传播的魅力不在于展露光鲜的业绩，而在于讲好企业价值故事，让宏大的话题走入人心，让企业在口碑传颂中，成为有品牌、有人文、有情怀的“企业人”。公关策略的最高境界是总结商界先知，贡献行业，启迪他人，让企业与所处的生态圈共生共赢。

李　辂　**嘉利智联创始人，董事长**

公关是引导受众认知的手段，对人性的洞察则是公关思考的原点，而公关肩负的使命终将是维护人类的理性、良知和道德。

李　曦　**京东集团原副总裁**

公共关系是推动社会、经济、文化繁荣不可或缺的软实力。几十年来，很多公关行业的精英始终坚守正直诚信、守护道德底线、倡导社会正义、推动社会进步，真正引领着公共关系向前发展。期待行业新生力量能够将这样的精神继续发扬光大。

李兴国　**中央党校（国家行政学院）教授，中国公共关系协会常务副会长，中国十大策划风云人物**

公共关系是中国从农业经济、计划经济走向现代工业、市场经济的助推器，是从关注家族人伦视野，听师长的生存观念，做好事不留名的圣人文化，转向地球村视野，找市场生存，做好事也要说的竞争文化世界观、生存观、传播观突破，是竞争中双赢、多赢的竞合哲学。没有公共关系的引进，就没有中国今天商业的繁荣，和创造世界名牌的可能性。

李雪峰　**内蒙古财经大学公共管理学院教授**

公共关系是组织的“敏感触角”，通过传播实现和公众的良性互动，提高组织知名度、美誉度，塑造完美形象，促进社会文明与进步。

李志军　**中央财经大学新传播研究中心联合主任**

公共关系关注组织与其利益相关者的关系管理，并通过沟通管理的方式参与构建其自身的外部生态环境，在这一过程中努力寻求推动社会生态环境的发展和进步。

刘　江　**杭州市公共关系协会执行会长兼秘书长，杭州西湖公共关系基金会理事长**

公共关系既是一门科学，又是一门艺术。

刘龙芝 **奥美公关与影响力副总裁**

公关让组织有思考、有意义，以公关之名传递品牌正能量，用品牌的力量促进组织的发展，推动社会、经济乃至全球市场的共向发展。

刘平平 **华谊兄弟电视数字娱乐事业部副总经理，北京华谊兄弟娱乐投资有限公司总经理**

公共关系是塑造和保护品牌形象的战略工具，负责企业的“颜值”，它以内容为载体，传播制造影响力，赋予品牌温度及价值表达，为企业保驾护航。

刘　冉 **恒信钻石品牌公关 & 市场营销总经理、恒信文化副总裁**

做公关，带着幸福的使命感，用美好的方式和场景，创造出大众乐于分享的优质内容。让一个品牌令大众产生美好的向往和信念，就是品牌公关的最高价值。

卢　荣 **霍尼韦尔亚洲高增长区企业传播副总裁**

格局决定结局——公共关系可以帮助树立一个组织的格局，进而推动行业、社会的进步。

吕海燕 **宜信公司高级副总裁、首席品牌官**

如果将企业视为媒体，那么企业品牌传播所做的工作，就是发现美、传播美、放大美。

吕　晶 **森亿智能副总裁、首席发言人、政府事务与战略发展部总裁**

公共关系是人类文明和进步的标志，其不断发展，推动着商业繁荣和社会进步。

马　利 **中汽兄弟（北京）信息科技有限公司总经理**

公共关系是连接各方的桥梁，是连接各方的润滑剂，是社会和谐发展的纽带。

马志强 **浙江传媒学院文化创意与管理学院公共关系教授，温州商学院网络与新媒体系主任、教授**

公共关系是社会文明和谐的标志，是社会和谐传播的倍增器。

毛　予 **新财富首席战略官**

公共关系是企业的价值观公链，是构建商业社会信誉的基础，在此之上的商业价值才有持久的生命力和意义。

米晓春 **空中客车中国企业资讯副总裁**

新闻发言人是企业品牌形象的“建树者”和“维护者”，是危机事件的“管理者”和“救火队”，是企业与公众沟通的“纽带”和“桥梁”。新闻发言人的使命是为企业保驾护航，建树企业在公众心目中的良好形象。

潘建新 **华扬联众数字技术股份有限公司CIO（首席信息官），清华大学国家形象传播研究中心秘书长、研究员，中国传媒大学商学院教授**

良好的舆论环境是推动商业繁荣和社会进步的重要因素，公共关系恰恰就是为营造良好舆论环境而存在的。

庞　刚 **灵思云途上海总经理**

公关是对企业及品牌灵魂的塑造，只为途中与每一位消费者相见。

彭焕萍 **河北大学新闻传播学院副院长、教授**

当代社会的重要议题大到和平与发展、国家形象的建构，小到企业声誉、组织形象的维护，都离不开公共关系，依托传媒行业和信息技术的发展，今天的公关正在让这个世界变得更加和谐与温暖。

秦　敏 **玛氏食品（中国）有限公司公共事务副总裁**

优秀的公共关系令企业不只存在，更具有存在感。

曲　丽　**万华化学集团股份有限公司品牌经理**

公关人要站在人类长远发展的高度思考问题，引发共鸣，从而改变行为，为社会做贡献。

赛来西·阿不都拉　**浙江大学城市学院传媒与人文学院副教授，中国国际公共关系协会学术委员会委员**

命运共同体的构建需要用大公关的思维做长久持续的事情，在共商共建中实现共赢共享。

商　容　**微软亚太研发集团传播及公共事务副总裁**

公关如水。润物无声，滴水穿石。公共关系聚焦隐形的能力，关注价值与意义，愿景与文化，观念与精神；推动人与人、人与科技的连接，成就变革与进步。

尚恒志　**河南工业大学新闻与传播学院院长，硕士生导师**

公共关系是组织与社会协调发展的助推器，是组织协调内外关系的润滑剂。

邵华冬　**中国传媒大学公共关系系主任**

公共关系以公共价值为导引，以兼具艺术与科学的对话为载体，促进社会在意见交换中发展进步。

邵松岩　**阶承传播总经理**

人类离不开艺术，世界离不开公共关系。

申　晨　**熊猫传媒集团董事长、熊猫自媒体创始人**

公关，就是让别人信你!

沈　激　**日产中国公关传播副总经理，东风汽车有限公司公关传播负责人**

公关传播正处于一个史无前例的机遇之中。成功和有效的公关传播活动可以帮助所服务的组织和机构在提升企业品牌形象的同时，提升业务量和扩大影响。公关从业人员扩大和深化了组织与其主要利益相关者之间的互动，保证了组织战略目标的实现。

沈　健　**迪思传媒高级副总裁，中国传媒大学客座教授**

在人工智能及大数据时代，公共关系既面临诸多挑战，在受众分析、内容创新及精准触达等方面又存在巨大机遇。

宋　煜　**北京炫橙文化传媒有限公司 CEO**

公共关系是公共资源的重要组成部分，是企业与社会最终实现天人合一、和谐共存的重要途径。让我们共同努力，商业向善、科技向善、公关向善。

苏宏元　**华南理工大学新闻与传播学院院长、教授、博士生导师**

公共沟通，平等对话，是科学，也是艺术，更是社会文明的体现。

孙瑞祥　**天津师范大学新闻传播学院原院长、教授，舆情与社会治理研究中心主任，中国新闻史学会新闻传播教育史研究会副会长**

公共关系是企业发展的定盘星、防化风险的稳定剂、社会和谐的压舱石、构建人类命运共同体的助推器。

孙晓云　**来伊份新媒体总监**

公关是社会组织同所处环境、所接触的公众之间的社会关系。社会组织和环境之间相互影响，共进退。公关关系应该呈现企业独立的，有责任、有担当的社会人格。

陶　西　益海嘉里食品营销有限公司电子商务、数字化营销总监

公共关系需走出请客拉关系、暗箱操作的短视误区和发展瓶颈，真正成为品牌塑造、公众沟通、用户口碑和企业文化建设的重要举措，彰显公关与广告不同的专业属性，传播价值和真知灼见，让公关人成为企业发展、社会完善的变革者和推动力量。

汪　珺　海航集团境外公关传播总监

境外公关传播是中国企业在国际舞台上的“眼”和“舌”，更是帮助企业提升全球化管理水平的“脑”。境外公关传播应努力成为企业的全球化战略顾问，帮助中国企业塑造良好国际声誉，奏响更精彩的乐章。

王　斌　《中国企业家》杂志社总经理

公共关系对社会、企业、个人发挥作用的同时，也促使了营商环境的优化，促进了社会与企业之间、各企业间及企业与个人间的和谐。

王　兵　“首席赋能官”创立人

人人皆媒体时代，公关素养，人人必备。公关价值应下沉、前置于组织的每个经营节点，公关人应直面一线公关问题，用公关思维解决经营问题。

王春雨　锐易纵横文化传播创始人

内容是传播的根本，一个好的故事，是可以超越语言和国度的。市场营销归根结底是一个“洞察人性”的行业，好的内容不仅是传播效果的保证，更是“让品牌打动人心”的唯一途径。

王洪波　中国对外文化集团有限公司新闻总监，国家社科基金艺术学重大项目课题专家

对外文化传播需要“人格化”表达，需要鲜明的灵魂，有个性、有温度的语言。讲述好中国故事，传播好中国声音，还需要挖掘和培育具有代表性的公众人物和艺术家，以“个性化”的风格，承载中国文化的元素、观念，实现国家形象的人格化表达与传播。

王　虎 **哲基数字科技执行董事**

现代公共关系是商业文明的必然产物，在契约社会里没有封闭的利益，公共关系倡导的透明、开放亦推动了商业文明的发展。

王敏刚 **众为传播总裁**

在信息技术与人工智能迅速发展的当下，如何利用前沿的科技使公关传播高效化，如何勾勒一部属于公关传播的“未来简史”，是每一个公关人需要思考的课题。

王　薇 **蓝色光标传播集团副总裁**

新经济、新舆情环境下的公共关系，以整合的视角推动企业、行业、社会的良性融合。

王晓晖 **国际关系学院文化与传播系副教授，中国国际公共关系协会学术委员**

公共关系凭借对公众的深刻洞察，帮助组织与公众和睦相处、互利共赢，助力和谐社会的构建。

魏家东 **《借势：微营销突围之道》作者，东狮品牌咨询 CEO**

在数字化时代，企业与公众、媒体之间的信息传递，更加彰显了公关的价值，有温度、有深度、有趣味、有真情的品牌传播，更容易被人们认可。公共关系是企业需要深耕的领域，不浮于表面，用心才可以更深远。

吴春城 **战国策传播集团董事长**

公关是资源整合的艺术，在传媒碎片化的时代，以公共关系为核心的营销策略将日益重要。

吴　磊 **京东国际公关负责人**

随着中国的崛起，国际关系带来了各种挑战，国际公关至关重要，跨过不同的文化、价值观等元素达到企业的目标是这个时代前所未有的挑战，也是公关的核心价值，即通过渗透了解他人，逐渐引导他人和企业的行为。

吴伟农 艾尔建中国区企业事务部总经理

公共关系是利用社会洞见、借助策略活动、通过系统传播影响特定受众的综合性工作。善于合理运用公共关系是个人与组织不可多得的智慧，是商业成功与社会进步不可或缺的推动因素。

吴志远 华中师范大学新闻传播学院传播系主任、副教授

所有的企业都在给社会打工，明白这个道理，就知道公共关系绝非可有可无了。

席　庆 辉瑞中国政府事务、市场准入及企业沟通副总裁

公共关系是一家企业或组织与外部各个利益相关方之间相互了解、沟通和互动，分享价值观并建立互信的纽带和桥梁。公共关系的工具和手段在不断与时俱进，但其核心价值是不变的。

肖　辉 势能整合营销传播机构总经理

基于大数据与 AI、5G 的整合营销的更新迭代速度越来越快，以技术流为主导的公关将重塑讲故事的方式与形式，焕发新的生机。

徐达内 新榜创始人

公共关系是一个社会健康运行的润滑剂，尤其是在当下这个多元话语体系中。

闫春林 国际纸业亚洲区副总裁

真正的传播不仅是理性交流，也是真情打动，更是信仰和价值观的共鸣。

闫　浩 资深品牌顾问、营销专家

数字时代的媒介质变让公共关系的边界无限扩大，大到每个人都能用自媒体消费“公关”。如果每位公民都被普及“公关意识”，那将会建立互联时代好的秩序。

闫跃龙 **前京东公关总监，《超级标签：重塑用户心智的传播之道》作者**

公共关系的本质是认知管理，是通过与利益相关者沟通，改变用户认知。在新时代，公共关系焕发出了新的活力。

杨东海 **天下凤凰总经理**

公共关系体现的是机构的品格。公关的责任是让参与者有共鸣，让大众有共情，让组织有温度，让社会有感动。

杨　魁 **广东外语外贸大学新闻与传播学院学术委员会主任、教授、博士生导师，马克思主义新闻观与中国话语体系研究中心主任，中国国际公共关系协会学术委员会委员**

公共关系旨在增加善意，增强沟通，赢得认同和信任，以实现有效合作。

杨丽莉 **昕诺飞（飞利浦照明）大中华区副总裁**

公共传播的力量将会成为推动第四次工业革命的重要加速器。

杨丽萍 **广西财经学院公共关系学系副教授，中国国际公共关系协会学术委员会委员，中国新闻史学会公共关系分会理事**

公共关系是运用感性叙事与创意传播手段，搭建社会组织与利益相关者之间沟通的桥梁，实现信息分享、利益共享，最终成就和谐、美好的价值共同体关系。

杨　苓 **京港地铁公共关系总管兼新闻发言人**

公共关系通过从大处思考，关注组织目标与社会发展的结合点，实现组织与公众间的双向理解，认同塑造。

杨美虹 **华晨宝马公共关系及企业社会责任副总裁**

公关做的就是影响力，公关是一个说服和影响的过程，每一次的沟通就是一次公关，每一次的沟通都是在影响别人，公关可以帮助企业提升行业影响力和观念影响力。

杨新华 **中国网副总编**

公关的价值在于构建伙伴关系，加深情感连接，其中包含相互支持和关心，以及善意的监督和批评，从而促进成长和自我完善。

姚　曦 **武汉大学新闻与传播学院教授、博士生导师**

个体、组织以承担社会责任形成和谐、统一、发展的社会共同体，既是公共关系的理想与目标，也是运行与实施的方法论。

叶　钰 **吾铭国际品牌管理顾问有限公司董事长**

公关是通过有效沟通，增加人们的正确认知，减少时间成本，为社会创造价值。

殷　俊 **重庆工商大学艺术学院院长、教授，重庆市青联常委、教育界主任**

公关，就是超级传播力，已然成为当今维持社会和谐稳定的重要能力：于个体而言，公关融洽人际关系；于群体而言，公关维护团队协作；于社会而言，公关弥合各界分歧；于国家而言，公关推进全球战略。

银小冬 **金旗奖组委会主席**

公共关系的核心价值是构建组织与公众之间的信任关系，引导行为和决策，推动商业繁荣社会进步。

于　剑 **雅诗兰黛中国区政府事务总监**

优秀的公关团队好比人体的免疫系统，公关的定位不是锦上添花，而是发现潜在的危机并及时处理。

俞竹平 **奥美中国公关与影响力总裁暨奥美北京集团董事、总经理**

流量不再至上，信任才是稀缺资源，回归原点思考营销的大课题：品牌如何真正获得消费者的首肯，让其愿意聆听品牌的价值与主张呢？只有凭借公共关系赢得的信任与支持，才能为品牌创造可长可久的“赢响力（Earned Influence）”。

袁佛玉 百度副总裁

公关如今已从一个“工种”变成了一套“系统”，公关需要走出上帝视角的对话逻辑，回归人本、深入社会、建设同理心，这样才有机会和大众进行对话，才有机会去完成它的商业目标。

张洪伟 传播与公共事务高级总监

互联网技术的广泛应用和传播渠道的巨大变革，已经让公共关系的核心价值从传统的以营销为导向进阶为企业策略制定的基础。

张　辉 三生制药公关部负责人

公关若水，利万物而不争。

张晋升 暨南大学新闻与传播学院副院长、教授、博士生导师

公共关系的社会价值不仅在于增进公众理解，消除交往隔阂，还在于让对话主体之间增强互信、凝聚共识，形成和谐共进的社会生态。

张景云 北京工商大学商学院教授

公共关系以互惠双赢为基本理念，通过求真务实的双向沟通，促进社会组织与公众的认同和理解。在全球化时代，有效的公共关系可促进不同文明的对话，在明确边界基础上共享社会资源，共创社会价值，促进社会融合与进步。

张桔洲 爱创营销科技创始人

公关职能之一是协调并管理企业与社区、社会的关系。企业以创意性、创造性活动，为用户、社区与社会创造价值至关重要。这也意味着优秀的公共关系，需要企业及企业家拥有极高的道德水准及极强的社会责任感。

张举玺 郑州大学教授、博士生导师，国家社科基金重大项目首席专家

公共关系是传播真善美、维护公共利益、承载核心价值观的桥梁，是实现社会和谐稳定的调谐器。

张美慧 **战国策传播集团副董事长，高龄产业暨政策发展协会执行长**

因为社群媒体的发达，社会互动越加密切，企业越来越需要运用公共关系的思维来经营。

张 猛 **方太集团品牌总监**

公共关系旨在让企业与社会大众、合作伙伴、媒体、行业、内外部顾客建立信任与情感连接，建立影响力价值，并弘扬一种公共的善，一种社会责任。

张明新 **华中科技大学新闻与信息传播学院院长、教授**

公共关系促进社会群体和组织之间的双向沟通，达成社会系统的和谐生态，提升信任，建构秩序。

张 宁 **中山大学公共传播研究所所长、传播与设计学院教授、博士生导师**

网络时代的社会信息传播和沟通更加多元化，社会关系构成和互动也更加复杂化，这正是公共关系传播管理核心竞争力所在。

张小磊 **融创中国东南区域集团首席品牌官**

公共关系，是构建现代商业社会文明和生态的基石力量。在品牌发展过程中，企业尤应以透明真诚、亲善友好的公关方式，建设可信赖、有温度的品牌人设，这也是品牌魅力的核心竞争力。

张小岩 **格兰富（中国）投资有限公司企业事务副总裁**

如果我们有能力在对公关和公益项目的思考中，为企业带来可持续发展的机会，就会成为组织中不可或缺的部分。

张晓艳 **好丽友食品有限公司公共事务部总监**

公关的核心价值在于沟通，通过良好沟通有效传递组织理念，内促凝聚，外树口碑。

张　勇　中国中车股份有限公司党委宣传企业文化部新闻处处长

公共关系帮助建立公众与企业的信息共同体、价值共同体、命运共同体，让相互之间的关系更加透明、融洽、互信。

赵　晖　众行传播集团首席策略官

公关的价值是“矛盾结合”，既有“矛”的冲锋、破局、造势，又有“盾”的防御、化解、保驾。它不只是技术，还是艺术。

赵晓光　奥美整合行销集团北京经营合伙人

产品与服务不再稀缺的时代，厂商和消费者通过对品牌的塑造和选择相互连接。品牌需要为自己赋予超越产品功能的意义，找到与社会公众共振的“价值主题”。在这里，你需要公关的原力。

赵　阳　淘宝直播负责人

公共关系通过信息传播推动公众对社会的认知、了解、响应，从而影响并改变其行为和决策，公共关系是推动中国社会向前发展的原动力。

郑　威　华硕电脑中国业务总部副总经理兼新闻发言人

品牌能以正念和用户共鸣、共好是公益最重要的部分，在传播中点亮心灯，实现无尽心灯的传递，是我对品牌公益力量的终极期许。

郑亚楠　黑龙江大学新闻传播学院院长、教授

公共关系的价值在于认同，价值观是认同的结果，无论传统媒体时代还是智能传播时代，让人信服，公关才有效、才会产生价值，所以我们面临的挑战是建立认同的通道。选择事实、道理或情感，还是这些的综合运用，这才是我们要思考的问题。

郑　燕　电通公关总经理

演讲是表，声誉管理是本，沟通是双向的，本质是建立信任联结。期待和你“联结世界，成就你我”。

郑宇泽 **可梦传媒创始人**

公共关系不是品牌的表面文章，而是品牌突破天花板的向上张力。

钟育赣 **广东外语外贸大学教授**

公共关系就是做好自己并告诉别人，只说不做并非公共关系。

周香萍 **灵真传媒执行总裁**

媒体在变，受众阅读习惯在变，客户需求也在变，公关正是走在变化之前，引领行业创新、传递正能量的先驱者。

朱立阳 **罐头视频首席营销官**

什么是好的公关？现在想来，也许就是从企业、领导人、文化和员工身上，自然流露出共赢思维和善意。

朱学婷 **奥含传播合伙人**

企业经营看数据，市场温度看公关，公共关系管理通过条分缕析，帮助企业聚水成川，汇川为海。相信团结一切可以团结的力量，终会静水流深，成就千秋伟业。

诸轶众 **上海昱伴传播策划有限公司 CEO**

公共关系在帮助企业或机构实现商业目标的同时，通过自主机制和行为推动人文和社会价值的实现。

左　跃 **中国核电宣传文化中心副主任**

公共关系是一门沟通的艺术，影响力就是战斗力，公共关系管理能力亦是社会繁荣进步的助推器。

2019 年度最佳机构

杭州西湖公共关系基金会

公司简介

杭州西湖公共关系基金会系由杭州市公共关系协会发起，杭州银行、杭州市房地产开发集团有限公司、浙江钱江房地产集团有限公司等爱心企业捐资，经浙江省民政厅批准，于 2019 年 10 月 26 日经杭州市人大常委会陈红英副主任、杭州市人民政府陈卫强副市长揭牌，中央外事办公室原副主任吕凤鼎、新华社原副社长兼常务副总编马胜荣、印尼驻华大使周浩黎（Djauhari）等领导嘉宾剪彩成立的国内第一家公共关系专业领域的慈善机构，法定代表人、理事长由杭州市公共关系协会执行会长兼秘书长刘江担任，理事、监事分别由业务主管机关部门负责人及捐款单位特派代表担任。主要业务范围：资助由国内公共关系组织或机构发起举办的相关公益论坛、沙龙、大赛、交流活动，资助公共关系教育、研究、出版成果，资助环保活动等。杭州西湖公共关系基金会的成立是中国公共关系史上的里程碑事件，必将对中国公共关系事业的发展产生巨大作用。

办公地址：杭州市环城西路 33 号 -2 浙江省人民政府行政中心四号楼 D 座。

上海灵思云途

公司简介

上海灵思云途始创于 1999 年，是一家全方位大数据营销机构，致力于为客户提供基于大数据策略的效果营销服务。

公司客户遍布汽车、消费电子、快速消费品、互联网等主流行业，包括一汽奥迪、宝马、京东、宝洁、伊利、美素佳儿、苏宁等国际国内知名品牌。在北京、上海、广州设立 3 个分公司，在全国主要城市设 9 个办事处，服务网络遍及全国 100 余个重点城市。

2017 年，公司抓住机遇，成立北京云途时代影业科技有限公司，全力进军“电影 + 互联网”业务，打造“移动电影院”。作为我国电影放映领域的新尝试，“移动电影院”有别于电影新媒体播放模式，它将手机、平板电脑等移动终端或其可控制的其他设备搭载的移动电影院软件系统作为放映设备，向观众放映已取得电影片公映许可证且处于公映期内的电影。“移动电影院”采用同线下商业院线类似的 DCP(数字电影包)、KDM（密钥传递消息) 等，以符合国际电影安全保护标准为核心，创新构建放映技术以及单次收费单次放映的商业模式，票房收入纳入中国电影票房统计。

公司网址

www.linksus.com.cn

爱创营销与传播

公司简介

爱创营销与传播（itrax），2004 年成立于北京，并在上海、广州、重庆、成都、长春等地设有分支机构，是国内智能营销集团科达股份子公司之一。2007 年其被中国国际公共关系协会评予“2007 年度新锐公司”称号，从 2008 年起，连续多年入选公关行业 TOP30 榜单。2017 年其正式成为中国 4A 成员企业，数字营销委员会成员企业，是公共关系与全球化传播合作联盟理事单位。itrax 是一家专业的品牌营销与传播服务商，提供端到端的、数字化与数据化营销与传播全价值链服务。

itrax 主营业务是为汽车、金融、快速消费品、IT 及互联网行业企业提供数字营销、品牌咨询与创意、公关传播、内容营销、体验营销、娱乐营销、体育营销等服务。itrax 团队已超过 400 人，包括众多资深营销专家、国内知名媒体人、数字传播领域精英等多领域顶尖人士。十余年间，itrax 持续服务于众多国内外知名品牌客户，包括奇瑞捷豹路虎、捷豹路虎中国、长安标致雪铁龙 DS 汽车、长安汽车、长城汽车、一汽 - 大众汽车、赛麟汽车、北京汽车、上汽大通汽车、猎豹汽车、海马汽车、比亚迪汽车、江铃驭胜汽车、腾势汽车、东风风行、观致汽车、伊利集团、招商银行信用卡、中信银行、金正大集团、百度金融、泰康人寿等，与战略客户建立了平均 7.5 年的长期稳定合作关系。

公司坚信，凭借专业的服务能力和对营销传播技术的敏锐洞察、持续的创意生产能力、精准的策略系统能力、整合营销传播策划与执行能力，将帮助客户在迅速变化的环境下，不断实现品牌与市场的同步发展。

itrax 拥有六大核心优势。

一是整合营销策略与执行优势：具备整合营销策略与创意、战略性咨询与执行的全方位传播服务。

二是强大的媒体资源：除了自媒体，公司还与传统媒体、互联网媒体一直保持长期、稳定的合作关系。媒体总量超过 3200 家，覆盖一、二、三线城市，与超过 4500 位媒体记者、媒体高层关系良好，拥有完整的社会媒体资源。

三是领先的舆情管理系统：公司与外部技术公司合作，通过全网监测、定向监测及预警系统，有效提供“7×24 小时”舆情管理，特别在微博、微信等新媒体领域实现关键词搜索与监测。

四是稳定的客户群：深度理解客户需求，与客户共同思考，以领先同侪的思维与行动力，帮助客户持续取得超越期望的成果，客户的平均服务年限长达 7.5 年。

五是核心管理团队稳定：核心管理干部较稳定，且具备多年的行业从业经验，管理干部的稳定，成为公司发展重要的助力。

六是危机公关处理能力强：具备快速的危机公关监测与处理能力。

公司网址

www.itrax.cn

上海哲基数字科技有限公司

公司简介

上海哲基数字科技有限公司（简称哲基）成立于 1999 年，是第一家以“公共关系咨询服务”命名的专业公司，迅速发展成为全国十大本土公关咨询公司之一。哲基的总部位于上海，在杭州、深圳设有分公司。目前在品牌管理、数字营销、创意互动等领域积极进取、投资拓展，建立了强大的专业团队，为数十家世界 500 强企业和大型国际国内客户提供以品牌资产和传播管理为核心的全方位咨询服务。哲基作为品牌顾问和公共关系咨询服务的提供方，具备对政策、行业、细分领域、媒体环境的极高敏锐度和前瞻性，主动帮助客户在立足现状和预判未来基础之上制定策略，并最终落地执行。

作为目前华东地区经营规模最大的本土公共关系专业公司，哲基连续十多年入选中国国际公共关系协会年度评选 TOP 公司，也是中国国际公共关系协会理事单位、A 类会员单位和中国国际公共关系协会公司委员会委员单位以及华东分会首任会长单位。经过长期运营，已在客户、团队、供应商等方面建立了成熟的管理模式，在核心媒体、意见领袖方面积累了丰富的人脉资源，形成了稳定的增长能力。哲基在汽车、洋酒、奢侈品和商业地产等领域都是国内最早开展公关传播代理业务的企业，很多优秀案例中的一些创新手段已经成为行业操作规范。哲基如今已是业内重要品牌，荣获国内国际数十项传播行业专业奖项，并多年获选“中国公共关系行业最佳雇主”和“品牌贡献榜·影响中国年度领军公关公司”，创始人在业内也具有很高声望，吸引了众多人才加盟哲基，为哲基发展助力。

公司网址

www.zenconsulting.group

北京派合文化传播股份有限公司

公司简介

北京派合文化传播股份有限公司（简称派合传播）成立于2005年，现为17PR会员、公关关系与全球化传播合作联盟理事单位、中国国际公共关系协会理事单位、中国企业会议联盟理事单位、中国公共关系网高级会员、苏秦会会员A类会员单位，中国公关传播行业50强，2017年被中国国际公关协会评为最具成长性公司。2016年9月，派合传播成功登陆新三板。派合传播是一家专业的整合营销集团，旗下拥有四家专业子品牌，分别为Party-Maker（活动管理）、Pionir（公关传播）、SoLoMo（数字营销）、Mind（文创IP开发）。

派合传播旗下文创业务板块已会集中国顶级的生活美学类设计师4500多名，设计团队曾为故宫博物院、颐和园等多家文物单位设计和开发了数十款精美的文创产品；建有三个分销小程序平台，平台不仅提供文创开发与设计服务，更为商业客户提供IP授权及联名品牌策划与开发服务，并整合文创资源进行线下快闪等体验营销活动。

公司网址

www.thepai.com.cn

北京嘉盈广拓文化传播有限公司

公司简介

北京嘉盈广拓文化传播有限公司（KIWI Communications，KIWI），是一个年轻而又充满无限活力与创意的团队，是专注于生活方式品牌及旅行行业营销的传播公司，在这个巨变的时代为品牌创造价值。敢于突破传统，凭借专业与热情，成立仅有五年时间的 KIWI 如今已经是生活方式品牌传播领域冉冉升起的新星，与全球优秀的品牌一起为消费者带来美好生活的远景与体验。公司不仅为客户提供专业的传统公关咨询服务，而且在合作伙伴关系、艺人管理以及活动创意和执行等方面为品牌带来一站式的服务，帮助其实现商业目标。KIWI 专业的团队为客户分析行业动态、洞察先机，以富有创造力、高效、优质的服务创造价值。

KIWI 在累积业务优势的同时，不断增强内部实力和探索市场新的领域，开疆辟土，拓宽业务范围，为客户提供更加专业和具有更高市场回报率的服务，具体表现在以下三个方面。

一是继续巩固既有业务实力。

在市场环境持续低迷的情况下，KIWI 不遗余力地加强自身业务建设并得到了显著的市场回报，通过以下四个指标来体现。

在 2018—2019 年，公司的竞标成功率为 91%，与上年同期相比，增加了 20%，帮助公司获得 4 个新客户，服务客户总数增加 30%。客户续约达到 100%，表明现有客户的绝对满意度和认可度，它们扩大了工作范围并与公司开展了更加深度的合作。由此，现有客户为 KIWI 带来的总收入上升至公司总收入的 22%，其金额为 2200 万元。此外，新业务领域的稳健增长也值得一提。整合营销解决方案、数字和社交项目以及其他非传统公关职能带来的收入在 2018 年飙升，约占总收入的 20%，即 2000 万元。

二是创新与创造。

谈到创新举措，多年来有很多事情让公司相信自己是创新专家。现介绍 2018 年推出的两项新实践，以揭示公司的创新灵魂。

公司是中国第一家开发 In House Content Studio（HCS，内部内容工作室）的机构，旨在为客户提供日常内容制作，利用精确的创意设计和准确的内容表达，以经济高效和节省时间的方式完成工作。以万豪国际与阿里巴巴之间的合作为例，在 HCS 的主导下，项目计划成本降低了 30%，同时工作量比竞争对手多了 20%。最后，公司不仅在预算范围内启动了项目，而且在短短 3 个星期内达成目标，帮助万豪国际节省 42.8 万美元和金钱无法估量的宝贵时间。

公司的创新实践还表现在危机公关团队打造方面。危机公关是企业传播至关重要的一个环节，KIWI 通过在不同的垂直业务中部署不同的定制工具，在第一时间检测负面信息出现，在短至不到 1 小时，长及 1 天的时间内提醒客户化解危机，维护企业声誉。

未来已来。营销服务行业里的专业人才和组织的关系已经进入了一个全新的格局，公司主张在运营层面转型为平台型组织，让更多有天赋的营销创造人才得到一个更广阔发展的平台，也为中国本土代理商尝试更多的可能性。KIWI 未来将着重加大营销专业创新投入、自身的数字化转型和人才培训力度。

三是影响力与传播。

公司一直致力于加深与中国影响者和媒体的关系，尤其是在生活方式领域的媒体。公司的媒体团队积极与各种影响者和媒体联系，以保留并扩展新的关系。自成立以来，公司一直保持着全面的媒体和 KOL 库，年均增长率约为 10%，数量达 3500 个。在保持数量上调的同时，公司严格控制质量上升，进一步完善了定性测量，例如背景研究、专业知识的维度考量等。

公司网址

http://www.kiwicommunications.com/

风云人物奖

梁 帅 和光先锋体育文化传播（北京）有限公司总经理

梁帅于 2007—2017 年任职腾讯体育，亲历多届奥运会和世界杯等大事件报道，是 2014 巴西世界杯和 2016 里约奥运会项目组核心成员，具备丰富的赛事报道和体育活动执行经验，并在中国足球、国际足球、CBA 等领域具有强大的资源渠道。公司自成立以来，在梁帅的领导下取得了极快的进步，与阿里大文娱旗下优酷体育、UC 浏览器，腾讯体育，嘉士伯啤酒等品牌在节目制作、赛事经纪、品牌宣传等领域建立了广泛的合作关系，为品牌请到了包括埃登·阿扎尔、加雷斯·贝尔等全球顶级球星，帮助公司迅速立足于体育营销市场。

陆 鸥 上海灵思云途业务合伙人

陆鸥具有十多年营销经验，长期为世界500强企业提供品牌咨询、消费者研究、公关传播和数字营销等专业服务；在能源、通信、汽车、家居、电商和大文体等行业均有所建树。

其擅长在复杂而混乱的市场竞争中，为品牌找到定位和方向，确定核心议题，解决传播难题，形成互动话题。其服务对象覆盖大型工业化企业、IT科技前沿企业，亦包括个人消费领域的传统企业和新兴电商平台。其针对不同的客户需求，能够提供定制化的营销诊断和策略，助力企业和品牌不断前进，超越同侪。

当营销进入移动互联网时代，其研究及实践倾向于微观营销，以传统宏观营销理论为基础，结合行为经济学主张，探寻消费者“兴趣”“关注”和“转化”的情感传递链条，并尝试打造线上和线下互相导流的新商业模式。

吴瑞敏 爱创营销与传播 CEO

吴瑞敏，国内领先的营销及公关传播专家；中国国际公共关系协会（CIPRA）理事、CIPRA 公关公司工作委员会常委、CIPRA 个人会员，中国 4A 成员企业单位副代表，苏秦会个人会员；2018 中国传播年度人物，金鼠标 10 周年——数字营销领军人物。

其以理论构建公关价值，敏而善思，由媒体记者转行进入公关传播领域，立足传播学理论与新闻价值沟通，建立了涵盖传统媒体、新媒体的多媒体传播网络，擅长传播策略制定、媒体关系管理、危机公关应对等业务，注重移动互联时代的新媒体传播环境与动态。

其以技术为驱动力，不断研发适应营销发展的工具和平台，为商业客户提供端到端（连接品牌端与消费者端）的数字化与数据化的营销传播全价值链整合营销与传播解决方案。吴瑞敏女士担任 CEO 期间，带领公司实现业绩持续增长，新业务突破迅猛，数字营销业务自 2016 年起，连续三年增长 35%，与此同时，带领公司荣获金鼠标、金旗奖、金远奖、IAI 国际广告奖等众多权威奖项，连续多年入选中国公关协会 TOP 榜单。

其领导建立和完善自主创新产品 WeBox 云播平台——新媒体时代多层级、多账户新媒体内容传播与“粉丝”运营利器。近两年来 WeBox 云播平台签约客户局面打开，获得了更多汽车厂商的合作试点。同时她领导公司打造区域营销平台和内容精准推广平台，综合打造汽车领域的竞争优势。

郑宇泽 可梦传媒创始人

抖音官方 MCN 机构可梦传媒创始人，关工委中国母婴保障计划策略顾问，蓝色光标集团短视频供应商，迪思公关短视频供应商，金嗓子集团品牌策略顾问，一起大学首席专家，公共关系与全球化传播合作联盟理事，谐禾齿科连锁、德尔美客连锁品牌战略顾问、决策顾问；平安集团、德克士、阿萨姆、奥利奥、卡姿兰、卡西欧、长安汽车、飞利浦剃须刀、苏宁、雀巢、佳贝艾特等多家品牌抖音新媒体营销策略操盘总负责人，多家大型全球新媒体营销论坛抖音领域演讲嘉宾。